历史的谜局

十三场影响明清历史的惊天大案

胡桂林　龙在宇　著

中国出版集团有限公司
China Publishing Group Co., Ltd.
现代出版社

图书在版编目（CIP）数据

历史的谜局 /胡桂林，龙在宇著. -- 北京：现代出版社，2025. 8. -- ISBN 978-7-5231-1375-2

Ⅰ. K248.09

中国国家版本馆CIP数据核字第2025HS9266号

历史的谜局
LISHI DE MIJU

著　　者　胡桂林　龙在宇

责任编辑　姚冬霞
责任印制　贾子珍
出版发行　现代出版社
地　　址　北京市安定门外安华里504号
邮政编码　100011
电　　话　(010) 64267325
传　　真　(010) 64245264
网　　址　www.1980xd.com
印　　刷　三河市宏盛印务有限公司
开　　本　710mm×1000mm　1/16
印　　张　22
字　　数　315千字
版　　次　2025年8月第1版　2025年8月第1次印刷
书　　号　ISBN 978-7-5231-1375-2
定　　价　78.00元

目录

CONTENTS

第一章

空印案

朱元璋为何对腐败官员零容忍

朱元璋将反腐与政治斗争、巩固皇权专制结合在一起，绝不意味着他的反腐运动只是幌子与借口，或者干脆玩假的。这样说无疑更精确：朱元璋既厌恶贪腐，更憎恨威胁到自身专制的士大夫阶层，反腐是真的，专制也是真的，但反腐是小道理，专制是大道理。

一

古往今来，民众习惯于用清官与贪官来区分官员，但对于皇帝，有其他形容词。那些好皇帝，被称为明君、圣主、千古一帝，那些坏皇帝，被叫作昏君、庸君、暴君。遍观二十四史，有哪个皇帝被称为贪君或清君吗？

没有。一个也没有！

难道皇帝就不会贪污吗？这是一个问题！

其实，贪得无厌的皇帝从来不绝于史。比如，汉灵帝刘宏，为了敛财竟在朝廷上明码标价，公开卖官鬻爵。还有唐德宗李适，在位时兴起“宫市”。皇宫里需要什么东西，到市场上去购买，不按照市价付款，只随便给几个钱，实际上是公开掠夺……

刘宏、李适之流属于王朝末年的弱主，用下三烂手段敛财。真正的雄主，有反转乾坤之力，生财之道有的是，比如历代王朝都有的内库制度。秦汉时，农田里收上来的税归国家，山林川海收上来的杂税归皇室，分别设了两个官，一个大司农给政府收税，另一个少府给皇帝收税。内库以外，还有皇家自有的土地，百姓在这些土地上从事生产活动，要给皇家交税。在中国封建王朝中，皇家控制土地最多的，便是明清两朝。

被外界诟病的朝贡体系，更体现出皇帝“鸡贼”的一面。人们都在骂，为了天朝上国的颜面，外藩进贡一车货物，中原王朝的回馈却是数倍，这不是冤大头吗？没错，朝廷是冤大头，但皇帝不是。外藩的贡品进入内库，回赠的钱由国库掏。什么是无本买卖，这就是无本买卖！

后人统计过，清代乾隆时期内库存银高达八千万两，相当于清朝两年的赋税。每年国家收入的百分之三都揣进乾隆帝自己腰包，乾隆帝是无可争辩的世界首富。

乾隆帝死后，继位者嘉庆帝拿巨贪和珅开刀，有了“和珅跌倒，嘉庆吃饱”的说法。细究起来，这话一点没错，和珅被抄没的家财并未充公，而是全部进入内库，连宅子也被赏赐给皇族。

最有意思的是，像乾隆帝这样喜欢炫富的皇帝毕竟是少数，大多数都财不外露。比如，宋真宗时期曾有严令，管内库的人不得向外界透露内库财宝数额，否则直接处死。

由此可见，皇帝不仅贪得无厌，更成功地将自身与整个皇室的贪腐合法化。所谓“溥天之下，莫非王土”，“朕即国家”，既然国家都是我家的，那还有什么贪污的概念？官员们就没有这般幸运了，他们也贪，却无法将贪污合法化，只好贴上贪官污吏的标签，被穷追猛打了千百年。

一众穷奢极欲、贪腐无度的帝王中，明太祖朱元璋可算“另类”，以至于我们在记述空印案时，务必先拿出一定篇幅，聊聊这位“杀尽江南百万兵，腰间宝剑血犹腥”的开国雄主。

与那些长在深宫妇人之手的皇帝不同，朱元璋出身于安徽凤阳的贫苦农家。尽管《明史》描述朱元璋“姿貌雄杰，奇骨贯顶”，但这丝毫不影响他幼年的贫穷。一个长相普通的穷人，与一个长相奇丑的穷人，能有多大差别呢？

朱元璋在《皇陵碑》中这样描述自己的父亲：“寓居是方，农业艰辛，朝夕旁徨，俄尔天灾流行，眷属罹殃。”甚至在过世后，其子女也无钱购买棺材，只能用旧衣服包裹着，“殡无棺椁，被体恶裳，浮掩三尺，奠何肴浆”。

遍尝人世艰辛的开国皇帝，自然知道吃不饱饭、穿不暖衣的滋味，因此即便日后横扫天下，贵为九五之尊，依旧保持着节俭的习惯。“朕本农夫，深知民间疾苦”“朕本农夫，深知稼穑艰难”这样的话，见于洪武年间各种诏书中。

历代以来，皇帝车轿应该是镶金的，朱元璋却用铜代替。床上的装饰也很朴素，没有雕龙镂凤，和中等人家的床榻一样。他还让宫中的裁剪师把做衣服剩下的绸缎片，缝制成百衲被面，剩下的丝绢布头缝成衣服赐给王妃、公主。至于平常饮食，多以蔬菜粝米为主，与平民百姓无异。

甚至在临死前的诏书上，朱元璋还叮嘱接班人：“丧祭仪物，毋用金玉。”

朱元璋不仅自己勤俭，也要求各级官吏这样去做。他不厌其烦地向官吏讲述要以俭朴为荣、以奢华为耻的道理，对奢华者严惩不贷，对节俭者则会给予奖励。

洪武十九年（1386年）时，朱元璋不经意间说出一句话：“自开国以来，两浙、江西、两广、福建所设有司官，未尝任满一人。”十几年间，这些地方的官员为何不能“任满一人”？自然是因为涉入贪腐，被拉出去砍头了。

看到这里，是否可以得出一个结论——身为农民起义领袖，毕生保持着农民节俭习惯的朱元璋，与那些穷奢极欲、好大喜功的封建帝王大相径庭？

但是，且慢！

盖棺论定前，不妨再翻开史书，看一看朱元璋亲手制定的优待皇族政策。这位给帝国官员制定出历史上最低工资标准的皇帝，却同时将中国历史上最优厚的皇族待遇端上桌面：皇子皇孙封为亲王后年俸万石，相当于一品官员工资的七倍多，这还不包括大量的土地等其他赏赐。

朱元璋规定所有皇族子孙都不用从事任何职业，包括后代的所有消费由国家来负责，十岁起就可以领工资享受俸禄，结婚的时候国家发放房屋与婚礼费用，就算死了也有一笔可观的丧葬费。如此待遇，在数千年的中国封建历史长河中，十分罕见。

“王子犯法，与庶民同罪”这话，在大明王朝也不适用。朱元璋规定皇族子孙不受法律约束，不归地方官府管制，大臣见到他们要行跪拜礼。

“从摇篮到坟墓”的高福利政策，直接刺激了朱氏家族的生育欲望。身为皇族成员，收入来源就是领俸禄。这时，多生一个人丁，就多一份俸禄，多一条财路。据统计，到明朝末年，朱氏皇族成员已近百万，如此多的人口吃财政饭，让帝国财政不堪重负。

了解这些以后，会不会觉得很讽刺？一个节俭到每天粗茶淡饭、穿补丁衣服的皇帝，却制定出最丰厚的皇族待遇，让国家财政、民脂民膏来供养子孙后代。

原来，朱元璋也并不那么“另类”，或者说，他远跳不出历史周期率。

二

并不“另类”的朱元璋，却制造了一桩另类的空印案。

洪武年间，大案不断，杀戮官员无数，有了所谓洪武四大案，即洪武九年（1376年，对该案的时间，后文将专门论述）的空印案、洪武十三年（1380年）的胡惟庸案、洪武十八年（1385年）的郭桓案、洪武二十六年（1393年）的蓝玉案。从时间来看，空印案排在最前面。

中国人对于“四”这个数字似乎有特殊癖好，佛教有四大金刚，小说有四大名著，还有不同时空环境下形形色色的四大家族。为了达成这个数字，人们不惜大费周章甚至生搬硬套。

所谓洪武四大案，想必也是经过人为排列组合，才被串在一起。放眼望去，洪武一朝的大案何止四个，除开这四桩，还有洪武四年（1371年）录天下官吏，洪武十九年（1386年）逮官吏积年为民害者，洪武二十三年（1390年）罪妄言者，均兴起大狱，杀戮官民上万。目光聚焦在四大案内，也会发觉这四个案子本身并不符合比例原则。胡惟庸案与蓝玉案，一个是杀当朝宰相，另一个是杀远征漠北的旷世名将，朝野为之震动，每一案皆牵连甚广，诛杀四万余人。空印案中被杀的，几乎没什么名臣宿将，且被杀的人数相对较少。

因此，聊空印案倒有一个好处：它的案情不算曲折，规模也较小，比较容易看清。

空印案的经过，几段话就能交代清楚。按照封建王朝的运作体系，每年各布政司、府、县都要向中央政府的户部呈送钱粮、财政收支与税款账目。与钱粮数字打交道，清楚核对是基本要求。户部与各布政司、府、县的数字须相符，把账对上，才能结项。如果数目对不上，整个账册便要被驳回重新填报，并再盖上地方政府的印章。

既然是数字，不可能万无一失，难免有算错的时候。况且，当时上缴的是实物税款即粮食，运输过程中出现损耗原是正常，账册与实物对不上的现象更容易发生。也就是说，地方政府报送上来的账册，不经过几番来回纠错，不可能结项。

拥有现代通信技术的今天，完成这套流程或许轻松。中央政府驳回的账册，地方政府当天就能改好回传。但在古代，这麻烦可大了。从大明帝国的边远省份，诸如广西、陕西等地，来首都南京，起码耗时两个月。真要来回折腾盖上几个章，大半年就过去了。

当然，古人有古人的智慧，他们发明了空印文册。简言之，就是在空白书册上提前盖好衙门印信，携带空印文册的官员到了南京户部后，若发现账册数字有问题，就将之前的账册作废，在空印文册上填写上新核算出的数字。

发明出空印文册的，并非大明官员。早在幅员辽阔的大元帝国，中央政府与地方之间便已使用空印文册。为了防止有人用空印文册来伪造文书，文官连规避措施都想好了——各地的空印文册都使用骑缝印，并非一印一纸，最大限度杜绝了伪造文书的可能。

一切就这样按部就班地运转了几十年，从元帝国到明帝国，不因王朝更替而改变。任何一部法律都没有说这样做是违法的，当然也没有哪条法律说，这样做合法。这个既不合法也不违法的做法，地方官知道，户部堂官知道，唯独朱元璋不知道。

直到有一天，朱元璋知道了这件事。《明史·刑法志二》记载："帝疑有奸，大怒，论诸长吏死，佐贰榜百戍边。"中国的史书都是春秋笔法，一个疑，一个怒，已将事情交代清楚，接着便是无数人头落地。

关于空印案，有两点争议颇多，一是具体发生时间，二是被处死的人数。

先说时间，在案发时间上，有洪武八年（1375年）说、洪武九年（1376年）说、洪武十五年（1382年）说。持各种说法的人，都能拿出相应证据，甚至在《明史》中，也有互相矛盾的记载。不过，史学界主流的观点，认为空印案的时间应当在洪武九年。

笔者也赞同洪武九年一说，除了随大溜，还有两个重要原因。首先，是因为方孝孺在《叶郑传》明确记录："洪武九年，天下考校钱谷策书，空印事起。"

这个方孝孺，就是日后誓死不肯投降，被朱棣诛灭"十族"的铁骨头。他还有一个身份，即空印案被杀者的家属。方孝孺的父亲方克勤，曾任济宁知府，为官清廉，被称为"循吏"，后因卷入空印案被处死。方孝孺可是一个认死理的家伙，为了一个理字，可以豁出全族性命。像他这样的人，说话应当靠谱。再说回忆自己父亲，记错的可能性也很小。

有关空印案被处死的人数，从方孝孺的回忆到《明史》，再到《剑桥中国明代史》，都说有好几百名官员被杀，另有许多人被杖责后充军发配。说空印案杀了数万名官员的，最具有影响力的就数吴晗的《朱元璋传》。尽管吴晗是研究明史的专家，但他自己也说过，当年写《朱元璋传》，是想影射与抨击蒋介石。

在笔者看来，正因为空印案这两个疑点同时存在，恰好说明该案处死的官员不会太多。其他诸如胡惟庸案、蓝玉案，发生时间十分确凿，被诛杀者数万，留下了许多可以交叉印证的历史文件。如果空印案被杀者真有数万人，自然也会留下更多的历史文件，不至于为案发时间争吵不休。

三

说完了空印案的大致经过与有关争议，所有人都能看出，即便这不是一桩彻头彻尾的冤案，也是朱元璋小题大做。还有一种阴谋论，认为将空印案列为洪武四大案之首，就是给朱元璋泼脏水，说他如何生性残暴，将反腐运动无限扩大，最终成为一场屠杀。

是否有人泼脏水难以考证，但脏水的源头终究还在朱元璋身上。毕竟，“疑有奸”的是他，“大怒”的也是他，绝非其他人。

于是，又有另一种解释，说朱元璋戎马半生，乃马上天子，对于户部各种账册往来并不了解，听闻空印文册的事，第一感觉便认为有问题。天子盛怒之下，其他人吓得不敢作声，最终铸下大错。

封建王朝已被扫进历史尘埃，但为封建帝王各种行径寻找合理化解释的人乐此不疲。这大概就是底层人民对于皇帝所怀有的一种朴素情感吧。

然而，空印案这件事上，所有解释都注定苍白，因为当年就出了个郑士利。

郑士利，浙江宁海人。其兄郑士元，官至湖广按察使佥事，在空印案中受罚。利用朱元璋询问天象，允许普通百姓直接上书皇帝的机会，并无官职的郑士利上书朱元璋，为兄长也为受空印案牵连的众多官员鸣冤叫屈。

郑士利虽非官场中人，但很懂得怎样给领导提意见。一上来，他就肯定了朱元璋制造空印案的动机，“陛下欲深罪空印者，恐奸吏得挟空印纸，为文移以虐民耳”（《明史》）。也就是说，无论效果如何，皇上的动机是好的，即便错了，也是好心办坏事。

接着，他叙述了空印文册的大致由来，表明这是惯例，不会造成太多危害。“钱谷之数，府必合省，省必合部，数难悬决，至部乃定。省府去部远者六七千里，近亦三四千里，册成而后用印，往返非期年不可。”（《明史》）

此时的朱元璋，早不再是大字不识的流民，郑士利的文字言简意赅，说得够清楚了。之前没人敢把空印文册的事向他禀明，郑士利这封信可说得明明白白。

郑士利甚至拿出法治精神，讲了一段这样的话：“且国家立法，必先明示天下而后罪犯法者，以其故犯也。自立国至今，未尝有空印之律。”（《明史》）这就是说，法律并未规定空印文册违法，杀戮官员的法律依据何在？即便不讲法了，这是否也叫不教而诛？

最后，郑士利进行情感呼唤：“朝廷求贤士，置庶位，得之甚难。位至郡守，皆数十年所成就。”（《明史》）各级官员也是国家的财富，就这样杀掉，太可惜了！

郑士利这番鸣冤叫屈，起码把空印案的来龙去脉说清楚了。再说朱元璋被蒙在鼓里，任谁都不信。

朱元璋的回应颇为值得玩味，《明史》中交代了郑士利的结局：“与士元皆输作江浦，而空印者竟多不免。”就是说郑士利只是被罚去做劳役，空印案的其他罪犯却没能免罪。

这样的处理方式清楚无误地传达出两层信息。其一，连朱元璋都认为郑士利说得有一定道理。否则，按照朱元璋的脾气，胆敢对他评头论足、说三道四的臣民，砍头算是轻的。其二，朱元璋不打算采纳郑士利的意见，涉及空印案的人员，该抓的抓，该杀的杀，谁也不会得到宽恕。

朱元璋拿出一股狠劲，要把空印案办成铁案。郑士利与天下官员不是一直叫嚷，说空印文册于法无罪？那就改法律吧。空印案后，《大明律》做出修改，多了“空纸用印”这个罪名。朱元璋肯定是不懂得法不溯及既往这个现代才有的法律常识的，只觉得这样一改，便理直气壮了。

四

从事实层面为朱元璋在空印案中的固执来辩解，确实难以服人。于是，又有人从出身与动机的角度认为，打小饿肚子的朱元璋，怀着对下层人民的深厚感情，见不得贪官横行，因此打击贪腐毫不留情，甚至矫枉过正。

聊到这里，不得不多说几句。将朱元璋严厉肃贪的动机，简单归纳为对下层人民的感情，实在是犯了出身论的错误。一个人的出身只是过去，在什么山头唱什么歌，才是最现实的选择。何况朱元璋这样精明、冷血且善变的大政治家，更难以想象会让情感左右自己的行为。

最简单的反证，论起出身，朱元璋还是农民起义领袖，但古往今来每一个坐上龙椅的农民领袖，绝不会对自己统治下的农民起义展现出一丝一毫的同理心。

据统计，在洪武年间，全国各地爆发的规模上千人且攻取县城的农民起义，有三十余次。对于这些与自己同样出身的农民，他毫不留情地派出大军镇压，首领更要诛灭九族。

甚至对于自己曾投身其中的元末农民大起义，朱元璋的立场也发生过一百八十度的大转变，充分展现出政治家的务实与绝情。

众所周知，朱元璋早年加入红巾军，红巾军又是信教的（红巾军究竟信奉何种宗教，史学界存有争议），甚至大明王朝的国号，据说也与“弥勒下生，明王出世”的教义有关。

加入红巾军之前，朱元璋是一个吃不饱饭的流民、不认字的文盲，正是在红巾军中，他成长为领袖级人物。凭这份恩情，朱元璋是否该对红巾军感恩戴德，将红巾军的早期领袖奉为领路人？朱元璋可不这样想，他铁了心要吃红巾军的饭，砸红巾军的锅。

元至正二十六年（1366年），已经击败陈友谅的朱元璋，向张士诚发动进攻，开启了统一江南的最后一场大战。出征之前，朱元璋发布了讨张檄文，在文中，他把红巾军痛骂一顿："致使愚民误中妖术，不解偈言之妄诞，酷信弥勒之真有，冀其治世，以苏其苦，聚为烧香之党，根据汝、颍，蔓延河、洛。妖言既行，凶谋遂逞，焚荡城郭，杀戮士夫，荼毒生灵，千端万状……"（《俨山外集》）

看到了吗？朱元璋用"妖术""妖言"来形容自己曾经笃信的宗教，红巾军也成了人人喊打的"烧香之党"。这可是白纸黑字，无从抵赖。明史学者吴晗有一个论断——朱元璋作为封建统治者，为了王朝的最高统治，一步步背叛了自己的农民本性，他发表的讨伐张士诚的檄文和宣谕徐州吏民的公告是从革命的农民转变为地主阶级领袖的重要标志。

朱元璋对农民起义的背叛以及时机的选择，无疑经过精密的利益计算。朱元璋清楚，真正的劲敌陈友谅已在鄱阳湖之战中灰飞烟灭，张士诚翻不起大浪，注定是手下败将。自己的身份，即将由起义军将领转变为统御万民的君主。当家不闹事，这是最朴实无华的道理，朱元璋可以造反，别人却万万不能。将自己与红巾军切割，将农民起义黑化，成为最急迫的政治任务。

自发布讨张檄文后，朱元璋穷其一生都在妖魔化农民起义军，甚至将陈胜、吴广等历代农民领袖痛骂为贼，说他们"系造言倡乱首者"，未得善终。倒是对元朝统治者，朱元璋表现出难得的"温情"。

明代官修的《明实录》中，清楚记载着朱元璋这样的话："元虽夷狄，入主中国，百年之内，生齿浩繁，家给人足，朕之祖父亦预享其太平。"

这句话翻译过来的意思是，元朝虽是夷狄入主中华，但百年之内，我们的父祖也在它统治之下繁衍生息，更希望能够在它统治之下过上太平安康的小日子。

然而，朱元璋再怎么善变，一个事实却摆在眼前。无论他如何喜欢元朝皇帝，毕竟是明军将元朝皇帝赶出北京城；无论他对农民起义如何切齿痛恨，自己分明是其中一分子！为化解这份尴尬，朱元璋与宋濂等大儒一起，发明了“殿兴有福”理论。

这套理论认为，上天安排皇帝来拯救万民于水深火热，全天下人都应对皇帝感恩戴德。皇帝是大家的君父，无论有道或无道，百姓都不应反对。无道的元朝皇帝不能被反对，天纵英明的明朝皇帝就更不该被反对。

接下来，朱元璋又把元末农民起义的参与者分成两部分：首乱者和殿兴者。首乱是带头造反的那批人，殿兴是像自己这样中途参加起义的人。朱元璋认为，首乱者都是忘恩负义的暴徒、野心家，他们引发战乱，造成生灵涂炭。而殿兴者加入时，天下已经大乱，造成生灵涂炭的责任和他们无关。殿兴者如果能成功结束乱世，就会成为那个受命于天的人。

有了这套理论，朱元璋终于可以理直气壮地为自己正名。在《明太祖实录》中，他这样说道：“朕本淮右布衣，暴兵忽至，误入其中。”这句话的意思就是说，自己当初只是普通百姓，结果不得已被暴兵（红巾军）强拉入伙。

读到这里，人们会不会有种哭笑不得的感觉，堂堂开国之君哭诉当初“身不由己”，为了那几年参加农民起义的经历，竟要花上一辈子去遮掩、解释、洗白？

朱元璋又说：“盗贼奸起，群雄角逐，窃据州郡。朕不得已起兵……当是时，天下已非元氏有矣……朕取天下于群雄之手，不在元氏之手。”这句话的意思是说，他造反的时候，天下已经大乱。朱家天下是从陈友谅、张士诚等反贼手中夺来，而不是从元朝手中夺过来的，元朝灭亡这笔账不该算在他头上，朱元璋是大大的良民，绝没反对自己的君父。

这套“殿兴有福”理论，首先是薄情寡义地，将赏了自己一口饱饭，教自己读书识字，成为自己起家班底的红巾军说成是“暴兵”，翻脸比翻书还快。其次，这样的解释也是苍白无力的，它不是五十步笑百步，而是一百步笑五十步。毕竟，北伐中原将敬爱的元朝君父赶回草原老家的，可不是那些首乱者，而是朱元璋这个殿兴者。

这套理论，算不上什么天才发明，只不过别人明知朱元璋手里有刀，懒得同他理论罢了。

农民起义的领袖背叛农民阶级，算不上新鲜事，但像朱元璋背叛得这样彻底、赤裸且明目张胆的，古往今来实在不多。

岔出去写这一段，只为说明出身论是何其不靠谱。公然背叛农民阶级与农民起义的朱元璋，怎么会是老百姓的代言人？

尽管朱元璋的本意绝不是为了百姓，但他毕竟顶住了压力，延续了错误，将那些平日高高在上的官员狠杀一通。他既不肯放过一个，更要错杀三千。总之，就是要找官员的麻烦。

那么，他这样做的目的究竟是什么？要知道，朱元璋不是日后的张献忠，他虽是杀人不眨眼的狠角色，但绝不嗜杀。更何况，即便张献忠，杀得最多的也是战俘与百姓，不到最后疯狂时刻，不会轻易拿自己的臣属练刀。把统治者比作农场主，百姓比作牛羊的话，官员就是放牧者。没有哪个农场主，会蠢到杀光放牧者。

要理解朱元璋的行为，不妨拉高到另一个层次来分析。套用一句流行语，朱元璋在下一盘大棋。

五

朱元璋的这盘大棋，就是与整个文官士大夫集团的战争。

说朱元璋是一个好斗之人，想必不会有人反对。他在六十九年的人生中，除了吃不饱饭、穿不暖衣的青少年时期，其他时候几乎一直保持着战斗状态。在不同历史时期，朱元璋面对不同的敌人，但相同的是，他都取得了胜利。

从投身红巾军到至正二十七年（1367年），朱元璋的敌人是陈友谅、张士诚等与自己有着类似经历的南方军阀，鄱阳湖一战，朱元璋取得了决定性胜利。从洪武元年（1368年）到洪武二十四年（1391年），朱元璋还和蒙古人苦战了二十多年，其中徐达攻克元大都，蓝玉取得捕鱼儿海大捷，可算这场漫长战争中的两次高潮。第三场战争，朱元璋打了一辈子，敌人正是那些朝他山呼万岁的臣子。

不妨这样说，击败陈友谅的朱元璋，只算乱世英雄，历史上这样的人很多。赶跑蒙古人的朱元璋，可称作一代雄主，有了与汉唐盛世之君相提并论的资格。只有击败了文臣士大夫集团的朱元璋，才是当之无愧的千古一帝。这份战绩，足以用空前绝后来形容。朱元璋之前的皇帝，没能击败士大夫集团。朱元璋之后的皇帝，不用再去击败了，因为士大夫集团已被朱元璋打断了骨头，再也直不起腰板。

要理解朱元璋与士大夫的战争，就得把目光投向更为久远的两汉时期。

汉朝的选官制度主要是察举制和征辟。察举就是地方长官考察、选取人才然后推荐给朝廷，征辟就是皇帝或者官员征召有名望的人出来做官。在这种制度下，父亲举荐儿子，儿子举荐孙子，或者师父举荐门生的事屡见不鲜。渐渐地，影响中国历史近千年的门阀士族阶层形成了。

比如三国时期的袁绍家族，四世三公，连续四辈人都位列三公。还有曹操，自己就是世家大族，获得本家曹氏和夏侯氏家族的鼎力支持。这么说吧，将《三国演义》改个书名，叫作《士族的战争》，并无不妥。

曹魏时期实行九品中正制，让士族门阀制度更加巩固。中正即品评人才的官，选出来的人才分成九等，也就是九品。评判的标准是什么？一是家世背景，二是品行才能。其中，尤以家世背景为最。如此一来，社会阶层基本固化，所谓“上品无寒门，下品无士族”。

众多历史学家都认为，九品中正制的推出，更像是封建皇权与豪强士族之间的一次妥协。从此之后，中国历史进入皇权与士族共治天下的时期。九品中正制的策划人陈群就来自颍川陈氏。此后漫长的历史中，皇帝轮流做，但琅邪王氏、陈郡谢氏等士族始终屹立不倒。旧时王谢堂前燕，哪会飞入寻常百姓家？

隋唐两朝的开国之君，杨坚与李渊，还出自同一个门阀士族——关陇集团。改朝换代打了几十年，最后竟是人家的内部矛盾。

关陇集团有一个亡国之君，曾经结结实实在门阀士族阶层身上捅了一刀，此人便是隋炀帝杨广。隋炀帝大业元年（605年），科举制开始实施，寒门百姓有了通过科举改变命运，出仕为官的机会。也就是说，朝堂上的各种官职，不再被士族子弟独占。

借由科举制，另一个朝气蓬勃的阶层登上历史舞台，那便是文人士大夫阶层。这些皓首穷经、苦读圣贤书的寒门子弟，与权力中心的距离不断缩短。“朝为田舍郎，暮登天子堂”，这种在魏晋时期根本不可想象的事情，在隋唐两朝变得理所应当。

有人评价，整个唐代，朝堂上始终存在两股势力：旧的士族阶层与新兴的士大夫阶层。这两股政治势力与李唐皇族之间，形成了某种铁三角关系。到了唐代末年，黄巢起义爆发，“我花开后百花杀”的黄巢，进行的是无差别杀人，当他攻进长安后，才不管什么士族与士大夫，“天街踏尽公卿骨”，一概杀个干净。

但是，士大夫阶层具有很强的自我恢复功能。从呱呱坠地的婴儿，到之乎者也的学童，直至经过科举入朝为官，二十多年就能培养出一个士大夫。士族需要数百年的历史积淀，哪是短时期能培养出来。因此，同样遭遇浩劫，士族死了后继无人，士大夫死了却是前仆后继。

从杨广到黄巢，他们联手摧毁了曾在中国历史中独领风骚的门阀士族阶层，世间再无士族。

进入重文轻武的宋代，士大夫集团的地位已无可撼动。元老重臣可以在朝堂之上，公开对皇帝说："与士大夫共治天下。"

这话可不是说说而已。《宋史》记载："初，国制，凡诏令皆中书门下议，而后命学士为之。"也就是说，凡事商量着办，皇帝并不能按照自己的想法，随意地发布命令。

可惜的是，宋代空前繁荣的经济与文化，并不能阻挡蒙古铁骑。直到蒙古武士不再那般骁勇善战，这个横跨三大洲的帝国，在世界各地的统治陆续走向崩溃。乘势而起的朱元璋挥军北伐，喊出了这样的口号："虎贲三千，直抵幽燕之地；龙飞九五，重开大宋之天。"（《辍耕录》）

朱元璋当然不会反元复宋，尤其对于宋朝皇帝那套"与士大夫共治天下"的做法，更是嗤之以鼻。中国历史上第一个真正出身贫农的皇帝得了天下，一切要按他的玩法来了。

六

前文写道，对于空印案的时间，作者支持洪武九年（1376年）说。下面来谈谈原因。

无论对朱元璋的态度如何，都不可否认此人的胆识、谋略与权术。他是一个起于草莽的英雄，一位伟大的军事统帅与政治斗争艺术大师。他与士大夫集团的斗争中，决定性的一役是洪武十三年（1380年）的胡惟庸案。那一年，朱元璋以谋反罪诛杀丞相胡惟庸，同时裁撤中书省和丞相，以六部分理全国政务，直接对皇帝负责。至此，秦以来一直实行的宰相制度宣告废除。

朱元璋废除宰相制度，无疑具有划时代意义。既然这场大决战发生在洪武十三年，那么将空印案的时间确定在洪武十五年（1382年），就不大符合政治斗争的逻辑。按照洪武九年说，不仅于史有据，更能窥见朱元璋落子时的深谋远虑。空印案既是朱元璋对士大夫集团的一次敲山震虎，更是总攻前的一次火力侦察。

朱元璋恨的不是空印文册这套多年来约定俗成的游戏规则，而是这套规则中自己角色的缺失。

同时，以空印案兴起大狱，也是向整个士大夫集团发难。什么共治天下，朕不喜欢那一套。但凡敢把朕蒙在鼓里的，空印案的人头就是下场。可惜的是，中国历史上最后一个丞相胡惟庸并未体味出“风满楼”的巨大危机，待到“山雨来”时，已难逃灭顶之灾。

由此看来，无论是洪武四大案，还是整个朱元璋时期的严刑峻法，若仅仅看成一场反腐运动，恐怕失之偏颇，甚至越看越糊涂。放在皇权与士大夫集团之争的大背景下再来审视，许多疑惑便迎刃而解。

当然，历史永远不适用简单的黑白论。朱元璋将反腐与政治斗争、巩固皇权专制结合在一起，绝不意味着他的反腐运动只是幌子与借口，或者干脆玩假的。这样说无疑更精确：朱元璋既厌恶贪腐，更憎恨威胁自身专制的士大夫阶层，反腐是真的，专制也是真的，但反腐是小道理，专制是大道理。

敢想敢干的朱元璋，就这样把政治斗争与反腐败结合到了一起。但是，这两者之间所固有的根本性结构矛盾，并没有因为朱元璋出色的个人能力而得到化解。譬如，反腐败需要依法依律展开，政治斗争却是一门艺术，讲究的就是随心所欲、出其不意。在古代，没有任何一场政治斗争是依法进行的。朱元璋上午逮捕丞相胡惟庸，当天就下令处死，显然没有经过正常法律程序。有关蓝玉谋反的证据，史学界一直存有争议。还有因为胡惟庸、蓝玉而牵连的数万名官员，说你谋反你就是谋反。

甚至当朱元璋到达封建专制集权高峰之时，杀一个人已不需要罪名，例如跟随他出生入死，大明开国后位极人臣的李善长。因为有人上书说星象有异，要死一名重臣，朱元璋朱笔一挥，既然大臣之死是上天的意思，就让李善长去死吧！

翻遍《大明律》，也没有因为星象而杀人的条款。法律已不适用，人们只能感叹一句："君要臣死，臣不得不死。"

写到这里，又要多说一句。许多人因为"君要臣死，臣不得不死"这句话，对儒学展开猛烈的批判，但遍查四书五经，都找不出这句话来。倒是在明清小说的戏文唱词中，这句话出现的频率极高。孔子主张的是"君使臣以礼，臣事君以忠"，孟子更主张"民为重，社稷次之，君为轻"，怎么会冒出个"君要臣死，臣不得不死"？愚忠这口锅，孔孟先贤不能背。

与士大夫集团的政治斗争中，朱元璋取得了压倒性胜利。两百多年后，清人入关，继承并沿袭了明代的政治体制，被史学界称为"清承明制"。也就是说，朱元璋是一座分水岭，他以一己之力，扫涤了唐宋旧约，开创并奠定了明清两代的政治运作机制。

从明至清，中国封建专制达到高峰。在先秦时期，有的是不召之臣；在汉代，汉文帝召见贾谊，两人对坐，还得"夜半虚前席"；在唐宋，李白凭着几首诗，就敢"天子呼来不上船"，得益于"不杀士大夫"的传统，苏轼更能在流放中心安理得地"日啖荔枝三百颗"。明代的士大夫在干什么？全国顶尖的文臣在绞尽脑汁为皇帝写青词，或是因为一句话说错就被拖出去打屁股……

士大夫阶层被击垮、制伏、阉割之后，皇帝的龙椅的确更稳当。在封建专制到达高峰的明清，果真没有出现真正意义上的权臣、权阉、外戚与藩镇。

写到这里，大概有人会反驳，还会举出许多例子，比如明朝的刘瑾、魏忠贤、严嵩、张居正，清朝的和珅、肃顺等。作者要说的是，这些人本质上都是奴才，只不过名气大些而已。真正的权臣，像周公、霍光、王莽等人，是可以废掉皇帝的。东汉的十常侍与唐朝宦官集团，不仅将皇帝操弄于股掌之间，甚至可以决定谁当皇帝。

在明清的政治架构下，权力高度集中于一人，一个再平庸的皇帝，想收拾权势熏天的大臣与宦官也易如反掌。譬如崇祯帝杀魏忠贤，嘉庆帝杀和珅，就那么简单。不是皇帝多英明，而是臣下实在无力反抗。用句流行语，在朱元璋所创立的政治体制下，皇权对臣下的每一次出手，都是降维打击。

七

凡事有利就有弊。当朱元璋将权谋运用到炉火纯青，彻底坐稳龙椅之际，反腐败斗争也偏离了正常轨道。毕竟，用政治斗争的方式反腐，效果可想而知。

朱元璋认为，自己制定的《大明律》已无法满足形势需要，只能一次次加码。翻阅朱元璋时期最重要的刑典《御制大诰》，各种肆意践踏法律却又扬扬自得的案例，随处可见。

《御制大诰》由朱元璋亲自写定，洪武十八年（1385年）颁布，包括《大诰》《大诰续编》《大诰三编》《大诰武臣》四部分。这是一部案例合编，整理了审判贪腐方面的重大案件，以诰文的形式向全国发布。

中国从写刑书铸刑鼎开始，就有了明确的成文法，犯什么罪需要怎么惩罚，全都写出来。《御制大诰》没有法律条文，只有一个个的案例，朱元璋自己办过的大案要案，大多写在里面。

到了晚年，朱元璋又在《御制大明律序》中写道："作《大诰》以昭示民间，使之所趋避又有年矣……将《大诰》内的条目，拣其精要者，附在《大明律》内。"也就是说，朱元璋打算让《御制大诰》与《大明律》

一样，成为永久性法律。

后世史学家与法学家无不惊叹于朱元璋的天才与荒诞。朱元璋当然是个天才，能在一个拥有几千年成文法传统的国度，天马行空创造出判例法。他的《御制大诰》，竟与英美法系判例法有些相似。

朱元璋的荒诞，在于他所制定的这套法律系统，自相矛盾、难以执行。对于不同罪责应受到的刑罚，《大明律》中尽管有详尽规定，但到了《御制大诰》中，朱元璋一次次做出令人匪夷所思的判决，远超《大明律》的量刑标准。

朱元璋发明了“剥皮楦草”的刑罚，用来惩治贪官。这个刑罚恐怖异常：行刑官先用锋利的快刀沿着犯人脊柱将后背划开，然后从后面往前一点点撕剥，务必保证人皮完整。此时犯人还可以活很长时间，但活得越久，痛苦就越多。据说胖子受此刑时，痛苦程度更高，因为脂肪和皮肤贴合得太紧。一张完整人皮剥下后，用针线缝合起来，有的做成皮鼓，鼓风吹起或填充稻草，悬挂于官府旁的庙门前。

令人作呕的“剥皮楦草”，在《大明律》中并无此刑罚，属于朱元璋的法外创造。除了“剥皮楦草”，朱元璋还发明或恢复了许多《大明律》中原本没有记载的刑罚，比如刖足、去膝、阉割、斩趾……这些刑罚，统统被收录进《御制大诰》。

抛开刑罚残酷不说，这更是典型的法与法打架。若一切按《御制大诰》执行，就是公然违背《大明律》。

即便在《御制大诰》中，判例与判例相左的情况也屡见不鲜。《御制大诰》曾有两个判例，都是县衙官吏贪墨，前一个被判了阉割，后一个却是族诛。

朱元璋为了让《御制大诰》天下周知，曾规定：家有《大诰》者，犯笞、杖、徒、流之罪减一等；无《大诰》者，加一等。这就是说，犯了罪的人，家中有《大诰》者，可以减刑，没有《大诰》的，要罪加一等。细想起来，这无异于宣布知法犯法可以减刑。但是，无论东方、西方，知法犯法加重处罚才是常识。

正因为这套法律制度的荒谬与离奇，朱元璋死后，后代子孙迅速将《御制大诰》束之高阁。朱元璋的孙子建文帝即位初就宣布，一切照《大明律》断，对《御制大诰》只字不提。赶走了建文帝的朱棣，对《御制大诰》同样敬而远之。

八

朱元璋这种任意践踏法治甚至带有恐怖主义色彩的反腐，当然不可持续。它若不是一阵风，刮一阵便停下，就只能是毁灭一切的大地震。

需要特别说明的是，朱元璋的严刑峻法，并不仅针对官员士大夫。卷帙浩繁的《御制大诰》中，针对官员的案例只有一部分，另一部分是针对百姓的。

朱元璋是一个控制欲极强的帝王，管理帝国的手段异常严苛。他当过要饭的流民，深知流民对于皇权专制的危害，所以想方设法地把百姓禁锢在土地上。朱元璋确定了“路引制度”，大明帝国的百姓凡外出百里以外，必须先去官府开具“路引”，地方发现外来人员，也要检查“路引”。没有“路引”外出者，依《大明律》杖八十。

请注意，杖八十是依照《大明律》来进行惩罚，在朱元璋从不依法的《御制大诰》中，不乏百姓没有“路引”外出被断足者。

对于帝国所有人的衣着服饰，乃至喝酒的杯子，朱元璋也有严格规定。农民可以使用绸、纱、绢、布四种衣料，商贾只能使用绢、布两种。严禁普通百姓穿靴子，唯北方苦寒之地，才能用牛皮缝靴。官员喝酒可用金银做的酒壶，百姓只准用锡酒壶。

如此严密的规定，难免有人不慎触犯。翻开《御制大诰》，“迁发化外”“枭首示众”“族诛”……统治者对普通百姓照样毫不手软。

朱元璋称帝后，打算将首都建在家乡凤阳，雄心勃勃启动了营建中都的计划。由于督工太急，劳役太重，工匠没处发泄，在新建宫殿中埋下了“木人”“剪刀”等物，这便是所谓厌胜之术。朱元璋知道后勃然大怒，“将尽杀之”，把数万工匠一股脑儿全杀了。

然而，同样的严酷刑罚，在官员与百姓两个阶层中，收获的评价却大相径庭。对于官员士大夫来说，自然“官不聊生”。对于普通民众来说，皇帝毕竟离自己太远，平日骑在自家头上作威作福的是那些官吏。看着往常威风八面的官老爷被朱家皇帝整得痛不欲生，倒能解口恶气。

甚至在某些特殊条件下，朱元璋还用上了发动百姓的手段。洪武十九年（1386年），他直接下令，百姓可以冲进官府，将不法官员捉拿至京城，由皇帝亲自决断。千百年来匍匐在官员脚下的百姓，居然可以把官员押解到京城，那是何等神气！（《明史》）

可惜，这样的做法并未持续太久，那些敢于捉拿官员的百姓，很快成为当地新的掌权人，并落入腐败泥淖。这让朱元璋不得不哀叹：“愚民犯法，如啖饮食。”

鲁迅说过，中国只有两个时代，一个是暂时做稳了奴隶的朝代，另一个是求做奴隶而不得的朝代。如果这句话成立，朱元璋治下的百姓，一定是做稳了奴隶的朝代。什么尊严、自由、平等，对于生活在漫长封建年代的中国百姓来说，不是奢侈品，也不是稀缺品，而是外星人，见都没有见过。这些东西，朱元璋给不了，其他皇帝也给不了。好歹朱元璋平定天下，让百姓不再遭受战火荼毒，他实行轻徭薄赋，让帝国内没有饿殍遍野。

对于善良的百姓来说，这已经足够。

朱元璋死后，许多有关他的传说在民间流传开，其中一条流传甚广。说在朱元璋之前，各级政府在记录钱粮数据时，都是采用汉字数字“一二三四”，朱元璋早年时知道有不法官吏偷改数字大量贪污国家钱粮，于是，发明了不能改的数字“壹贰叁肆……”一直沿用下来。

在这则传说中，朱元璋是一个多么完美的形象：不仅痛恨贪官、铁腕反腐，更心细如发，知晓底层人的生活，当上皇帝后，文化水平飞速提升，还能够造字了。

可惜的是，“壹贰叁肆……”这些大写数字，与朱元璋并无关系。

据明末清初考据家顾炎武考证，武则天把国号“唐”改为“周”，还制造出很多汉字，那一时期所立的石碑，上面就有大写数字。此后在白居易诗中，也有这样的记述：“况其军一月之费，计实钱贰拾漆（柒）捌万贯。”（《白氏长庆集》）

民间为歌颂朱元璋，已到张冠李戴的地步。看来，皇帝不爱百姓，并不影响百姓爱皇帝。

九

有一个疑问，动笔之前就有，直到写完整个空印案，始终找不到答案。

既然空印文册是在当时的生产力水平下，不得已的折中方案，那么空印案后，空印文册还在用吗？若没有空印文册，每年京师户部与地方政府之间，如何进行对账？难不成，真为了一个账本，从京城到边疆，来回奔波好几趟？

在明代，空印案没有更不可能被平反。在官方正式文件中，空印文册被明令禁止。明朝讲究遵循祖制，朱元璋定下的事，后代子孙断不敢公然违背。

可是，空印文册被禁止后，整个官僚系统如何运作，有什么新的事物来代替空印文册？这绝非小事，但遍查史料也难以寻到答案。

一些历史研究者猜测，或许只是表面上禁止了空印文册，实际上仍在使用，上下心照不宣而已；或许中央政府放宽了对于账册精确性的要求，许多数字只求个大概。

有一点可以肯定，帝国的财政官僚肯定找到了相应对策，维持了财政体系的正常运转。

既不去冲撞权威，又能维持住自身利益的，何止帝国官僚？明清两代，皇权得到极大扩张，从民间服饰到“片帆不得下海”，老百姓的衣食住行、日常起居，似乎都被管了起来。但民间真的因此就彻底失去自由了吗？未必。从明清小说所描写的市井百态，到那些横行海上的倭寇、海盗，就可以看出，百姓该吃吃、该喝喝，该出海的照样出海。

其实，中国的历史一直有两面。一面是帝王的统治术，另一面是臣民的被统治术。统治术已被写烂了，而被统治术鲜有关注。譬如空印案后，官僚是如何搞“上有政策、下有对策”的，就被无意忽略或有意遮蔽了。

不得不说，这是历史的一种缺憾。

第二章

金英案

反腐反到了东厂头上

金英是统领东厂锦衣卫的“厂公”，从他身上更能看出，明代特有的“厂卫”庞大而不强大，神秘却不神奇。除了震慑、欺负那些原本弱不禁风的帝国臣民，其他一点用都没有。“厂卫”本该监察百官，到头来自己成了腐败窝。

一

历史的引人入胜，就在于它经常布下层层迷雾。例如，大明帝国的第六任与第八任皇帝明英宗朱祁镇——能够做两任皇帝，本身就是奇迹，他的第一任皇帝生涯十四年，兵败退位，先当战俘再做囚徒，此后经历“夺门之变”重登帝位——就是一个被太多神秘笼罩的君主。如日中天的明帝国，为何会在他的手中输光国运？几十万明军精锐，为何在土木堡一败涂地？

探讨这些历史谜题之前，不妨先把目光投向正统二年（1437年）。一生将经历无数大风大浪的明英宗，在登基第二年，就遇到一桩棘手之事——身负监察百官之责的东厂最高长官，卷入一桩腐败案件。

此时的大明帝国，看上去一片欣欣向荣。作为帝国首都的北京，更是“集万千宠爱于一身”。生活在这座都城的百姓，过去数十年见证了太多荣耀，有永乐大帝北伐蒙古凯旋的大军，有三保太监下西洋带回的奇珍异兽，更有紫禁城的金碧辉煌，大运河上的艨艟联翩……

所有这些，都是一个伟大帝国赐予子民的无上辉煌！

沐浴在浩荡皇恩中的京师百姓也有些许怨言。比如，他们就对那些搞垄断经营且坐地起价的塌店不满。塌店，又称塌房、邸店，是租赁给商人寄屯货物的场所。任何时代，货物流通都是关乎国计民生的大事。有人垄断了京师塌店，搞起了欺行霸市，百姓岂有不怒之理？

更可怕的是，百姓敢怒不敢言。道理很简单，能在京师欺行霸市的，绝不是一般人。

于是，在《明英宗实录》有了这样的记载：“壬申，太监僧保、金英等恃势私创塌店十一处，各令无赖子弟霸集商货，甚为时害。”

这几乎就是大白话了，太监僧保、金英等人在京师开了十一家塌店，交给无赖子弟经营，“甚为时害”，民愤非常大。

明朝制度，太监不许做生意、置办产业。且不说欺行霸市激起民愤，仅就太监经商办企业这一条，就是公然踩红线。不过，没有金刚钻不揽瓷器活，古往今来但凡敢挑战制度者，都是有来头的。

僧保、金英两名太监，就不是一般人。《明代宦官碑传集》中有这样的记载：“内官监太监钱安……太宗文皇帝喜其聪慧，敦厚笃实，慎重寡言，凡应对之间，悉称上意，赐名僧保。”由此推测，僧保即在靖难之役中跟随朱棣左右的太监钱安。不过，此人属于那种有资历却不能紧跟形势的人，一辈子只能摆老资格，躺在功劳簿上睡大觉，以至于历史中关于他的记载寥寥。

另一位太监金英可就厉害了，当时官居司礼监秉笔太监，是内廷仅次于掌印太监的二号人物。按照惯例，秉笔太监还会兼东厂提督，是东厂的实际掌控者，被称为“厂公”。

原来，金英不仅是天下第二号太监，还是东厂特务头子。更有甚者，这些只是台面上的职务，台面下人家还有一层身份：“安南帮”的“帮主”。

官场里讲派系、分山头并不奇怪，外廷那些学而优则仕的文官，攀老乡、认门生，党同伐异斗得不亦乐乎。内廷的太监，也有样学样。

从永乐帝朱棣开始，直到明英宗朱祁镇，在大明皇宫中，一群来自安南的太监大放异彩。在正统初年，“厂公”金英就是这群安南太监中地位最高的共主。

安南即如今的越南，永乐年间，名将张辅平定安南，阉割了数千儿童带回京城。

除了位高权重的金英，同一时期著名的安南太监还有阮安、阮浪、阮白、范弘、兴安、王瑾等。其中，范弘、兴安等人都是司礼监大太监，政治实力不容小觑。阮安更有名，他不热衷官场，但对工程技术无比痴狂，成了帝国最负盛名的匠师。《明史·宦官传·阮安》记载："阮安有巧思，奉成祖命营北京城池、宫殿及百司府廨，目量意营，悉中规制，工部奉行而已。正统时，重建三殿。"也就是说，辉煌无比的明代紫禁城的"总工程师"，正是来自安南的太监阮安。

亲不亲，故乡人，一群孩童，被阉割后来到千里之外的皇宫大内。他们之间存在一种特殊友谊，危难时彼此扶助，自然不会奇怪。所以说，谁敢寻金英的麻烦，就是同权势熏天的安南帮为敌。精于权术的朝臣，不会触这个霉头。那些对京师塌店心怀不满的百姓，除了束手无策就只剩无能为力。

有恃无恐的金英就这样做着日进斗金的生意，东厂是自己手下，内廷的安南帮是自己的奥援，朝堂上还有许多趋炎附势或欲巴结而不得的官员，实在没什么可担心的。

直到正统二年（1437年），真有人敢在太岁头上动土，公开告"厂公"金英的状。初登大宝的明英宗估计也很头疼，官场中许多事只能做不能说，一旦说开，就意味有人想把事情做绝。金英腐败不是新闻，可有人公开讲出来，背后就有玄机了。毕竟，东厂是监察百官的，结果东厂的首领却身陷腐败。

吵吵嚷嚷之后，事情有了进展，《明英宗实录》写道："事闻，上命锦衣卫同监察御史治之。"

状告内廷第二号人物东厂提督太监涉嫌贪腐，皇上还降旨彻查，自然不是小事，而是一桩震动朝野的大案。正统初年牵涉各方势力，云谲波诡的金英案，由此而来。

锦衣卫和都察院得旨后，分别派千户李得和御史孙睿负责此案。二人经过调查，认为金英不仅私办塌店，那些负责经营的恶霸赖皮甚至干出强占货物的勾当。他们主张将所占货物发还原主，盈余部分由锦衣卫代为征收。

李得与孙睿干劲十足，又跑来找到锦衣卫指挥使马顺，准备进行“强制执行”。正在此时，剧情来了一个大反转。

锦衣卫与东厂本是一家，才有“厂卫”之称。许多时候，提督东厂太监也是锦衣卫的实际指挥者。对于兴致勃勃找上门的李得与孙睿，锦衣卫指挥使马顺摆出了冷脸。

马顺责怪御史多事，将文书掷还。孙睿受此羞辱，当场破口大骂。马顺身为正三品的朝廷命官，不屑同一个小御史吵架，可锦衣卫里一位刚退下来的老领导徐恭却站出来，公开斥责孙睿。

徐恭曾任锦衣卫指挥使，马顺不久前刚接替了他的职位。退下来的徐恭，为何还在锦衣卫衙门，难道碰巧来办退休手续？这些已不可考，只知道徐恭加入了这场骂架。

骂了好一阵，两边都不服软。与都察院御史孙睿一同办案的千户李得，可是锦衣卫的人，徐恭收拾不了都察院的人，还不能拿自己人李得出气？于是，就在马顺眼皮子底下，徐恭命人将李得拖出去，打了二十大板。

李得挨了板子，孙睿丢了面子，不肯服气，一路鸣冤叫屈。都察院也加入进来，说马顺和徐恭“抗旨”。马顺和徐恭不甘示弱，上疏替自己辩解，还反告孙睿一状。

金英案发展到这一步，几乎演变成锦衣卫与都察院的对抗，隐然间还有一种内廷与外廷较劲的味道。不久，宫内传旨将马顺、徐恭、孙睿三人一同下狱……

提督东厂的大太监被指控贪墨不法，锦衣卫前后两任指挥使被打入大狱，让平日威风惯了的“厂卫”灰头土脸。东厂与锦衣卫原本就是大明帝国的监察机构，过去到处抓别人，现在却成了被抓的贪官！

二

在这里，有必要交代一下明代特有的“厂卫”制度，这对于我们认清金英案的背景十分重要。准确来说，“厂卫”包括四个机构：东厂、西厂、内厂和锦衣卫。它们共同服务于皇帝，负责对天下官员的侦查和审讯。由于得到皇权特许，厂卫可以独立于三法司（刑部、大理寺、都察院）来审判并处罚犯人。

锦衣卫的创立者，是明代开国之君朱元璋。他将亲军都尉府和仪鸾司一并裁撤，正式设立了锦衣卫，负责“掌直驾侍卫、巡查缉捕”，其长官名为锦衣卫指挥使，直接对皇帝负责。锦衣卫下面设置镇抚司等机构，负责侦查、逮捕、审问等工作。短时间内，锦衣卫发展迅猛，在洪武年间的诸多大案中立下“功劳”。

东厂由明成祖朱棣设立。他打破了朱元璋“宦官不得干政”的祖训，开始重用宦官。东厂全名“东缉事厂”，首领由皇帝宠信的宦官担任。

我们还可以通过几件具体的事，对“厂卫”制度做进一步了解。首先，聊一聊那些“厂卫”头领的结局。文武百官与百姓提到“厂卫”，莫不毛骨悚然，那些死在“厂卫”手中的冤魂更是不计其数。然而，手握生杀大权，威风一时的“厂卫”头领，往往也不得善终。

锦衣卫的首任指挥使叫毛骧，跟随朱元璋多年。《明史》里说他“从定中原”，“滕州段士雄反，骧讨平之”，“捕倭浙东，斩获多”，总之是位战功赫赫的战将。朱元璋建立锦衣卫后，毛骧“尝掌锦衣卫事，典诏狱”。

洪武年间的众多大案中，都能见到毛骧的身影，他侦办案件时牵连甚广，杀人无数，许多官员听闻毛骧的名字已是冷汗如雨。

最终，毛骧死在了朱元璋手中。有人说毛骧杀人太多，朱元璋只能杀他平息众怒，也有人说这是鸟尽弓藏，毛骧将那些开国元勋杀得差不多，自己就没什么用处了。反正，毛骧被处死了，死在一手提拔了他的君王手中。

杀死毛骧后，朱元璋还将亲手创立的锦衣卫解散了。直到永乐帝朱棣登上皇位，又将锦衣卫重建起来。永乐年间有一任锦衣卫指挥使叫作纪纲，是个有名的酷吏，仗着皇帝庇护滥杀无辜。可惜到最后，朱棣还是下令处死了纪纲，用的还是极刑——凌迟。

有人做过统计，明代的锦衣卫指挥使，善终者寥寥，死于非命者比比皆是。包括上文提到的正统年间的指挥使马顺，下场也十分凄惨。

聊了“厂卫”头领的结局，再来说一说“厂卫”制度的演变，中间也大有玄机。锦衣卫在朱元璋手中建立，又被他亲手废除，朱棣登基后重建锦衣卫，同时建立了东厂。

锦衣卫权力很大，可以监察百官，连皇亲国戚也能抓。朱棣建立东厂，本身就有监视锦衣卫的用意。东厂建立之初，从锦衣卫调拨了大批人手，东厂没有自己的监狱，抓到的犯人一律移交锦衣卫北镇抚司处理，算是相互制衡。到后来，东厂凌驾于锦衣卫之上。锦衣卫指挥使是武将，东厂提督是宦官，指挥使见了“厂公”，要下跪磕头，完全把自己当成了下属。

成化年间，太监汪直建立西厂，目的就是制衡东厂。武宗时期建立内厂，侦缉的范围比东厂、西厂、锦衣卫还大，且负有监视这三个机构的职责。

不难看出，明朝历代皇帝对“厂卫”真是既爱又防，他们需要“厂卫”去侦查百官，巩固皇权，又害怕“厂卫”坐大威胁自身统治，所以不断调整“厂卫”。

三

“厂卫”是特务机关，兼具反腐职能，有明一代，监察百官都是“厂卫”的职责之一。可惜，由于没有有效监督，“厂卫”本身很快腐败掉。一旦反腐的人搞起腐败，结局就是灾难性的。

在金英案爆发的前几年，与“厂卫”有关的贪腐弊案已层出不穷。正统元年（1436年），锦衣卫指挥佥事徐政擅自跑回京城，监察御史上疏参劾。一开始，调查只针对徐政的渎职行为，但很快发现各种贪腐劣迹。指挥佥事，秩正四品，属于锦衣卫中层骨干，依旧掉入腐败的泥淖。

当时还发生过一个案例，锦衣卫的下层士兵，因向人索贿而入狱，据其交代，自己是给了上面好处，才被分配进锦衣卫。买来的差事，正急着回本。一个号称监察百官的特务机关，要靠行贿才能进入，无异于黑色幽默。

从指挥佥事到普通士卒，犯事的毕竟是中下层，可以推说疏于管教。到金英案闹得沸沸扬扬，皇帝的新衣终于被扒下，人们可以大胆说出，监察百官的“厂卫”，本身已腐败透顶。

洪武、永乐两朝的锦衣卫指挥使毛骧与纪纲，虽是有名的酷吏，下场也很惨，却没听说二人是贪官。金英成了有史可查的第一个卷入腐败旋涡的“厂公”。当然，酷吏贪的是权力与名声，为达目的视他人性命如蝼蚁。酷吏与贪官究竟谁更可恶，那是另一个层面的问题。

就这样，金英中了“厂公”涉贪的头彩。要知道，人家可是令人不寒而栗的东厂特务头子，是呼风唤雨的安南帮帮主，是个大有来头的人物。像金英这样的人，搞腐败不奇怪，但搞腐败搞出事情，身陷腐败传闻，就颇为耐人寻味。通常有一种可能，就是金英碰到了更有来头、更有背景的狠角色。

没错，这个狠角色就是正统年间权倾一时的人物——王振。

王振也是一名宦官，名气比金英更大。金英只是贪财，王振却把钱和权都紧抓不放。史学界对他有一致评价：明代第一个专权的宦官。

《明史·宦官传》中这样记载："王振，蔚州人。少选入内书堂。侍英宗东宫，为局郎……及英宗立，年少。振狡黠得帝欢，遂越金英等数人掌司礼监。"

这一段话，把王振的发迹过程交代明白了。此人早年入宫，服侍年幼的储君朱祁镇。当朱祁镇成为明英宗后，他"越金英等数人掌司礼监"，一跃超过金英等资深太监，成为内廷头号人物。

仅仅将王振的蹿红理解为一朝天子一朝臣，并不准确。没错，他是朱祁镇宠信的人，当朱祁镇做了皇帝，活该王振吃香喝辣。不过，王振的志向远不止吃香喝辣，他要干惊天动地的大事。实现这样的志向，仅靠皇帝宠信远远不够。

况且，王振还拥有其他太监不具备的素质——是个文化人。关于王振在哪里学来的文化，有两种说法。一种说法，说他是老家蔚县的落第秀才，做过私塾老师，后来觉得科举之路太艰辛，便挥刀自宫做了太监，希望走一条仕途捷径。另一种说法，朱元璋为防太监干政，不许他们读书识字，直到宣宗时，在内廷办了内书堂，挑选天资聪颖的小太监进入（明宣宗此举，也被认为有意扶持内廷势力）。王振幸运地成为内书堂的尖子生，由此被选入东宫侍奉皇太子。

太监不可怕，就怕太监有文化。掌握了文化的王振，人生就此开挂。在英宗皇帝刚登基的正统元年，他就飞速被提拔为司礼监掌印太监。

明代的内廷设置，有二十四衙门之称，分别是十二监、四司、八局。十二监包括司礼监、内官监、御用监、司设监、御马监、神宫监、尚膳监、尚宝监、印绶监、直殿监、尚衣监、都知监；四司有惜薪司、钟鼓司、宝钞司、混堂司；八局有兵仗局、银作局、浣衣局、巾帽局、针工局、内织染局、酒醋面局、司苑局。

二十四衙门之间并不是一个平等的互不隶属关系，而是统一归司礼监管理。《明史·职官志》这样记述司礼监的工作："掌印太监一员，秉笔太监、随堂太监、书籍名画等库掌司、内书堂掌司、六科郎掌司、典簿无定员。提督掌督理皇城内一应仪礼刑名，及钤束长随、当差、听事各役，关防门禁，催督光禄供应等事。掌印掌理内外章奏及御前勘合。秉笔、随堂掌章奏文书，照阁票批朱。"

司礼监的影响力绝不止于内廷。明代废相，内阁与各部大臣奏议公事先行"票拟"，由皇帝"朱批"可否。精力旺盛的朱元璋事必躬亲，他的子孙却不愿如此劳累。于是，内廷的"批红"制度逐渐形成。经过皇帝的同意与授权，司礼监的秉笔太监可以用朱笔在公文上写下处理意见，再由掌印太监审核盖印。遇到疏于政务的皇帝，司礼监就成为实际上的帝国统治中枢，明代那些专权的大宦官正是在这套政治体制中如鱼得水，狐假虎威。

司礼监的头号人物，是手握审核盖印大权的掌印太监。宣宗末年担任这一职务的是金英，到英宗继位，王振取而代之成为掌印太监，金英从"一把手"变成"二把手"，担任秉笔太监并依惯例提督东厂。

这样一说，大家就明白王振与金英的关系了。一个是政坛新贵，一个满怀落寞地成为能上能下的"楷模"。要说两人关系融洽，估计没人相信。《明史》中关于两人关系，有这样一句话："及王振擅权，英不敢与抗。"看清楚了，金英不是不想、不忍、不愿或不屑与王振对抗，只是"不敢"。

为何"不敢"，就要说到喧闹一时的"金英案"。一些历史研究者分析，刚坐上"一把手"位置的王振，毕竟有些心虚，尤其面对一个资历深厚的"二把手"，更感觉不踏实。于是，背后鼓动人告金英的状。

必须说明，尽管不少人认为，王振是金英案的幕后黑手，但截至目前尚未从相关史籍中找出有力证据。这倒不奇怪，背后放暗箭的官场暗斗，谁也不会说破，更没人承认，要找到证据确实困难。只不过有一点是没有疑问的，王振是金英案最大受益者，他有充足动机来做这件事。

“金英案”的高潮，是发生在锦衣卫衙门的骂战，御史孙睿气势汹汹，一副公事公办的模样，新任锦衣卫指挥使马顺则是息事宁人的态度，刚卸任锦衣卫指挥使的徐恭冲出来替金英打抱不平，甚至杖责了“吃里爬外”的锦衣卫千户李得。

分析这几个人的心理，很容易得出屁股决定脑袋的结论。孙睿是监察御史，或许一身正气，或许对“厂卫”积怨已久，总之逮着机会，绝不肯善罢甘休。马顺是王振的亲信，王振当上掌印太监后，立即在二十四衙门与锦衣卫进行了一系列人事调整，一言以蔽之，就是提拔自己的人。因此，马顺在某种程度上可以代表王振的态度：案子办到这一步，敲打金英等老臣的任务已完成，人家也服软，可以鸣金收兵了。另外，此事无论如何也是太监内部矛盾，别让都察院那帮御史见缝插针。

徐恭极有可能是金英的人马，金英执掌内廷做掌印太监时，徐恭是锦衣卫指挥使，两人配合默契。王振掌权后，徐恭的官职也被马顺替代。想必徐恭早憋了一肚子气，到此时实在忍不住了。

上文说到，这场骂架将锦衣卫与都察院都卷了进来，最后马顺、徐恭、孙睿被打入大狱。但是，三人并未遭受什么严厉刑罚，很快被释放。然而释放与释放又不一样。徐恭、孙睿的名字再未见诸史册，经此一劫，虽重获自由，政治生命却被判死刑。出狱后的马顺官复原职，依旧是不可一世的锦衣卫指挥使。甚至在数年之后的一个历史重要关头，马顺还会“登台亮相”，成为明代历史中一个“特例”。

马顺、徐恭、孙睿被轻轻放下，“金英案”不了了之。案件的主角金英，背上了骂名，却保留了职务。他也没有收敛的打算，此后他及其家丁又卷入多起贪污案。

金英真正的改变，是对王振的态度，变得恭敬、顺从，彻底学会如何当“二把手”了。

正是这样的结局，才让很多人相信，“金英案”只是王振发动的一场政治斗争，他取得了完胜。

自打明朝开国之后，各种各样的政治斗争就没有断过，皇帝、官员、太监之间杀得刀刀见血，所用罪名大多是谋反、忤逆之类。到王振与金英掰手腕时，反腐也成为一种手段。当政治斗争假谋逆之名时，未必真有谋逆，可当反腐成为政治斗争的手段时，说明腐败已大行其道。

四

王振拿金英反了一回腐，但绝不影响自己做个大贪官。《明史》记载：“振擅权七年，籍其家，得金银六十余库，玉盘百，珊瑚高六七尺者二十余株，他珍玩无算。”就是说王振被籍没家产，仅金银就有六十余库，玉盘一百多个，珊瑚树高六七尺者二十余株。

正统十一年（1446年），日后将以一己之力拯救大明王朝的于谦，准备进京见皇帝，别人劝他给王振带礼物，他不肯。来到京城后，王振指使其党羽给于谦加上各种罪名而关进监狱，并判处死刑。后来许多人说情，才免了于谦死罪。由此可知，王振不是一般的贪官，而是祸乱朝纲的巨贪。

金英被王振收拾得服服帖帖，外廷那些满腹经纶的大学士，同样败在“王先生”（英宗是这样称呼王振的，王振也喜欢别人称呼自己先生而非公公）手下。正统六年（1441年），奉天、华盖、谨身三大殿重建竣工，英宗大摆筵宴。按照宫中制度，宦官没有资格参加宫宴。可这时的王振已深得宠信，英宗皇帝见不到王振，急忙派人去看望。王振见了来人，竟自比周公道：“周公辅助成王，为什么独我不能到宴会上去坐一坐呢？”英宗觉得王振受了委屈，下令打开东华门，让王振进宫参加宴会。王振刚来到门外，百官即向他朝拜。

王振还干了一件石破天惊的大事，将太祖皇帝朱元璋留下的铁牌公然毁坏。朱元璋唯恐宦官乱政，生前曾铸了一块铁牌，将其悬挂在宫殿的大门上，上面刻有十一个字："内臣不得干预政事，犯者斩。"

按说这块铁牌并不碍王振什么事，任他铁牌高悬，王先生依旧大权独揽。可是，人活到一定境界，要的就是一个脸面。这块铁牌在，王振觉得没脸面。于是，他命人将铁牌取下销毁。

哎，不知是王振打败了朱元璋，还是朱元璋败给了自家子孙？

连朱元璋的铁牌都敢摘，在大明帝国王振已找不到对手。无敌是一种寂寞，寂寞难耐的王振为自己挑选了更富有挑战性的对手——草原上的蒙古铁骑。

再次说明，人家王振可是个文化人，虽然贪得无厌，却胸怀远大理想。从自比周公就能看出，他想干一番大事业。内政尽在掌控，还能干什么呢？那就北伐吧。同样是太监，郑和能率领庞大的舰队下西洋，我王振为何不能去北方草原金戈铁马？此时的王振，或许想到了"封狼居胥"，一个阉人也能"封狼居胥"吗，那可是震古烁今的伟业？

在王振之前一千多年的西汉王朝，汉武帝令大将霍去病和卫青各率五万骑兵分别出代郡和定襄，深入漠北。霍去病率军长驱直入，一路斩杀匈奴无数。最后，他来到了匈奴的圣山狼居胥山，进行了祭天封礼，并立碑以示此地纳为汉家疆域。

从此，封狼居胥成为中原王朝武将的最高军功，激励着无数热血男儿。

在此后的漫长历史中，能够封狼居胥者，不过寥寥几人。霍去病后七百多年，中原王朝的铁骑又一次出现在狼居胥山脚下。唐代贞观年间，名将李靖率军大破突厥，"何问狼居胥，执戟夜急行"，追击突厥的大唐骑兵，从狼居胥山下飞驰而过。

盛唐之后，中原王朝连燕云十六州都丢了，封狼居胥更成为痴人说梦。直到朱元璋建立大明王朝，汉家骑兵终于踏上了久违的蒙古高原。此时距离李靖封狼居胥，又过去了七百多年。

明代第一个封狼居胥的将领是蓝玉，洪武二十一年（1388年），蓝玉率兵十五万北征蒙古，取得捕鱼儿海大捷。此后，永乐大帝朱棣五征蒙古，大军打到斡难河，比狼居胥山还靠北。朱棣是最后一个封狼居胥的汉人将领，也是唯一封狼居胥的九五之尊。

封狼居胥不仅是赫赫武功，更是王朝鼎盛的象征。每一次封狼居胥的背后，都站立着一个中原王朝盛世。想来也不奇怪，兵马未动粮草先行，没有强大国力，几十万铁骑如何能跨越茫茫戈壁。

从这个意义上来说，大明王朝的确处于盛世之中。朱棣封狼居胥不过二十年前的事，那些功臣宿将仍在，足以令蒙古人闻风丧胆。朱棣之后，明帝国又经历十余年的仁宣之治，仁宗与宣宗两位皇帝休养生息，国力进一步提升。难怪王振敢于怂恿皇帝御驾北伐，仅从实力来看，胜券在握。

土木堡一战，几十万明军被几万蒙古骑兵打得丢盔弃甲，王振身死，明英宗朱祁镇做了俘虏。

五

王振在土木堡走向生命的终点，倒也罢了。更要命的是，土木堡一战，埋葬了明军几十万精锐之师，输掉了一个帝国的国运，更带走了明王朝最后一个盛世。土木堡之战被公认为明帝国由盛到衰的转折点，从此以后，大明再无盛世。

关于土木堡之战，史学家投入了巨大兴趣与精力。正如本章开篇所提到，土木堡之战留给了后世太多谜团，人们始终在追问，如日中天的明帝国，为什么会败得那样惨？

要知道，土木堡之战原本是一场实力悬殊的较量。明军号称五十万，最起码也有二十万。瓦剌军号称十万，实则只有三万。双方的武器也是明军占尽优势，骑兵、火器，都足以碾压对方。更离谱的是，真正的决战只进行了几天，明军便土崩瓦解。

有人把土木堡的失败归咎于王振瞎指挥。诚然，王振对于此次失败要承担责任甚至主要责任，但全部责任都叫他来扛，并不公允。

跟随明英宗与王振一同北伐的，不乏那些身经百战的名将。最有名的就是英国公张辅，他可是靖难之役的功臣，后来多次随朱棣远征蒙古。作为独当一面的统帅，张辅四平安南，金英、阮安等安南太监就是被他俘获带回京城的。

若说王振没能识破瓦剌诱敌深入之计，难道张辅等一众名将也集体失明了？

此外，明军毕竟具有绝对兵力优势，除了王振率领的主力部队，还有多支偏师。偏师的人数多在一两万之间，武器装备丝毫不逊于瓦剌。说句不客气的话，任何一支偏师稍有战力，也够三万瓦剌军喝一壶。

可事实上，没有王振的瞎指挥，这些偏师的表现比起主力兵团也无任何可圈可点之处。要么在大决战前遭受重创，提前退出战场，要么在主力被歼灭后直接吓尿，目送敌军一路南下，致使首都北京险些不保。

还有一点，是史书中记载详细却又令人费解的。北伐大军自出征之后，有多位大臣苦谏英宗皇帝尽快班师回朝。“廷臣交谏，弗听。至宣府，大风雨，复有谏者……尚书邝埜、王佐忤振意，罚跪草中。其党钦天监正彭德清以天象谏”（《明史》），兵部尚书邝埜闯进英宗皇帝的行在力请回銮，户部尚书王佐跪伏在草丛中，请求皇帝南还，钦天监监正彭德清更以天象示警相劝。有一部由参与此次北伐的人记载的《正统临戎录》，详细记述了北伐军中人心浮动的景象：“今天子蒙尘，六军丧气……”

过去的史书大多认为，刚愎自用的王振没有采纳即刻班师的意见，导致最终的惨败。甚至有人痛心疾首地表示，大军哪怕早两日撤到长城以内，也不至于土崩瓦解。

这样的观点，不能说它错，却引出了更多疑问。此番出征，明军是主动进攻一方且占据绝对优势，为何决战尚未开始，士气就低落至此？回想当年蓝玉与朱棣北伐蒙古时，想的绝非如何退回长城自保，而是怎样找到蒙古主力与之决战。蓝玉与朱棣麾下的将士，听说前方有蒙古军队就无比兴奋，狂奔几日追击而去。到了如今，人数众多的明军却担忧瓦剌骑兵突然出现？

试想一下，即便没有土木堡之变，真按大臣所说，大军在草原上转悠几日便退回关内，完成一次耗费巨大的塞北游，难道不是一场巨大失败吗？

历史的真相恐怕是，这是一支根本无法打仗的军队。文臣武将只是比皇帝与王振更早发现这一点，所以急吼吼地要撤退。英宗与王振起初过于自大，但也并不傻，很快他们也觉察出明军战斗力是何其差劲。只可惜，自身撤退速度无法与敌军几万只嗜血虎狼的进击速度相比。

也就是说，土木堡之败并非一将无能累死三军，而是一将无能配上了三军无用，王振的瞎指挥，不过戳破了明军战力低下的事实而已。这样的军队，换谁来指挥都难逃一败。

有人或许会提出反证，仅仅数月之后，统帅换成了于谦，不就取得北京保卫战的胜利？需要说明的是，北京城下的胜利，与后来袁崇焕的宁远大捷类似，得益于“凭坚城，用大炮”，是一场以逸待劳的城市保卫战。

换言之，土木堡之战后，明军已丧失了野战能力，无论它对面的敌人是瓦剌、女真，还是倭寇。这样的军队，防守得靠运气，进攻野战几乎就是在找死。

电视剧《康熙王朝》中有个经典镜头，吴三桂反叛后，一路攻城略地，兵锋势不可当，吴三桂坐在帐中，看似疑惑实则顾盼自雄地说道："这才多少年呀，大清竟如此不堪一击？当年入关时的那些雄兵猛将，那些一日千里的虎狼之师，都去哪儿啦？"土木堡一役后，瓦剌太师或许会与吴三桂有相同的想法。

毫不夸张地说，巅峰时期的明军战斗力，绝不在强汉盛唐之下，那是一支中原王朝数百年难得一遇的铁军，由朱元璋、徐达、常遇春、蓝玉、朱棣等不世出的军事天才缔造并锤炼而出，取得过两度封狼居胥的辉煌战绩。

唐朝之后，面对北方铁骑冲击，中原王朝想了不少战法，什么铁钩阵、大刀队，并在各类小说演义中取得不俗战果。实际上，直到徐达率领的明军，才在太原城外与蒙古主力展开了一场势均力敌的对抗。

徐达没再用任何取巧的战术，而是"任你骑兵来，我自骑兵去"，双方把精锐骑兵都摆出来，展开一场你死我活的对冲。最终，蒙古骑兵垮掉了。徐达创造了历史，几百年来，第一次有中原王朝的骑兵敢于与蒙古铁骑野战并取得全胜。

此后的蓝玉与朱棣，相继封狼居胥，他们麾下的明军在漠北纵横千里，令敌人闻风丧胆。这支军队纪律之严明，战力之强悍，实在令人侧目。军士可以在大风沙的天气中强行军追击敌人，在困境中数十万大军还能"穴地而爨，毋见烟火"（《明史》）。

当年的明军，与在土木堡一败涂地的明军，实在云泥之别，判若天渊。这才多少年呀，那些雄兵猛将都去哪儿啦？

要解开这个疑问，又得回到"金英案"，从中寻找答案。"金英案"折射出京师"厂卫"的腐败，而在一个如此腐败的政权中，舞刀弄枪掌握暴力的军队，比起"厂卫"一定不遑多让。

永乐大帝之后，土木堡之变以前，史书中关于明军迅速腐化蜕变的记载有很多。

明代军队实行屯田制，《明代的屯田》一书列举了许多明军战斗力急剧衰落的原因，“最主要的应该就是屯田的欺隐和占夺”。热衷于兼并土地的，多是在当地军镇镇守的高级武将。而军屯破坏的另一个原因，则在于屯垦的士兵被其他各种差役所占。宣德八年（1433年）末，山东巡按张聪至辽东巡视后发现，一百三十人的军额只剩下了老弱五人，缺额率高达百分之九十六。领军军官却只能以一句“俱有差遣”支吾了事。

《皇明经世文编》中写道：“我皇祖于军职虽行世袭之制，实寓考选之典。故后之有功者，可以升授，而不才者可以汰减。万世不易之法也……永乐六年（1408年）下令：比试一次不中者发开平；再试不中者发交趾；三试不中者烟瘴地面俱充军、别选子弟袭职。永乐十年（1412年）复旧制：再比不中，仍令食半俸，优一次比试矣三试不中者，发充军。”从上述记载不难看出，朱元璋、朱棣时期对于军队的训练抓得很紧，屡次不合格者甚至会面临充军的责罚。可在仁宣时期，明军中的“大比武”传统已不复存在。

到了正统年间，明军已腐败到公然走私的地步，更有甚者，一些驻扎边境的明军将先进的武器走私给了敌人瓦剌。《明实录》曾记述道，正统十年（1445年）十一月庚寅，英宗敕大同、宣府总兵等官，武进伯朱冕等曰：“瓦剌使臣多带兵甲、弓矢、铜铳诸物，询其所由，皆大同、宣府一路贪利之徒私与交易者。尔等受朕委任，防闲弛慢，自今其严加禁约，若仍前弛慢，罪亦不宥。”这段话的意思是说，明英宗朱祁镇发觉来朝贡的瓦剌使团携带了大量盔甲兵器弓箭铳炮，经过调查竟是大同、宣府等地走私商出售。朝廷有严格的火器管控制度，民间严禁私藏火器。走私商向蒙古人出售火器，肯定与明军有关，盛怒之下的皇帝，令大同与宣府的总兵彻查。

一支军队与一个政权腐败至此，战场上遭遇任何失败都不会令人意外了。土木堡一役，英宗皇帝做了俘虏，王振等众多实权人物丢了性命。他们是帝国腐败的制造者与纵容者，终于成了腐败的受害者，也算一种报应吧！

六

土木堡之变后，瓦剌大军南下，兵锋直指北京，大明帝国命悬一线。所幸，一个叫于谦的人站了出来，率领军民打赢了气壮山河的北京保卫战。对，就是那个不肯行贿王振，差点被整死在狱中的于谦。

那时的北京，是一座实实在在的危城。在这座危城中，此前“金英案”中的几个主角，迎来了各自不同的人生际遇。

最倒霉的是锦衣卫指挥使马顺。他是王振一手提拔的心腹，因“金英案”受到牵连，短暂被打倒，很快复出并统辖锦衣卫多年，被朝野上下视为王振死党。王振死在土木堡，靠山倒了，底下人自然要被清算。可清算手段之暴力与血腥，仍令人瞠目结舌。

《明史纪事本末》清楚记录了马顺之死的全过程，这一事件也成为明朝二百七十六年历史中骇人听闻且绝无仅有的斗殴事件，史称“午门血案”。根据记载，土木堡之变的噩讯传来，朝野震动，百官恸哭。皇太后孙氏命郕王朱祁钰监国，并立明英宗长子朱见深为皇太子。“八月癸酉”这一天，朱祁钰“摄朝午门”，商议如何击退瓦剌军。群臣“劾王振误国罪”，叫嚷着攘外必先安内，说擅权乱政的王振已死，但其亲信党羽还在，必须清除遗毒。臣子的态度很坚决，“若不奉诏，群臣死不敢退”。

郕王朱祁钰对王振并无特殊好感，既然破鼓众人捶，索性答应下来，还让锦衣卫指挥使马顺前去籍没王振全家。“有令旨籍没振，遣指挥马顺往。”马顺本是锦衣卫指挥使，去做些抄家抓人的事，也算职责所在。当年“金英案”时，锦衣卫不也受命参与了案件调查。

可惜，今时不同往日了，这些年被王振踩在脚下的文官集团，憋了一肚子火，如今正好倾泻而出。他们大喊道：“顺，振党也。宜遣都御史陈镒。”很清楚，在王振已死的态势下，斗争矛头直指马顺，文官认为马顺是王振死党，不能派他去，而应该派反王急先锋御史陈镒去。

掌印太监王振死后，留守京城的秉笔太监金英顺势成了内廷头号人物。这一天，金英也在现场，“令百官退”。但是，他的劝告显然没起作用。

马顺不知是嚣张惯了还是被吓得神志不清，总之干了一件无比愚蠢的事，“从旁叱百官去”。他斥责闹事官员，要他们马上离开午门。给事中王竑第一个站出来，“愤起捽顺首”，又说：“马顺往时助振恶，今日至此，尚不知惧！”用今天的语言翻译一下，王竑一边猛击马顺的头，一边说：“你个王八蛋，从前跟着王振干了那么多坏事，到今天还这么嚣张，打的就是你！”

有人领头，众人一拥而上，“捶击蹦踏，立毙顺”，就这样活活把马顺打死了。马顺死后，百官还不解气，叫嚷着要继续抓王振的余党。金英派人赶紧去把平日里紧跟王振的太监毛贵、王长顺找来。这两人一到，群臣毫不客气，又给直接打死了。

一个锦衣卫指挥使，两个内廷大太监，就这样被官员殴打致死。若真以事实为根据，以法律为准绳，这是确凿无误的刑事犯罪。于谦明白，这种危急时刻，只能进行“政治处理”，必须立刻赦免打人的官员，否则锦衣卫会展开报复，官员也担心秋后算账，不能全身心投入即将到来的京师保卫战。郕王朱祁钰听从了于谦的建议，“马顺罪应死，勿论”。

在这场如闹剧般的午门血案中，我们不难发现，金英所扮演的角色颇为耐人寻味。首先，朝臣对他总体还算客气，他们要清算的是王振余党，金英显然不是。其次，金英在某种程度上配合了朝臣，在马顺死后，还把毛贵、王长顺叫来，唯恐有漏网之鱼。

看得出来，金英不是王振一党，甚至可算王振的反对党。见马顺被“捶击蹦踏”，金英没准儿正幸灾乐祸，当年你们借着贪腐案整老子，如今活该被别人整。

午门血案之后，大明帝国的最高权力迅速完成重构。郕王朱祁钰被拥立为帝，于谦升任兵部尚书，成为实际上的百官之首、即将到来的北京保卫战总指挥，金英也取代死去的王振，成为司礼监掌印太监、内廷的一号人物。

在那个风雨飘摇的危急时刻，于谦与金英的配合是默契的，尤其面对瓦剌兵临城下，是否要迁都这个关乎国本的问题，金英坚定地支持于谦，反对迁都，力主在北京城下与瓦剌决战。廷议时，金英斥责那些主张迁都的大臣："敢言迁者斩！"《明史》中还有这样的记载："遂入告太后，劝郕王任于谦治战守。"就是说，金英不只在廷议时支持于谦，甚至在太后与郕王朱祁钰面前极力保荐于谦，颇有一番为国举贤的古大臣之风。

接下来，大明帝国上下一心守住了北京，于谦走上了人生巅峰，金英也因为坚定支持于谦，获得无数赞誉。史书中对于金英的记述，总体上是正面的，认为他与于谦密切合作，守护住了危在旦夕的帝国。对于他的各种贪墨之事，只说瑕不掩瑜，过不掩功。

既是贪官，又是功臣，大太监金英的两面历史定位，自此建构完成。

每每读史至此，总不免感叹：历史没有如果，只看结果。金英为何反对迁都？或许是为了维护国家统一，避免南北朝的悲剧重演；或许是知己知彼，算准了瓦剌攻不下北京；又或许，只是出于一己之私，觉得自己贪了这么些年，那么多财宝、商铺全在京师，这一迁岂不鸡飞蛋打？

金英的内心我们无法揣测，只知道，不管他好心坏心，总归是做了好事，一件大好事。

七

尽管金英护国有功，但其人实在贪得无厌。

除了正统二年（1437年）私创塌店让京师百姓怨声载道，金英此后又多次卷入各种贪腐案件中，是个不收敛、不收手的典型。《明英宗实录》记载："正统八年（1443年）九月戊寅，清平伯吴英、中书吴亮、范弘、金英、阮让等私刍牧于南海子及强夺民草。事觉，下锦衣卫狱监之。"放牧强夺民草一事，金英又有份。

北京保卫战后，金英自觉功劳大，敛财更是有恃无恐。从景泰元年（1450年）六月开始，金英先后因家奴违法和自身贪贿滥权事发而遭弹劾。先是"金英家人李庆等多支官盐，及挟取淮安府民船六十余艘载盐，因而杖死船夫"，说金英家人仗着有后台贩运私盐，官员都不敢管。

《明英宗实录》中有许多关于金英卖官鬻爵的记载。"锦衣卫校尉刘信，案犯供出因交结司礼监太监金英而冒升为百户，常于午门外刺探各处事情密报金英。"除了这个"冒升为百户"的刘信，拿人钱财替人消灾的金英，还升锦衣卫指挥韩志为署都指挥佥事，升宦官汝住为长随奉御，升都指挥孙镗为都督总兵……这些卖官案，都见于史书。

金英最终的归隐，也与一桩卖官案有关。有个工部尚书石璞，因交结王振得以坐上高位，王振死后，金英接受石璞贿赂，让他继续担任尚书一职。御史们上奏要对金英"不拘常律，处以极刑，籍没其家"。

景泰帝下令禁锢金英，很快又把他放出来，命其担任南京守备太监。南京守备太监是司礼监的外差，属于那种地位很高、权力不大的职位，明朝历史上首个南京守备太监就是郑和。通常来说，紫禁城的大太监被派往南京担任此职，就算功德圆满，平安着陆了。

对于功臣金英来说，这是皇恩浩荡，安享晚年；对于贪官金英来说，这是漏网之鱼，缺席的正义。

离开权力中心的金英，还因为两件事被人津津乐道。第一件事是他从北京南下，抵达南京时，所有官员都到长江边迎接，唯独南京大理寺卿薛瑄不来凑这个热闹。薛瑄素有刚直之名，是闻名朝野的大清官。金英并未因此生气，而是叹道："南京好官，唯薛卿耳。"从此事可以看出，金英颇有度量，自己虽成了贪官，但心中还是敬仰清官的。

第二件事，传得更神了。明人陆容《菽园杂记》记述，景泰帝即位，意欲易储。一日，语英曰："七月初二日，东宫生日也。"英叩头云："东宫生日是十一月初二日。"

这是一段生动且充满政治智慧的对话。土木堡之变后，英宗做了俘虏，弟弟景泰帝当上了皇帝，又立英宗的儿子做皇太子。后来，景泰帝有意废掉侄儿，让自己的亲儿子入主东宫。七月初二是自己儿子的生日，他以此试探金英，但金英纠正说，太子的生日是十一月初二。

这段对话首先出现在《菽园杂记》中，后来在多本著作中皆有提及。不过，也有人说，后世作品都是抄《菽园杂记》，而该书描述并不准确。当时的金英，要么被禁锢在狱中，要么去了南京，根本不可能与景泰帝有此番问答。

此事真假已不可考，但无论真假，都说明金英有过人之处。此事若真，说明金英心念故主，非见风使舵之辈；此事若假，起码说明金英混了个好人缘，文人墨客杜撰好人好事，也愿意安在他头上。

金英病逝于南京，作为一个"厂卫"头领，算是难得的得善终者。他有一个姓周的养子，任职锦衣卫指挥佥事，子承父业。自此，一个历仕五朝，官至正一品太监，搅动无数风云的人物，彻底走入历史。

历史由人来书写，人性的复杂与矛盾，注定了历史的丰富多彩。比如金英，这个贪腐案的主角，如假包换的大贪官，留下的并不全是谤声。但这，恰恰也是帝国政治的悲哀所在。在这套政治体系中，许多人眼中的坏人王振成了贪官，人品不算太坏的金英也是贪官。

金英是统领东厂锦衣卫的"厂公"，从他身上更能看出，明代特有的"厂卫"庞大而不强大，神秘却不神奇。除了震慑、欺负那些原本弱不禁风的帝国臣民，其他一点用都没有。"厂卫"本该监察百官，到头来自己成了腐败窝，"厂卫"是个特务机构，可在历次战争中没能刺探到多少有用情报，“厂卫”巅峰时有十多万人，据说装备精良，可面对瓦剌、女真乃至李自成、张献忠，没打过一场胜仗……

封建王朝没有纳税人的观念，不存在浪费纳税人的钱。可花银子养着这么一个不靠谱的机构，朱家皇帝也是亏了血本。

第三章

骗赏案

嘉靖倭乱，乱从何来

将自己的精英分子用来一茬茬地“割韭菜”——这实在是封建专制帝国莫大的悲哀。对于王直、徐海等人，朝廷把他们从海商逼成海盗，接着招安，最后进行杀戮。朱纨、胡宗宪等人更惨，他们无一不是精明强干之辈，为了报效国家，有一块用武之地，不得已去结交权贵。然而，党争一来，靠山一倒，自己免不了被清算。

一

公元1550年，明嘉靖二十九年，朱纨死了。

朱纨是大明帝国首任浙江巡抚，同时提督浙、闽海防军务，是集东南两省军政大权于一身的封疆大吏，是国家曾经倚重的南天柱石。然而，在被免去官职不久，功过尚未盖棺论定，他便选择了服毒自尽。从京城快马奔来江南，手持嘉靖皇帝将朱纨捉拿进京诏书的锦衣卫，注定无法完成使命。他们面对的，是一具冰冷的尸体。

有人说，这是畏罪自杀；也有人说，这是以死明志。震惊朝野的骗赏大案，朱纨无疑是“首恶”，他将一场清剿海盗的小规模战斗吹嘘成大捷，杀良冒功，欺瞒天子。可是，朱纨却说“纵天子不欲死我，闽、浙人必杀我”。两年来，他扫荡倭寇，得罪了闽浙两省的豪门大户，这些人联起手来，欲置他于死地。

有人说，朱纨是清官；也有人说，他是酷吏。朱纨宦海沉浮近三十载，在好几个省担任要职，政绩卓著，《明史》评价他“清强峭直，勇于任事”。然而，他在闽、浙两省的杀戮也是确凿事实。因他而断了生计的黎民百姓，更不在少数。

有人说，朱纨是抗倭英雄；也有人说，他是嘉靖倭乱的始作俑者。朱纨在战场上连战连捷，让东西洋的海盗头子闻风丧胆。可是，来自海洋的非法贸易早已有之，零星的倭寇与海盗从没有断绝，对于庞大的明帝国来说，向来不是什么心腹大患。偏偏在朱纨铁血扫荡后，倭乱的发生频率与烈度陡然增加，闹得东南数省不得安定。

朱纨已死，争议却才刚刚开始。一场骗赏大案，说不清是非功过……

二

将时间从朱纨之死往前回溯三年。

这是嘉靖二十六年（1547年）。时年五十三岁的朱纨，在明帝国的高级官僚中素有干练之名，更深得内阁首辅夏言的垂青。朱纨来自太湖之畔的苏州，正德十六年（1521年）进士。如今在苏州，还有一条小巷叫朱进士巷，就为了纪念他。朱纨做过京官，在好几个地方担任过知州，还在四川兵备前使任上平定过叛乱，堪称历练完整，文武兼备。

同样在这一年，巡按御史杨九泽的一封奏疏，摆在了嘉靖皇帝朱厚熜的案头："浙江宁、绍、台、温皆枕山濒海，连延福建福、兴、泉、漳诸郡，时有倭患……臣谓巡视重臣亟宜复设，然须辖福建、浙江兼制广东潮州，专驻漳州，南可防御广东，北可控制浙江，庶威令易行，事权归一。"杨九泽报告皇帝，闽浙两地的走私现象颇为严重，需要引起警惕。他还指出，之前的管理体制存在弊端，最好能增设一个官职，统筹管理福建、浙江以及广东潮州的军事行动。

嘉靖皇帝是一个颇具争议的君王。他痴迷于修仙炼丹，二十多年不上朝，但帝国的实权又一直被其牢牢操控在手中，从外廷文官到内廷太监，所有人如履薄冰，没有谁能够专权擅政。

从对待臣下的奏疏，便能一窥嘉靖的帝王之术。那些他不喜欢或是认为不重要的奏疏，往往石沉大海，得不到任何回复，让人感觉陛下忙于修炼，无暇处理。那些他觉得紧要的奏疏，却能得到迅捷批复。

杨九泽的奏疏便属于第二类。朝廷很快决定，设立浙江巡抚一职，并任命朱纨为首任浙江巡抚。素来惜字如金的嘉靖皇帝，还给朱纨掷下御笔朱批："今特命尔前去巡抚浙江，兼管福建福、兴、漳、泉等处海道提督

军务，在杭州省城住札。”（《甓馀杂集》）

由此，朱纨站上了仕途的巅峰：擢右副都御史，提督浙、闽海防军务，巡抚浙江。从两榜进士到封疆大吏，这是多少读书人梦寐以求的人生。

但也是此时，朱纨踏出了迈向死亡的第一步。

在朱纨新官上任之前，我们先聊一聊巡抚这个官职。嘉靖皇帝是明朝的第十一个皇帝，对明清两代产生深远影响的巡抚制度，正是在他手里基本确立。明太祖朱元璋为削弱地方权力，实行三司分权，设布政使司管理民政和财政，设提刑按察使司管理司法，设都指挥使司管军队，三司各司其职，互不统辖。也就是说，在明代初年，省城内有三个平起平坐的高级官员，并没有定于一尊的封疆大吏，更不会出现唐朝那样权势熏天甚至威胁皇权的节度使与藩镇。

这套体制下，地方权力被极大削弱，皇权似乎高枕无忧，牺牲的却是行政效率。有些地方，三司相互掣肘、推诿，以致政权机器运转不灵。

永乐年间，朱棣派遣大臣分巡天下，了解军民疾苦。宣德时期，朱瞻基派遣御史于谦等六人，分别以侍郎的官衔巡抚山西、河南等省。这时的巡抚属临时派遣，“事毕复命”。没有固定的地区和任期，连家属也不准携带。此后，巡抚逐渐由临时派遣向定设过渡。到了嘉靖年间，巡抚终于成为集行政、军事、监察等权力于一身的封疆大吏，原来地方三司长官的职权日小，成为巡抚的属员。

此前，朝廷往浙江派过巡视大臣、镇守太监，却始终没有设立巡抚一职。直到朱纨走马上任，东南大省终于迎来了名副其实的封疆大吏。此后，胡宗宪、左宗棠、曾国荃等明清两朝的名臣，都担任过这一官职。

嘉靖皇帝设立浙江巡抚，意在整顿海防，朱纨上任之后，自然要拿出一番作为。朱纨是一位文化修养颇高的官员，他有写文章记录日常工作的习惯，后人将他的文章汇集起来，编成了十二卷的《甓馀杂集》。这本

《甓馀杂集》是主持东南海防的最高军政长官的亲笔记录，被公认具有很高历史价值，是研究明代抗倭极为重要的历史文献。

翻阅《甓馀杂集》可知，朱纨上任不久，便意识到闽浙沿海的走私问题不仅在于外部，更在于内部。很多基层官员“下海通番之人，借其货本、藉其人船，动称某府出入无忌，船货回还，先除原借，本利相对，其余赃物平分，盖不止一年，亦不止一家矣”。也就是说，沿海基层官员将船只借给走私商人，从中分取利润，成为走私团伙的保护伞。

为此，朱纨推出针对性举措，无论官船、民船，一律不准驶出外海。同时，制定了沿海官兵保甲制度，命官民混编严防死守，不得使海盗船靠近大陆，大陆船只也不得出海，没收、捣毁民间所有双桅船。

外界一直存有争论，认为朱纨的施政手段过于严苛，诸如捣毁民间一切双桅船，把沿海基层官员的渡船全部没收等，根本属于不分青红皂白，把百姓同倭寇一起整。其实，手握权力者只对权力来源负责。是嘉靖皇帝派朱纨当巡抚，又不是浙江百姓请他来。皇帝要打击海上走私，朱纨自然要完成任务，对百姓的影响如何，他原是可以不管的。

从结果导向来看，朱纨来浙江短短数月，便用铁腕手段严厉打击了海上走私活动。连那些在朱纨眼中与海盗勾肩搭背、拉扯不清的基层官员，也最大限度地配合并支持了巡抚大人的工作。让把自家渡船上交，就乖乖上交；见风声太紧，好些人当真收敛起来。

必须指出，基层官员与沿海商民的这种配合与隐忍，是建立在一种经验主义之上的。每当沿海走私活动过于猖獗，京城会派个大官来，严厉整顿一番。“一阵风”过了之后，大官回京复命，去做更大的官，底下一切照旧。从前派来的叫巡视、镇守，这回派来的叫巡抚，大概换个名头而已，换汤不换药。

可惜，这些人错了。朱纨不是一般的官吏，他或许立功心切，急着向上爬，或许是一脑子忠君报国，以至于一根筋，总之，他并不满足于眼前的成绩，而是要做前人没有做过的事。

这件前人没有做过的事，就是率军出海，直捣走私集团在外海的巢穴。

倭患不是什么新鲜事物，从朱元璋以来的历任皇帝，也仅将其视作疮疥之疾。沿海实在闹腾凶了，就派人去管一管。历年来被派往东南沿海的大臣，做法都大同小异，均是刀刃向内，只需管好内陆的百姓与船只，严禁他们与外洋的走私集团发生关系。至于那些远在外海的走私巢穴，尽管乃真正的病灶，却无人理会。

当然，这是治标不治本的办法，“野火烧不尽，春风吹又生”是唯一的结局。但是，从上到下，似乎没人愿意去治本。

朱纨来浙江后，几个月就干完了前人几年的活，治标工作取得完胜。按说朱大人此时可以班师回朝了，可深受国恩的他要锦上添花。大明帝国上百年没有解决的倭患，真要在自己手里平定，也算对得起嘉靖皇帝的知遇之恩了。

于是，朱纨开始认真筹划起来，如何实施渡海作战，剿灭那些盘踞在外岛的武装走私集团。除了采购武器，整修军舰，朱纨还做出一项重要决定，从内陆的丽水等地抽调卫所部队前来东南沿海，同时调动福建水师北上浙江。朱纨此举，“异地用兵”的意味十分浓厚。他需要的是一次奇袭，绝不能事先走漏消息。

三

朱纨要奇袭的目标，正是双屿港。研究明代中叶历史，尤其东南沿海的抗倭斗争，双屿港是一个绕不开的地方。它大概位于如今的舟山群岛上，“去城（舟山城）东南百里，南洋之表，为倭夷贡寇必由之路”（《天下郡国利病书》），岛上不仅有日本人，还有来自西洋的葡萄牙人，以及跟随葡萄牙人而来的“黑番”（黑人）。同时，许多从事走私贸易的中国人也在双屿落脚。后来声名大噪的倭寇头子，来自徽州的商人王直（一说汪直，有学者认为他在海上违法贸易时冒用母姓“汪”而自称“汪直”），早年在杭州经商失败，就跑到双屿港，挖到了人生第一桶金。

不光明代史料，还有日本、葡萄牙等国的史料，都对双屿港有诸多记载。这里被称为“港中城，国中国”，岛上有一千多座建筑，有医院两所，教堂六七间，一万多人常年居住在这里。中、日、葡三方走私势力在这里交错，港口入夜灯火通明，船只多到无处停泊。

朱纨在《甓馀杂集》中描述双屿的走私活动：“浙江定海双屿港，乃海洋天险，叛贼纠引外夷，深结巢穴，名则市贩，实则劫虏。”

由此看来，双屿是一个不折不扣的海盗窝子，东南沿海走私活动的枢纽，倭患的策源地。此外，由于大明帝国的海禁政策，法外之地的双屿还意外地成为当时东亚最大贸易港与物资集散地。

朱纨对双屿港动手了。狭巷短兵相接处，杀人如草不闻声。明人郑若曾在《筹海图编》中记载，明军直捣双屿港，“俘斩溺死者数百人，贼酋许六、姚大总与大窝主顾良玉、祝良贵、刘奇十四等皆就擒。锁入港，毁贼所建天妃宫及营房、战舰，贼巢自此荡平”。

葡萄牙传教士平托在其《远游记》中也有记载：（中国军队）率领一支由三百艘中国大帆船及八十艘双桅帆船组成的舰队，在十七天内做好备战工作。一天清晨，这一舰队向葡萄牙人的村落发动了攻击……所有东西被付之一炬，村子被夷为平地。基督徒死亡达一万两千人，其中八百名葡萄牙人。

朱纨在双屿港的军事胜利毋庸置疑。最令人信服的一点便是，大名鼎鼎的双屿港，一座无比繁华的贸易枢纽，曾经聚集了上万人口，见于各种史料，自此战之后，迅速销声匿迹。至今，学界还为双屿港的旧址争论不休。

双屿港的消失，毫无疑问是因为朱纨获胜后的焚城行动，“四十余日，寸草不生”。最后，他还命官兵以木石填塞双屿港。

然而，双屿港之战的空前胜利，并没有让朱纨收获理应得到的荣耀。相反，他的心情愈加愤懑，甚至忧心忡忡地表示：“去外国盗易，去中国盗难。去中国濒海之盗犹易，去中国衣冠之盗尤难。”

一个刚打了胜仗的军事统帅，情绪何以低落至此？我们不妨从他所写的《甓馀杂集》中寻找答案：“驯致三尺童子亦知双屿之为衣食父母，远近同风。”若朱纨所言属实，双屿真是沿海百姓的衣食父母，自己断人财路，当真与杀人父母无异。在双屿港之战后，闽浙两省的官员士绅、商民拧成一股绳，同朱纨拼个鱼死网破，也就不奇怪了。

果不其然，就在双屿港大捷后几个月，震惊朝野，更令浙江官场地动山摇的骗赏案发生了。得胜还朝的巡抚，顷刻间成了杀良冒功的贪官墨吏，功臣末路，竟是举国不容。

四

下面，就来说一说骗赏案的具体经过。

在双屿港吃了败仗的葡萄牙武装走私集团，从浙江外海一路向南撤退，明军穷追不舍。双方在福建漳州境内一个叫走马溪的地方再次遭遇，爆发了一场战斗。《明世宗实录》上这样记载：“海夷佛朗机国人，行劫至漳州界，官军迎击之于走马溪。”在明代，佛朗机国指的便是葡萄牙。

比起双屿港的恶战，走马溪之战的规模实在不值一提，综合明代人所著《六报闽海捷音事》与葡萄牙传教士所写《中国志》，参加走马溪之战的葡萄牙人顶多四十来个，其中还有“黑番”与“番妇”。“黑番”是为葡萄牙走私集团效力的非洲人或马来人，“番妇”则是家眷妇女。此外，还有一伙中国的武装走私分子，与“佛朗机国人”并肩作战。显然，这群虾兵蟹将不是装备精良的明朝水师的对手，战斗很快失去悬念，走私团伙缴械投降。

朱纨对里通外国的闽浙人士，向来十分残酷。在走马溪之战中被俘的以李光头（听这名字就知道和朱重八一样，是穷苦出身）为首的中国走私团伙共计九十七人，被“便宜戮之”，全部诛杀了。那些被俘的葡萄牙人中，更莫名其妙地冒出三个“佛朗机国王”。原来，明军从战俘中随便挑出三个相貌姣好的，说三人是国王，打算向京师献俘，以此彰显战绩辉煌。

当时的葡萄牙，虽然经济总量未必超过明帝国，却已是纵横世界的海上霸主。在福建沿海一下子冒出来三个葡萄牙国王，还被明军悉数生擒？只能说，大明王朝上下不仅谎报浮夸成风，更缺乏对世界的基本认知。

连“佛朗机国王”这种谎话都敢编出来，再把歼敌人数做夸大处理，更是“顺理成章”。于是，一场小规模战斗被说成走马溪大捷，报捷的奏折飞马送往京城。甚至有种说法认为，明军之所以要把李光头等近百名中国人全部处死，就是因为害怕穿帮。到了京城，这些番人是不会说中国话的，明军怎么吹嘘战功，人家也不会戳破。

应当说，类似这种用注水的大捷骗赏，或是行使临机处置之权，将战俘军前问斩，不仅大明朝比比皆是，纵观整个封建王朝史也班班可考。通常，人们不会太在乎细枝末节，去为难一位得胜的将领。

然而，这一次不同。

被俘的番人不会说话，朝堂上的衮衮诸公却能熟练运用汉字，写出杀机四伏的文章。

第一个出来的是福建道掌道事、广东道御史陈九德，他揭开了骗赏案的盖子，上疏指责朱纨“残横抚臣，不候明旨，专擅刑杀”，并“乞赐究治，以昭国法”。

接着，兵部尚书翁万达也表明态度，认为斩首之事“似非临阵，纵系应死之人，自宜并发所司，再三鞫审。奏请施行，乃便行杀，委属有违，况九十六人之中未必皆渠魁”。翁尚书认为，处决战俘的事，朱纨没有请示汇报，太草率了。他甚至怀疑，被杀的人果真都是罪有应得吗？

官场上整倒一个人，通常不是一击而中，而是配合默契的组合拳。这不，兵部尚书翁万达刚提出自己的疑惑，下面就有人呼应。兵科都给事中杜汝祯和御史陈宗夔，根据自己的调查上奏：“纵容停泊，使内地奸徒交通无忌，及事机彰露，乃如狼狈追逐，以致各番拒捕杀人，有伤国体。其后诸贼已擒，又不分番民首从，擅自行诛，使无辜并为鱼肉。诚如九德所言者，朱纨既身负大罪，反腾疏告捷，而镗、乔复相与佐成之，法当首论其冒功。”（《明实录》）

看看，人家翁万达不愧是大领导，政治经验丰富，一眼就瞧出破绽。没错，翁尚书的怀疑被证实了，那些被杀的俘虏中果真有冤枉的，“使无辜并为鱼肉”。

朱纨如此杀良冒功，欺君罔上，不治罪行吗？很快，嘉靖皇帝下旨，摘了朱纨的乌纱帽。

这时，本章开篇时的场景出现了，被罢官的朱纨悲愤不已，“制圹志，作绝命词，仰药死”（《明史》）。他给自己写好墓志铭，作绝命词，服毒自尽。

五

从功臣到罪臣，从生存到死亡，对于朱纨来说，几个月时间，一切已然颠倒。

朱纨在官场失势的直接导火线，自然是骗赏案。不过前文讲过，对于一名手握兵权的高级将领来说，夸大军功这种事，实在可大可小。万历年间，镇守辽东的大将李成梁杀良冒功，连着好几任内阁首辅都为他遮掩。后来，还有一个叫毛文龙的将领，与八旗交战时吃了大败仗，却上奏说大捷。

冒功骗赏之事，不仅朝廷不追究，历史往往也会一笔带过。后世史书都认为，李成梁、毛文龙是有本事、会打仗的名将，比起他们的功劳，些许小节不值一提。

那么问题来了，既然所有人都这么干，为何唯独朱纨倒了大霉？

《明史・朱纨传》是这样解释的：“欲为国家杜乱源，乃为势家构陷，朝野太息。”就是说，朱纨想为国家杜绝祸乱的根源，才被势豪之家陷害，朝野人士都为他叹息。朱纨在自己的绝命诗中，也感慨道：“浙闽人弄巧，盗贼入朝中。是非已颠倒，谗言势汹汹。”

结合朱纨此前说过的“去外国盗易，去中国盗难”，还有“纵天子不欲死我，闽、浙人必杀我”，真相似乎已浮出水面。沿海的豪门大户及商民同外洋的走私团伙素有勾连，朱纨严厉禁海，尤其扫荡双屿港，触犯了人家的利益。

从史书上看，弹劾朱纨的不过几名御史，但在这些御史身后，是势力庞大、盘根错节的闽浙官僚集团。据说，有闽浙的豪门大户出钱，让那些被明军阵前问斩的冤死者的家属，千里迢迢去北京告御状。还有一些闽浙籍贯的京官捕风捉影造出舆论，说朱纨在清剿倭寇的战斗中私吞了许多货物。

宦海沉浮多年的朱纨，自然明白局势的凶险，他选择服毒自尽也就不难理解。首先，他感到异常悲愤，自己一心为国，刚替朝廷打了一场大胜仗，不料却遭奸人构陷，落到这般田地。其次，朱纨清楚同僚的手段，纵然自己不死，恐怕也没有更好的结局。与其被人践踏羞辱，最后还要打入大牢遭受皮肉之苦而死，不如来个痛快的。“吾死，自决之，不须人也。”

事实证明，朱纨的预见十分准确。就在他自尽后不久，嘉靖皇帝听从臣子的意见，下旨将他捉拿进京问罪。如果不是朱纨死早了一步，他大概会成为另一个胡宗宪——战功卓著的抗倭名将，到头来在狱中受尽折磨而死。

写到这里，人们似乎会产生一种印象，朱纨之死又是一场光明与黑暗、正义与邪恶的较量，在腐败透顶的封建官场，代表光明与正义的朱纨，悲壮地倒下了。

不过，历史的有趣与无情，就在于它拒绝任何非黑即白的二分法。

朱纨或许算个清官，那些对他私吞货物的指控，因为他的离世，最后都没能得到证实。不过，朱纨手下有一大帮贪官，也是铁板钉钉的。比如颇受朱纨信任的卢镗、柯乔等将领，素来是打仗发财两不误，一面要走私分子的命，另一面也将船上的财物据为己有。

此外，走马溪骗赏案本身，更是无法替朱纨洗白。这不仅是冒功骗赏，更可恶的是滥杀无辜，一些善良无辜的百姓被明军杀死。

再来看朱纨的政敌，其中固然有许多贪墨不法的官员，因为自身利益受到损害，对朱纨怀恨在心，但也有一些饱读诗书、品行高洁，甚至有大功于国的名臣鸿儒。

比如林希元，被称为理学名宦，他为官清廉，曾担任大理寺丞。在如今的厦门，同安孔庙是当地唯一的孔庙，其右侧有两座祠堂，一座是北宋科学家苏颂的祠，另一座便是林希元祠，由此可见家乡父老对林希元的推崇。嘉靖二十年（1541年）冬，林希元罢官归乡，至朱纨巡抚闽浙时，林希元只是一个退休在籍的老头子。

不过，退休后的林希元，与靠海谋生的商民多有来往，因此招来朱纨激烈批评。朱纨说他“不惜名检，招亡纳叛，广布爪牙，武断乡曲，把持官府”。由此可见，对待林希元时，老百姓与朱纨的评价截然不同。

还有兵部尚书翁万达，在斗争朱纨的过程中发挥了重要作用。不过，论及对国家的忠诚与贡献，翁万达绝不逊于朱纨。翁万达出生在潮汕海边，父母以打鱼为生。二十八岁考中进士后，南征北战，屡建功勋。征讨安南时，翁万达运筹帷幄，被称为南征第一功臣。调任三边总督，翁万达整军经武，多次击退蒙古军，是大明北疆柱石一般的人物，“寇乃不敢轻犯”。

从林希元到翁万达，这些人的资历、威望、道德、操守乃至对朝廷的功劳，绝不在朱纨之下，但他们通通站到了朱纨的对立面。既然如此，这场斗争还能用好人与坏人、清官与贪官来划分吗？

其实，林希元、翁万达等与朱纨最大的不同，是他们来自海边，见识过并了解辽阔的大海，他们的许多亲朋故旧，多年来在海里讨生活。这就注定了，闽浙官僚集团对朱纨严厉禁海那一套，打心底里不认同。尽管实施海禁是国策，但沿海军民早就找寻到一种“上有政策下有对策”的生活模式。偏偏朱纨要打破这种模式。

再进一步，朱纨与闽浙官僚集团实则是两条路线的代表，朱纨不打折扣地执行朝廷命令，断绝帝国一切海洋贸易，闽浙官僚集团则认为，不能把门关死，不妨留一条活路。

利益之争还有妥协空间，路线之争才是你死我活。

六

探讨大明帝国的海洋政策之前，必须澄清一个天大的谬误：所谓“片板不得入海”。

据说，“片板不得入海”是由朱元璋亲自确定的国策。但稍微做一点考据工作就发觉不对，翻遍《皇明祖训》《大诰》等明帝国的官方出版物，居然找不到这句话。其实，这句话出自清朝人编写的《明史》。

如果是出自《明史·太祖本纪》也就罢了，偏偏还不是。“片板不得入海”竟然出自对于骗赏案的主角朱纨的有关记述中。《明史·朱纨传》中有这样一句话：“初，明祖定制，片板不许入海。”意思是说，朱纨认为自己的行为有充分正当性，因为朱元璋说过，片板不得入海。

一个如此重要的国策，不见于官方认可的“朱元璋语录”或“朱元璋传记”中，而是由旁人之口道出？要知道，朱纨与朱元璋之间，可差着上百年，朱纨凭什么当朱元璋的发言人？

由此，我们可以大胆怀疑，朱元璋可能没有说过这句话。倒是清初顺治皇帝发布《禁海令》，上面白纸黑字写道：“片帆不得下海，片帆不得出洋。”

对朱元璋的话存疑，甚至对整个明帝国的海禁政策，外界也有许多误解。明帝国的确实行了禁海政策，但绝非断绝一切对外贸易。从朱元璋到朱棣，朝廷禁止百姓与外洋联系的同时，却设立了市舶司。朱元璋时期，设置了宁波、广州、泉州市舶司，宁波市舶司负责日本贸易，泉州负责琉球国的贸易，广州则负责西方各国的贸易。朱棣时期，郑和六下西洋，招徕海外各国入贡贸易。

明代的对外贸易，采取勘合制度，即朝廷将勘合颁给各朝贡国，这些国家的商人与使节，凭勘合来明帝国进行贸易。各地市舶司作为明代官方管理海外贸易的机构，其职责就是辨明勘合真伪。在勘合制度下，对外贸易以朝贡的形式进行，各国前来进贡，天朝上国再将物产回馈对方。

显而易见，明帝国并非杜绝海外贸易，而是采取了一种垄断式的海外贸易方式。禁止普通百姓与外洋联系的同时，官方机构与外界保持着密切联系。来自海洋的财富，民间不能赚，皇家可以赚，而且赚得细致认真、有板有眼。管理市舶司的官员，很多时候就由皇帝最信任的太监担任。

当然，官方垄断海外贸易，不能仅以贪婪来解释。统治阶级还有另一层考量，即能够操控贸易规模，尽量做到收放自如。当他们发觉贸易逆差过大时，会通知前来进贡的商人，明年不要来了，隔几年再来吧。

在这样的制度下，沿海商民并不甘于仅作为旁观者。毕竟，逐利是人类的天性。哈佛大学费正清研究中心主任宋怡明教授曾在福建沿海做过多年田野调查，查阅了许多当地的族谱。他在《被统治的艺术》一书中认为，外国商人与东南沿海的百姓，往往通过贿赂的手段，规避勘合制度，私下进行交易。

由此，我们可以得出结论，明代前期的海外贸易，因为扼杀了民间活力，比之宋元时期逊色不少，但绝非“片板不得入海”那般恐怖。在勘合制度下，官方吃肉、民间喝汤的海外贸易一直存在，各方势力达到一种微妙平衡。一旦没有勘合的外国商人来得太多，或是民间与外洋的贸易量增长太快，即被认为沿海地区出现了乱象，皇帝派出大臣进行巡视，整顿海防。从朱元璋开始到嘉靖皇帝登基，东南沿海的小规模倭乱既没消停，也实在掀不起什么大浪。

情况在嘉靖二年（1523年）出现变化。这一年，在宁波市舶司发生了著名的“争贡之役”。

日本自应仁之乱之后，幕府势力开始衰微，较有实力的大名纷纷崛起。各大名为了发展自身实力，积极开展对外贸易，对明勘合贸易权利就成为各大名激烈争夺的对象。到后来，对明贸易权逐渐为大内氏、细川氏两大名所垄断。

嘉靖二年，大内氏与细川氏都向明帝国派来贸易使团，双方因为勘合真伪之辨而引发冲突。事件的经过十分精彩，两边从文斗（贿赂明朝官员、在宴席上争座次）发展为武斗，最终大打出手，殃及无辜。杀红了眼的日本人不仅彼此仇杀，还进入宁波市区抢劫普通百姓，甚至杀死了前来镇压的明朝军官。嘉靖年间的《宁波府志》中有如下记载：“两夷仇杀，毒流廛市。”

应当说，那时的明帝国实力颇为强大，敢在大明地盘上闹事，后果很严重。打劫的日本人乘船逃走，日本大名不敢收留，这伙人又逃去朝鲜，朝鲜国王将他们囚禁，后来在明朝政府的要求下，全部引渡到中国，接受了审判。

“争贡之役”后，有人上奏认为“祸起于市舶”，嘉靖皇帝一怒之下，下令废除福建、浙江市舶司。也就是说，已在东南沿海持续百年的勘合贸易，在这一刻终止了。大明帝国正式关闭国门，往后甭管外国商人有没有勘合，都别来了，这里不欢迎你们。

勘合制度取消了，怎么办？好办！

勘合贸易本质是官方贸易，朝廷不再与外洋贸易了，没关系，缺口正好由民间贸易来填补。在过去，对外贸易的蛋糕，市舶司吞下一多半，那些没有勘合的外国商人与沿海百姓，只能偷偷摸摸小打小闹。如今市舶司没了，民间贸易反倒迎来了春天。

正是在这种背景下，之前提到的东亚第一贸易大港——双屿港出现了，并在十多年的时间里迅速发展起来。没有市舶司，没有那些条条框框，大家在双屿港自由贸易，不必给太监行贿，甚至连给官府的税都免了。日本人、葡萄牙人来到舟山群岛上的双屿港，闽浙两省的商贾也驾船赶来，双方完成交易后，打道回府，满载而归。

这样的“好日子”持续了二十多年，直到朱纨到来。朱纨率军出海，攻占了双屿港，焚毁了这里的一切建筑。

局势发展到这里，一个严酷的事实出现了：明帝国喊了上百年的海禁，当真在嘉靖皇帝与朱纨这对君臣手中变成了现实。

闽浙官僚坐不住了，借骗赏案发难，整掉了朱纨。

零星倭寇从洪武、永乐年间便存在，可到了嘉靖一朝却演变成祸乱数省的“嘉靖倭乱”。其中一个最重要的原因，就在于此前的海禁是喊口号，嘉靖年间的海禁却是动真格。皇帝废除市舶司，贸易的前门被堵上，朱纨焚毁双屿港，私下贸易难以为继，后门也走不通。前门、后门都无路可走时，一些穷凶极恶、铤而走险之徒，就要砸门了。

七

面对东南沿海的遍地烽火，嘉靖皇帝开始调兵遣将，胡宗宪、俞大猷、戚继光，一个个名臣悍将登上历史舞台，成为后世敬仰的抗倭英雄。

王直是徽商，早年在杭州经营盐业，生意亏本后，下海做了倭寇。徐海本是杭州虎跑寺的和尚，法名普净，此后因缘际会，成为倭寇大头领。还有叶亲满、毛海峰、邓文俊、林碧川、沈南山……籍贯多为闽浙一带。

历史学家范文澜在20世纪40年代的著作中说，“中国奸人却占大多数”，“嘉靖时代的倭寇，明朝应负激成祸乱的主要责任”。20世纪50年代，又有史学家尚钺、吴晗等人，认为嘉靖年间的“倭寇”，其实是一场内乱，乃是“东南沿海工商业实力人物”和“明王朝统治阶级”之间的斗争。

《明史·日本传》说：“大抵真倭十之三，从倭者十之七。”明人郑晓在《皇明四夷考》中说：“大抵贼中皆华人，倭奴直十之一二。”也就是说，倭寇的头目是明朝人，主力骨干是明朝人，同时吸纳了一些流落海外的日本武士与葡萄牙海盗，还有少量“黑番”（明朝人分不清这些黑皮肤的人是来自马来半岛、印度还是非洲），称得上一个“国际犯罪团伙”。

曾担任浙直海防总兵，在与倭寇的战斗中中箭负伤的万表，在其所著《海寇议》中写道：“而犹混言倭寇，不实上闻，果何待耶！既曰倭奴，酋长为谁，是谁欺乎！”贼寇四处荼毒生灵，地方官却每每上报说是“倭寇”进犯，真是自欺欺人。

曾在东南沿海担任知县的薛应旂也在自己的《薛方山集》中写道：“今海寇之深入吾境也，杀掠焚荡之惨，自昔所未有者也。彼固以倭为名，而我亦以倭名之，是堕其计也，不谓其非倭也。盖实我中国之贼，为之主谋向导，引致倭夷，以为之助也。惟以倭名，则彼得以藏匿掩覆，而室家族戚，可保无虞。”薛知县的意思是，称呼海贼为“倭寇”，是中了海贼之计。海贼中虽有倭人，但“主谋向导”者仍是“中国之贼”，这些人假冒倭寇，藏匿身份，是为了保护亲戚族人不受牵连。

八

再来看一名倭寇的成长史。此人实在过于传奇，以至于他一个人的故事，几乎就能串起“嘉靖倭乱”的所有人物与大事件。

王直，南直隶徽州府歙县人。徽州地区多山，土地相对贫瘠，不适于耕作，但又历来注重教育，因此，从这里走出了两个极具影响力的团体：徽州籍官员与徽商。甚至有人说，整个“嘉靖倭乱”就是一场徽州人的内战。抗倭前线最著名的统帅胡宗宪，来自徽州绩溪，最大的倭寇头目是歙县人，两人的老家相距不过百里。

王直十多岁时便像祖辈那样外出经商，他首先涉足的是盐业。无奈本钱有限，惨淡经营二十年，仍是勉强混个温饱的盐贩子，比起那些腰缠十万贯，骑鹤下扬州的徽州籍大盐商，实在相差太远。

这时，正是嘉靖初年，因为“争贡之役”，嘉靖皇帝废止了市舶司，官方贸易陷入停顿。这倒意外刺激了民间海外贸易的发展。眼看盐业生意难有进展，人到中年的王直决定去海上讨生计。嘉靖十九年（1540年），王直约上同乡和其他几个福建商人一起出海，开始了海外贸易。明人谢顾的《纪擒获王直》中载：“置硝黄、丝棉等违禁货物，抵日本、暹罗、西洋诸国往来贸易。”

在海上小试牛刀的王直，很快遇到了一位贵人——同为徽州商人的许栋。许栋能够发迹，自然离不开时代的红利，同时此人长袖善舞，特别懂得打理政商关系。

许栋崛起的年代，正是市舶司废除、双屿港兴盛的时期，许栋抓住了时机，借由海上贸易积累了大量财富。发财后的许栋与闽浙官僚集团攀上关系，他与余姚谢家就有着十分绵密的利益纠葛。谢家是浙江名门望族，成化年间的状元、官居一品的内阁大臣谢迁便出自这个家族。有人说，谢家在许栋的生意中占有股份，定期分成；还有人说，许栋根本就是谢家的白手套。

到王直前来投奔时，许栋已是海商集团内大佬级人物，尤其在日渐兴盛的双屿港，拥有十分强大的势力。无论是日本人还是葡萄牙人，都得对许栋礼敬三分。

王直加入许栋集团之初，究竟是何种角色，史料记载较为混乱，有人说他只是一个“库管”，大概是仓库管理员，也有人说他是“管哨”，即层级较低的管理干部。但很快，王直崭露头角，坐上了掌柜的位置。

这时，以铁腕禁海的朱纨来到浙江，并在一番筹备后，突袭了双屿港。许栋在双屿港被擒，之后被斩首。王直成了漏网之鱼，跑到了更远的海岛上躲藏了一阵子（有人说是日本，有人说是菲律宾）。

眼看许栋身首异处，众人的财路被断，这一边，余姚谢家自是气愤难平，积极投入扳倒朱纨的官场争斗中。因为双屿港之战而利益受损的闽浙豪门很多，从这一刻起，铁腕巡抚朱纨的结局便已注定。在海洋的另一边，从双屿港逃出生天的人也没闲着，他们多次集会，推举王直为海上盟主。

在王直带领下，海商势力迅速复兴，由于自由贸易已无可能，他们只能把自己武装起来。从日本的倭刀到葡萄牙的火炮，海上武装集团进化为一支装备精良的军队，完全可以与明军水师一决雌雄。

王直先自称“靖海王”，后又称“徽王”。极盛时，能号令海上十万之众，据《明史》记载，王直出行时，“绯袍玉带，金顶五檐黄伞……侍卫五十人，皆金甲银盔，出鞘明刀”。真可谓权势煊赫，威风凛凛。

离开中国的王直，主要定居于日本长崎县的平户港。正是得益于王直等人，平户港迅速崛起，取代了双屿港的贸易枢纽地位。在日本近代，平户港始终是一个重要的贸易港口，王直被认为是平户港的重要开发者。

王直不想以一个盗贼的身份被写入历史，他想学宋江，给众兄弟找寻归宿。恰在这时，抗倭的统帅是王直的同乡，以精明强干著称的胡宗宪。胡宗宪也有改剿为抚的打算，他把王直的母亲和妻子从狱中释放，给予细心照顾，释放善意。

双方一拍即合，王直托人带信，如果朝廷不计较他以前的罪过，并准许海上贸易，他愿意投降并为朝廷效力。为了表示诚意，王直甚至配合胡宗宪先后剿灭陈东、麻叶等倭寇势力。

嘉靖三十六年（1557年），在胡宗宪的担保下，王直率部向明朝投降。不过，刚率部上岸的王直，就被明军逮捕。下令抓人的是浙江巡抚王本固，他不仅抓了王直，还上奏弹劾胡宗宪收取王直的贿赂。王本固这样做，只因为当时朝堂上正在进行一场激烈党争，胡宗宪被认为是严嵩父子死党，王本固则是反严势力的成员。

面对官场倾轧，胡宗宪选择了沉默与自保，嘉靖三十八年（1559年），王直在杭州被斩首。临刑前，他感叹："死吾一人，恐苦两浙百姓。"

王直死后，倭乱依旧未平。倭寇谓明廷"不足信，抚之不复来矣"，与明军展开了长期激烈的斗争。

九

数百年后的今天，碧海蓝天、风景如画的日本长崎县平户市，已是一个游客如织的旅游胜地。来自世界各地的游客拂着清冽海风，漫步到松浦史料博物馆外时，会见到一座精致的雕像。雕像身着中华传统服饰，峨冠博带，一手扶着佩剑，另一只手抬起，似乎在对海洋招手。

这是全世界唯一一座王直的雕像。日本人纪念王直，据说是因为他开发了平户港，还把火炮技术传入了日本。距离雕像不远处，有一口中式的六角古井，是来到平户岛的中国商人所打的井。

然而，在王直的故国，他却没有受到这般礼遇，甚至说他被钉上了历史的耻辱柱也不为过。在史书中，王直是倭寇、海盗，是忤逆君父的乱臣贼子，是同外国强盗勾结在一起的民族败类。

替他鸣不平的也不少。比如明代大科学家，号称中国放眼看世界第一人的徐光启，就说王直“向居海岛未尝亲身入犯，招之使来，量与一职，使之尽除海寇以自效”。徐光启是主张善待王直的，甚至认为封给王直官职，倭乱自然就平息了。

王直被捕后，曾给嘉靖皇帝上了一份《自明疏》，其中写道：“窃臣直觅利商海，卖货浙福，与人同利……”在他看来，自己不过一个商人而已。

这些争议注定难以弭平，甚至还会因为各种事件变得越发激烈。

不难发现，当年闽浙一带的百姓对待倭寇的态度，并不全是切齿仇恨。朱纨就说过：“三尺童子亦视海盗如衣食父母。”王直崛起后，他的部下经常在苏州、杭州等地的大街上与百姓进行买卖，百姓则争相把子女送到王直的船队中。

即便到了清代，民间对倭寇的态度也很微妙。与王直同时代的，还有一个大倭寇头子叫徐海，这个徐海有一个红颜知己王翠翘。康熙年间，有人根据徐海与王翠翘的爱情悲剧写成一部长篇通俗白话小说《金云翘传》，流传广泛。在小说中，徐海等倭寇完全是梁山好汉的形象，倒是胡宗宪成了大奸臣。后来胡宗宪惨死狱中，也被认为是言而无信、诱骗倭寇招安的报应。

在王直、徐海等人以悲剧收场时，那些抗倭名将的结局也令人唏嘘。朱纨罢官后服毒自尽，胡宗宪狱中饱受折磨，留下一句“宝剑埋冤狱，忠魂绕白云”的绝命诗，自我了断，还有戚继光，遭弹劾后回乡郁郁而终。

将自己的精英分子用来一茬茬地割韭菜——这实在是封建专制帝国莫大的悲哀。对于王直、徐海等人，朝廷把他们从海商逼成海盗，接着招安，最后进行杀戮。朱纨、胡宗宪等人更惨，他们无一不是精明强干之辈，为了报效国家，有一块用武之地，不得已去结交权贵。起初，他们都成功了，朱纨的靠山是首辅大人夏言，胡宗宪的靠山是严嵩父子，戚继光的靠山是千古一相张居正，在这些权相庇护下，朱、胡、戚都在东南半壁建立不世之功。然而，党争一来，靠山一倒，自己免不了被清算。

嘉靖皇帝死后，为祸多年的倭乱结束。有人说，这是前人栽树后人乘凉，嘉靖皇帝花费几十年时间，调动几十万大军，众多名将沙场征战，终于摧毁了倭寇集团。

也有人说，新登基的隆庆皇帝，一改父亲的主张，在东南开放海禁，史称“隆庆开海”，海禁一开，百姓忙着做生意赚钱，谁还有空当“倭寇”？《东西洋考》中记载了“隆庆开海”的盛况：“隆庆元年（1567年），福建巡抚都御史涂泽民请开海禁，准贩东西二洋。盖东洋若吕宋、苏禄诸国，西洋若交趾、占城、暹罗诸国，皆我羁縻外臣，无侵叛，而特严禁贩倭奴者，比于通番接济之例。”

第四章

严嵩父子案

萌芽的资本
撞上堕落的权贵

回顾严嵩当国的十几年间，虽父子贪墨无度，但没有任何架空皇帝、独揽大权的意图，做的任何事都在维护皇权，讨陛下欢心。学者易中天对严嵩的评价为，只是一个宠臣，连权臣都算不上。清人谷应泰则认为："非特嵩误帝，帝实误嵩。"两人的评价可以看作一个意思：严嵩是忠实的奴才，嘉靖是糟糕的主人。

一

作为历史爱好者，我们从不掩饰对严世蕃的“爱恨交加”。

“恨”严世蕃很好理解，他是大贪官，按照传统善恶观念，也是一个不折不扣的坏人。只是，对于这种人，“爱”又从何谈起？

“喜爱”严世蕃，是因为他能够让我们在读明史时节约不少精力与时间。

历史不仅是帝王将相、才子佳人，还要展现一个时期的风俗、民情，乃至引车卖浆者的生活琐碎。因此，研读历史时两类书必不可少。一类是各种正史，这些书写尽了庙堂高处的权谋争夺。

其实，无论正史或前些年风行的《明朝那些事儿》，写的都是明朝宫廷那些事、明朝内阁那些事。在中国这样拥有两千年漫长封建王朝历史的国家，深宫高墙内的权谋算计、尔虞我诈，既厚黑、晦暗，又过于熟悉，甚至换汤不换药。

朱棣的靖难之役，用的是汉代七国之乱与唐代安史之乱的口号——清君侧；明代夺门之变里的兄弟反目，远不及玄武门之变血腥、离奇；晚明的党争，在唐宋早就上演过……久而久之，让人不禁扼腕与无奈，历史只是周而复始的重复，情节类似，换了人名而已！

所以说，煌煌数十万言的正史，并不能道出历史本来的瑰丽万千。

大明王朝是第一个产生资本主义萌芽的朝代，因此它必然具有独树一帜的气质。

这些特性在正史中往往难觅影踪，因此才需要研读关于历史的第二类书——各种杂记、小说。尤其在明清时代，小说创作达到了一个高潮，不读《三言二拍》《金瓶梅》等著作，难以了解真正的大明王朝。

当代一位读史大家对此有过精辟论述："你们看过《金瓶梅》没有？我推荐你们看一看，这本书写了明朝的真正历史。"他还将《金瓶梅》与《东周列国志》加以对比，认为"《东周列国志》写了很多国内斗争和国外斗争的故事，讲了许多颠覆敌对国家的故事，这是当时上层建筑方面的复杂尖锐的斗争。缺点是没有写当时的经济基础，当时的社会经济的剧烈变化。揭露封建社会经济生活的矛盾，揭露统治者和被压迫者矛盾方面，《金瓶梅》是写得很细致的"。

研究历史既要着眼上层建筑，又要关注经济基础。按照这一观点，严世蕃无疑是研究明史的一个绝好标本。从上层建筑来说，他是权倾天下的小阁老。从经济基础来说，严世蕃不同于徐阶、高拱、张居正，甚至与父亲严嵩也大相径庭。严嵩与他的政敌，无一例外是科场出身的精英知识分子，既可以说满腹经纶，又可以说在思想上受到某些禁锢与"阉割"。

严世蕃不同，他没有考取过功名，身上带着泼皮无赖的痞性，喜爱结交三教九流的朋友，既穷奢极欲，有时也豪爽仗义。读严世蕃的故事，看他退朝之后如何周旋于女人堆，如何与一帮狐朋狗友厮混，无异于展开一幅明代世情的斑斓画卷。

纵观整个明代，只有严世蕃一人，可以如此"左右逢源"。

二

没有功名的严世蕃能够登上历史舞台，离不开贵为首辅的父亲严嵩。在严世蕃出场前，让我们看一下严嵩如何登上首辅之位。

弘治十八年（1505年），江西分宜一名青年才俊金榜题名，以二甲第二名的成绩考选了庶吉士，随后官授翰林学士。这名青年便是严嵩。《明史》说他“长身戌削，疏眉目，大音声”，即身材修长，声音洪亮。仅以颜值而论，严嵩比儿子严世蕃高出许多。严世蕃并未继承父亲的美男子基因，史书说他“短项肥体，眇一目”，是个矮胖的“独眼龙”。

科场高中后不久，严嵩的母亲去世。孝顺的他伤心欲绝，立刻回家守孝。遇到父母去世，官员回到故乡守制，这是封建官场的成例，叫作丁忧。待丁忧期满后，官员还得重新回到岗位，为朝廷效力。

与别人不同的是，严嵩回到老家后，十多年没再重返官场。他在家乡修了间小屋，取名“钤山堂”。这之后，严嵩在家乡“读书钤山十年，为诗古文辞”。

严嵩过上寄情山水的隐居生活，并非朝廷忘了他。相反，在丁忧期满后，朝廷多次下旨催促他回去为国效力，结果遭到拒绝。严嵩的理由是：“奸人当道，在下不堪与之为伍。”当时正值正德年间，明武宗宠信宦官刘瑾，钱宁、江彬等宵小之徒得势，朝堂上一片乌烟瘴气。严嵩宁肯赋闲也不入朝，是不愿同流合污。

严嵩这份不堪与奸人为伍的清高与气节，为他赢得诸多赞誉。《明史》记载下“颇著清誉”四个字。此时谁也想不到，一个品行如此高洁的臣子，竟会入列《明史奸臣传》，并被后世称为明代第一大奸臣。

待到刘瑾垮台，刘的党羽如丧考妣，那些当年敢于同权阉斗争的大臣行情看涨。靠着多年积攒的清名，严嵩风头无两。当朝重臣杨廷和听闻严嵩事迹，感慨不已，亲自写信邀请他入朝为官。

这一回严嵩没再拒绝，来到留都南京任职。此后一路高升，先后担任南京翰林院侍读、国子监祭酒、南京礼部尚书、南京吏部尚书。

明代实行两京制，在南京设有整套行政机构，但许多只是虚有其表，并不负责实际政务。严嵩复出后一直在南京任职，任尚书衔也在南京。不妨这样理解，此时的他解决了级别问题，手里却没有实权。

真正让严嵩进入权力舞台中央的，是他的江西同乡夏言。夏言三十五岁时考取进士，比起那些神童，年纪似乎稍大了些。进入官场后，他一度不得志。直到嘉靖皇帝登基，一手发动了大礼议事件，夏言出尽风头，得到嘉靖赏识，跃升为内阁首辅。

夏言入阁时，推荐严嵩接替自己的礼部尚书一职。那时对夏言言听计从的嘉靖，同意了这一人事安排。于是，五十六岁的严嵩从南京来到北京，出任礼部尚书。

严嵩北上，级别虽未提升，手中权力却不可同日而语。尤其大礼议以来，皇帝对礼制的重视，让礼部尚书的地位越发显赫。严嵩和嘉靖的接触开始频繁起来，为了制定礼乐，皇帝经常一日召见两三次，有时至夜分始退。

政治的残酷在于，首辅位置只有一个。当严嵩离首辅很远时，高高在上的夏言自然是有提携之恩的贵人，当他离首辅的位置越来越近，头顶上的夏言就成为挡道的敌人。

从几件事情，便能看出夏、严两人的个性差异与权术手腕。第一件事,《明史》中有“始倚言，事之谨，尝置酒邀言，躬诣其第，言辞不见。嵩布席，展所具启，跽读。言谓嵩实下己，不疑也”的记载。这说的是夏、严尚未交恶时，夏言仗着是内阁首辅，又对严嵩有提携之恩，对待严嵩傲慢无礼。为了请夏言来家里吃饭，严嵩登门递交请柬，却吃了闭门羹。无奈之下，严嵩在夏言门前铺下拜垫，跪着将请柬念完，夏言这才答应。

要知道，严嵩年纪比夏言大，中进士比夏言早了十二年，即便夏言贵为首辅，严嵩好歹也是六部尚书之一，起码的同僚礼仪还得有。夏言将六部尚书当成门生对待，实在狂得没边。严嵩连这种屈辱也能忍下，要么度量如海，要么心机深沉。

第二件事，是两人对于嘉靖所赏赐的香叶冠的不同态度。嘉靖痴迷道教，一意玄修，制作了五顶道士用的香叶冠赐给大臣。夏言对此不以为然，没有佩戴。严嵩上朝时不仅戴在头上，还将香叶冠罩上轻纱，以示珍贵和虔诚。此事的结局是，“帝见，益内亲嵩”。嘉靖将一切看在眼里，越来越喜欢严嵩。

第三件事，当夏言、严嵩二人的争斗几近白热化时，夏言拿到了严嵩父子贪墨的证据。严嵩带着儿子到夏言家请罪，夏言闭门不见。后来，严嵩买通看门人，来到夏言床榻前，痛哭流涕，长跪不起。夏言一时心软，答应不将证据交给皇帝。

对于此事，史学界一度认为，夏言书生意气，心慈手软，错失了扳倒严嵩父子的机会，最终被缓过气来的严嵩击败。笔者却有不同看法。首先，这是不是扳倒严嵩的良机，大有疑问。朝中贪污受贿的大臣多了去，嘉靖从来睁一只眼闭一只眼。纵然拿出严嵩贪腐的铁证，嘉靖极有可能训斥几句而已。其次，夏言实在缺乏一个大政治家的素质。大政治家整人，一定是不出手则已，一出手就直戳要害。夏言这样做，除了拉仇恨，没别的用处。夏言似乎很享受这种被人央求的感觉，对锦衣卫指挥使陆炳，他用过同样手段，先抓住别人把柄，待人家上门谢罪时，自己再来个大人不记小人过。当面哭哭啼啼的严嵩与陆炳，实则恨死了夏言，日后正是他俩合谋，把夏言送上了断头台。

夏严二人的决战时刻终究到来，那便是“复套之议”。

套即为河套地区，指黄河流域的“几”字形弯及周边地带，包括了如今陕西、宁夏、内蒙古和山西的部分地区，这里土壤肥沃，有“黄河百害唯富一套”的谚语。河套在英宗时期被蒙古部落占领，成为明帝国边患。

嘉靖二十五年（1546年）十二月，陕西总督曾铣请求出兵收复河套。夏言也是主战派，上疏附和曾铣的提议。

嘉靖皇帝兴奋了一阵子，紧接着又打起退堂鼓，认为贸然用兵胜算不大。夏言没能读懂皇帝的心思，继续在朝堂里为收复河套制造舆论，甚至希望以舆论来迫使嘉靖下决心。

这就犯了嘉靖的大忌。兵者，国之大事也。是否用兵，只能由朕乾纲独断，臣子岂能胁迫。《明世宗实录》记载了嘉靖对于此事的愤怒："朕思夏言既以为可，卿必谓朕知而主之，未宜遽沮其谋……"

在揣摩上意方面，严嵩显然胜过夏言一筹。他"力言河套不可复"，到处说收复河套不可行。在嘉靖眼里，严嵩实在善解人意，不仅说出了自己的心里话，还给了自己台阶下。要知道，当初对收复河套嘉靖很热心，此刻满朝嚷嚷打仗，自己却打退堂鼓了，岂非朝令夕改。所幸有严嵩到处说打仗务必慎重之类的话，嘉靖才好顺坡下驴。

收复河套的事没人再提，嘉靖却给夏言定了个"强君胁众"罪名，令他致仕。

眼看夏言灰溜溜离京，严嵩正好趁你病要你命。不得不说，在痛打落水狗，不让对手东山再起这方面，严嵩比夏言狠得多，也高明得多。与夏言只会拿着政敌贪腐的证据说事不同，严嵩伙同锦衣卫指挥使陆炳，给夏言安了个"边将交结近侍官员"的罪名，说曾铣身为边将，与朝中大臣夏言相互勾结，意图不轨。

见遭人构陷，夏言给皇帝写信，不仅鸣冤叫屈，还把严嵩痛骂一顿，说："嵩静言庸违似共工，谦恭下士似王莽，奸巧弄权、父子专政似司马懿。"在夏言看来，严嵩装聋作哑像共工，谦恭下士像王莽，奸巧弄权、父子专政像司马懿。

夏言真是老糊涂了！严嵩的构陷未必取他性命，这封信却是一道不折不扣的催命符。与嘉靖相处多年，还不了解这位天子吗？你把严嵩比成王莽、司马懿，那皇帝是什么？

于是，"帝不省"，对夏言的信毫不理睬。嘉靖二十七年（1548年）十月，夏言被绑缚西市斩首，成为明代第一个被处死的首辅大臣。

夏言死后的十五年间，严嵩稳居首辅之位，将大明王朝的贪腐推向一个极致。

三

严嵩行走在流血的仕途，有一个重要助手，便是儿子严世蕃。严世蕃是公认的严党智囊，在《泾林续记》这部史料笔记中，更称他为“万古奸雄之魁”。

严世蕃非科甲出身，而是靠父亲荫职才进入官场。嘉靖十年（1531年）四月，以严嵩为礼部左侍郎考满三年，荫十九岁的严世蕃为国子监监生。四年后，严世蕃依靠父亲的权势外放为官，历任都督府都事、经历，顺天府治中。此后，随着严嵩官阶提升，严世蕃水涨船高，先后担任尚宝司少卿、光禄寺少卿、工部侍郎，最高还被嘉靖帝加工部尚书衔。

当然，比起所有官职，“小阁老”的身份才是最显赫的。谁都知道，严世蕃是当朝首辅的儿子，朝中一般的尚书、侍郎，岂可望“小阁老”之项背。

《明史》说严世蕃“颇通国典，晓畅时条”。所谓“国典”，指各大典章制度、律法条文，严世蕃精通于此项。《泾林续记》作者周元暐和严世蕃是同时代人，书中记录了不少严世蕃的事迹。

《泾林续记》记载：“尔且于我朝令甲典故，尤极熟谙。凡各部院有疑难事请教于嵩，嵩弗能臆断，试以问蕃，即援昔证今，合于律例，凡所处分，人皆帖服。”就是说，官员关于典章制度、律法等问题，去问严嵩，严嵩不能回答的，就去问严世蕃，结果严世蕃处理得完全符合朝廷制度、律法，令官员大为叹服。

严世蕃不仅处理政务驾轻就熟，连贪污索贿都比一般人厉害。严世蕃任工部侍郎时，随便瞄一眼工程项目，就知道大概要耗费多少银钱。有一回修理河道，下属贪污了银两，严世蕃要他交出赃款，对方死不认账，严世蕃怒喝道：“定不下万余！汝曹短智，是欺我邪？”在严世蕃看来，通过这项工程，下属起码贪了一万两银子。事后证明，他的判断十分精准。

比起“颇通国典，晓畅时条”，严世蕃还有更大的本事，就是揣摩嘉靖皇帝心思。

嘉靖并非不学无术之人，相反，他喜好读书，通晓经史。再加上崇信道教，喜欢故弄玄虚，给内阁下达指令时，往往是几个字的字条，让大臣去猜。

当年倭寇入侵，东南数省大乱，嘉靖有意换掉浙直总督周琉。嘉靖给了严嵩一张字条：“宪似速，宜如何？”

阁臣起初都以为，嘉靖的意思是：“胡宗宪升官太快了，（你认为）应该怎么办？”严世蕃却说，关键不在“宪”，而在“宜”。这个“宜”是指户部侍郎杨宜。嘉靖认为，胡宗宪升迁太快，让杨宜担任浙直总督怎么样？果然，严嵩上疏推荐杨宜，嘉靖大为高兴。

还有一次，内阁当值的严嵩等人收到嘉靖字条，上面只有两个字“子胖”，这让一帮大学士摸不着头脑。严嵩派人把字条传出宫外，询问严世蕃。严世蕃看后回道，“子”是指孔夫子的《论语》，“胖”指半个月，十五天，两个字合起来，是说《论语·学而》篇中的第十五章，“未若贫而乐，富而好礼者”。

除了猜字条，严世蕃在写青词上更是一把好手。嘉靖当年做藩王时受父母影响，笃信道教，即位后一发不可收，被人称为“道士皇帝”。道教进行斋醮法事时，需陈词进表，请降天恩。这类上奏天庭或征召神将的文书，用朱笔书写在青藤纸上，便是青词，要求形式工整，用词华丽。随着撰写青词的人越来越多，它慢慢演变成一种文体，其难度极大，远在八股之上。

在嘉靖时，青词这种文体的风行达到巅峰。为取悦皇帝，许多人苦练青词。自嘉靖十七年（1538年）后，十四位内阁大学士，有九位通过写青词入阁，被朝野称为“青词宰相”。《明史·宰辅年表》写道：“自嘉靖中年，帝专事焚修，词臣率供奉青词。工者立超擢，卒至入阁。时谓李春芳、严讷、郭朴及炜为‘青词宰相’。”严嵩本人，还有此前的夏言，此后的徐阶，无一不是写作青词的高手。

严嵩写作的青词，相当多靠严世蕃代笔。严世蕃写青词，从来不用深思熟虑，往往一气呵成。尤其当严嵩年老，体力不支，脑子也不灵光，写青词这种事全靠儿子严世蕃。《明史》里记载说：“（严嵩）所进青词，又多假手他人，不能工。”

对于聪明这件事，严世蕃颇为自负。他曾经说过，当今天下奇才，唯三人而已，其一曰杨博，其二曰陆炳，第三人便是自己。

写到这里，严世蕃的聪明似乎已跃然纸上，史学界也大致认为，严世蕃是绝顶聪明之人，可惜聪明用错了地方。但笔者有一家之见：严世蕃固然不傻，但他的那些聪明，也是被拔高了。

首先，严世蕃玩的都是小聪明，在大事情上从未展现出什么过人之处。嘉靖二十九年（1550年），庚戌之变发生。蒙古鞑靼部大汗俺答率领大军攻入明帝国，兵临北京城下。接着，明朝历史上最荒诞的一幕发生，十三万明军赶来京师却不敢出战，眼睁睁看着鞑靼在京郊烧杀抢掠，最后满载战利品扬长而去。

庚戌之变时，严嵩已是首辅，据说就是他害怕在天子脚下吃败仗，令明军坚守不战，眼睁睁看着京郊百姓被鞑靼兵劫掠。待鞑靼兵退去后，嘉靖觉得太丢脸，将兵部尚书丁汝夔以“守备不设”的罪名斩于西市。

当鞑靼骑兵呼啸而来，满朝文武焦头烂额时，平时聪明无双的“小阁老”严世蕃却隐身了。整起事件中，完全看不到严世蕃的身影。由此看来，严世蕃不是把聪明用错了地方，而是他的聪明只能用在贪污索贿、陷害忠良上。论起治国安邦，“小阁老”一点都不聪明。

数年之后，张居正当国，一面整军经武，另一面利用蒙古内部矛盾彼此制衡，让帝国的北疆安枕无忧。比起“张神童”的智慧，严世蕃那点小把戏可谓不值一提。

其次，审视严世蕃那些小聪明，无论猜字条还是写青词，都指向一点——他能号准嘉靖的脉。但这里面有一个问题。都说知子莫若父，父亲比一般人更了解儿子，是因为父亲比别人聪明吗？夫妻相处几十年，了解彼此秉性，难道是智力原因吗？

或许，严世蕃并不比徐阶、张居正甚至父亲严嵩聪明多少。他能屡屡猜中嘉靖心思，只因为他俩是脾性相投的同一类人。

嘉靖与严世蕃是哪一类人？简言之，就是那种爱读书却考不起功名的人。

这类人绝非目不识丁之徒，相反，他们饱读诗书，自我感觉良好。但不知是学习方法不对，还是其他原因，考试成绩总不尽如人意。那些走科举正途，正儿八经的读书人，讥笑这类人是好读书不求甚解，或称其野狐禅尔。

严世蕃在科场屡屡碰壁，最终只能靠荫职进入仕途。

插句题外话，严世蕃科场不顺，倒也说明明代科举制度已较为完备，严嵩没有像南宋宰相秦桧那样，硬把自己孙子弄成探花。

嘉靖大概也是这类人，从他给臣下写的那些字条来看，神神道道有余，真材实料不足，像“子胖”这种字条，完全是故弄玄虚。

还有更重要的一点，嘉靖与那些出生在北京的帝王不同，他生在湖北，只是藩王之后，当初做梦都没想过自己能当皇帝。自朱元璋以后，明代藩王尽管衣食无忧，但受到各种严格限制，日子过得并不逍遥。若不是明武宗早早殒命，没留下子嗣，嘉靖一辈子都只能困在湖北王府里。

偏偏在严格实行科举制度的明代，围绕在嘉靖身边的大臣，全是严嵩这样的饱学之士。只有严世蕃例外，他没有功名，却有一个当首辅的爹，一来二去混成了部院大臣。像严世蕃这样读了点书的混混痞子，市井上比比皆是，朝堂上当真不多。然而在嘉靖皇帝看来，这种人刚好对上自己脾气，早年的郁郁不得志与文化的欠缺，让两人具有了某种相似性。

从心理学角度分析，严世蕃这种人，一旦得势，往往会对整个社会有一种报复心理，要变着法子折腾那些科场得意者。比如严世蕃的索贿，管你什么六部九卿、督抚重臣，通通给老子拿钱来，更像是通过索贿来凸显自身价值。

四

严嵩能坐稳首辅之位，离不开与嘉靖心性相通的严世蕃助力。可也是这个宝贝儿子，成就了严家一代巨贪之名。

有一个现象颇为值得玩味。从正史到各类野史，关于严家贪腐的事迹，要么说严嵩父子，要么涉及严世蕃，却从没有单独说严嵩的。翻遍各种史书与案卷，有关严嵩单独受贿的记载也少得可怜。

严嵩是个另类贪官。首先，他的才情有口皆碑。严嵩走的科举正途，写得一手锦绣文章。尤其在书法方面，他无疑是一代宗师级人物。清代乾隆皇帝厌恶严嵩，说他“乃前明之盗臣”，见顺天府贡院大殿上的匾额，“至公堂”三个字是严嵩书写，便想着换掉。乾隆自己挥毫泼墨，又让朝中大臣来写这三字，可写来写去，无一人超过严嵩，匾额一直没有换。

其次，严嵩算得上情感专一。他的结发妻子叫欧阳淑端，比他大一岁，严嵩非常专情，与欧阳淑端厮守终生，对纳妾毫无兴趣。晚年时，严世蕃给他送上姬妾，说是照顾父亲起居，也被拒绝。在明代，身居高位而不纳妾者十分罕见。

最后，严嵩被抄家时，他个人名下并没有多少金银，倒是有大批古籍字画。其中就有吴道子的《南岳图》、宋徽宗所画《秋鹰》、米芾的《人物山水》、苏东坡《墨竹》、张择端《清明上河图》等。当然，这些私人收藏全是国宝级文物，其价值是不能用金钱来衡量的。

许多时候，历史争议出现的本身，就说明了许多问题。严嵩父子垮台后，在不同的历史阶段，总有人出来替严嵩叫几声屈，认为他是替罪羊。怠政误国是替嘉靖皇帝背锅，贪污不法是受儿子连累。但是，从没人替严世蕃叫过屈，各种记载中，他总是一副贪得无厌的面孔。

由此看来，严嵩的吃相比儿子好一些。当然，这绝不是严嵩得以洗刷掉自己贪名的理由。严嵩既是朝廷重臣，也是严世蕃的父亲。连皇帝都知道“万方有罪，罪在朕躬”，严家任何人的贪腐，都应记在严嵩头上。没有他这个当首辅的大家长，别人想贪也没机会。

这套标准也理应适用于其他人。严嵩之后的张居正，被誉为千古一相与著名改革家，张居正死后被抄家，发现黄金万两、白金十万余两，又是一个巨贪。然而，鉴于张居正的赫赫功绩，有人为张居正叫屈，说张居正是个大清官，可他爹太喜欢钱，来者不拒，让张居正受了连累。

无论是替严嵩辩解还是为张居正开脱，都不可取。历史人物的功过可以讨论，但贪廉之是非标准不能模糊。家族腐败的首恶当然是家中拥有最高权力者，这是常识，也是底线。

五

严嵩父子固然是贪官，可是否如某些人所说，是明代第一巨贪，又是另一个问题。

与严嵩几乎同时代的大宦官刘瑾，抄家时抄出上千万两金银，严嵩倒台后，抄没的金银为两百余万两，比起刘瑾差了一大截。还有徐阶，因为他扳倒了严嵩父子，长期被视为官场清流，可徐家是实实在在的巨富。严世蕃问斩后，搜查出来的家财是黄金三万余两，银二百万余两。徐阶家田产四十余万亩，仅在江南华亭一地，每年收租谷就达一万三千石。

看来，严家贪腐的名声很大，实际数额却名不副实。通常来说，一个人的名气超过了实力，往往因为站在了时代的风口上。严嵩父子大概也是如此，一个前所未有的大时代，让他们站在了风口浪尖。

严嵩父子所处的时代，正是资本主义萌芽第一次在中国发生的时代。不妨这样说，严嵩父子贪污的钱财不算空前绝后，但许多贪腐手段开了先河。他们未必是明代最大的贪官，却是明代最值得研究的贪腐样本。

比如，资本主义萌芽发生之前，中国商业资本尚未形成，自然无法与当权者进行绵密“互动”。从严嵩时代开始，新兴的商业资本崛起，大量的官商勾结开始出现。

明代大文豪、文坛后七子之一王世贞在《国朝丛记》中，记载了一次严府夜宴的场景。席间，严世蕃兴致大发，青梅煮酒，梳理出嘉靖年间的“富豪榜”。其中首等富豪有十七人，入围标准是家产超过五十万两白银。在十七人中，十二个来自官场，除了严家自己，还包括蜀王、黔公等勋贵，以及大太监黄忠、锦衣卫指挥使陆炳等人。此外，有五人是商贾，其中三人是山西的晋商，二人是江南的徽商。

在朱元璋时代，官员贪污六十两银子，就要掉脑袋。到了明代中叶，身家五十万两白银以上的官员，严世蕃扳着指头就能数出十多个。

“富豪榜”还揭示出另一个值得关注的现象——商人地位在明代中叶显著提升。明朝建立之初，重农抑商是国策，商人是被打击的对象。到了此时，严世蕃将商贾与王爷、重臣并列，颇有些英雄不问出处的意味。

入围“富豪榜”的商人中有晋商与徽商，体现出经历资本主义萌芽后中国商业资本的大致分布格局。中国商帮在明代崛起，成为一支不可忽视的力量，明朝灭亡后，商帮依旧存续下来，并和权力有了更深的纠葛。

严嵩父子与徽商集团之间的联系，见于正史的不多。但在徽州大族的族谱中，记录了许多富商成功攀附当朝首辅并引以为傲的事件。《婺源三思李氏统宗谱》中提到，徽商集团资助严嵩入掌国柄，严嵩则援引拔擢徽商及其子弟，“或驰声太学，或叨选秩守”。

《歙县竦塘黄氏宗谱》还有记载，徽州“邑中富商大贾饰冠剑，连车骑，交守相”。表明徽州大族得益于严嵩的关照，亦商亦官，形成以乡族血缘为纽带的商业资本与官僚集团的牢固结合。

新兴的资本急于向权力献媚，手握权力者也乐得投身滚滚资本洪流。正是在嘉靖年间，官员经商之风愈演愈烈，最终不可遏止。据学者吴晗考证，“从亲王到勋爵、官僚士大夫都经营商业，而且官愈大，做买卖愈多愈大，16世纪中期的这种现象，是过去所没有过的”。

嘉靖、万历年间的多位首辅大臣，如严嵩、徐阶、张居正、张四维等人，都因经商而成一时之富。《天水冰山录》记载，严嵩任首辅期间，在南昌、宜春、分宜、扬州等处繁华的黄金地段广置店房，并委派家奴开设当店。

在商业资本蓬勃发展的嘉靖年间，官商勾结不仅公开化，甚至到了明码标价的地步。《血酬定律》一书中写道，严嵩把持国政近二十年，很多人都想和他拉关系，当时大城市里的当铺有个规矩，如果能安排严府的人拿着严嵩的名片来拜访，当铺就会奉上三千两银子作为路费。在当铺里放张严嵩的名片，便可让那些想上门敲诈勒索者望而却步。难怪当铺会不惜重金，千方百计去弄来这样一张名片。

资本主义萌芽所产生的巨大财富，让整个社会变得物欲横流，新兴的权贵将各种奢侈演绎到极致。

在这方面，严世蕃堪称典型。在他身上不仅有官场争斗、王朝血泪，更有一幅明代世情的斑斓画卷。严世蕃是一扇窗户，打开了它，就能俯瞰明代中叶上自王侯将相，下至升斗小民的生活全景图。

说几个与严世蕃有关的“发明创造”。

一是香唾壶。严世蕃大鱼大肉吃得多，肺里的痰少不了。每日起床后，数十个姬妾裸伏在床前，仰起颈项，张开樱桃小口来当严世蕃的痰盂。

二是淫筹。据说严世蕃每奸淫一个妇女，见红后用白绫汗巾擦拭，然后丢到床榻下，年终的时候数一遍，计算一年糟蹋了多少处女。

三是肛狗。如果说香唾壶与淫筹还有些香艳意味，肛狗实在恶心至极。每次主人如厕后，有锦衣小厮跟随，将主人的污物处理干净，当然不是用纸，而是用舌头。因为只有狗才吃排泄物，这种人就被叫作肛狗。一般相貌平平者，想做肛狗还没有资格，必选那些相貌英俊、仪表堂堂的年轻小厮。

这不是奢靡，简直就是变态！

必须说明，香唾壶、淫筹、肛狗等骄奢到变态的“玩法”，是否由严世蕃发明，在正史中找不到相关记载，只在各类稗官野史与小说演义中被描绘得“活色生香”。在有些小说中，还出现一个叫荔娘的妖姬，据说深得严世蕃宠爱，香唾壶等许多“玩法”就是这个荔娘首创。

如果以严谨的态度进行考据，上述发明是否出自严世蕃之手，自然存疑。但有关严世蕃骄奢淫逸的事迹流传之广，却是毫无疑义。

阅读明清小说，有一个显著特点，严世蕃俨然成了一个大IP，或者叫一个大箩筐，什么肮脏龌龊的事，都往这个筐里装。《十二楼》有一篇《翠雅楼》，专写严世蕃的龙阳之好，说他“素有男风之癖，北京城内不但有姿色的龙阳不曾漏网一个，就是下僚里面顶冠束带之人，若是青年有貌肯以身事上台的，也要破格垂青，留在后庭相见”。《一捧雪》中的严世蕃，不仅好色更贪财，为了抢占他人财物不惜罗织构陷。

以严世蕃为主要人物的小说风行，或许说明了两点。首先，严世蕃这人的口碑实在不好，民间对他怨声载道。其次，那些在小说中反复出现的香唾壶、肛狗等情节，纵然不全是严世蕃的发明，更不可能是小说家的创作。文学来自生活，在资本主义萌芽、奢靡之风盛行的明代中叶，各种变态的玩法在权贵阶层流传开，到了文学创作时，严世蕃不幸成为权贵人物的代表，各种坏事都安在他头上。

提到大IP，不能不说严世蕃与名著《金瓶梅》的关系。一直以来有种说法，认为西门庆的原型是严世蕃，书中西门庆的长相与史料中严世蕃的外形相似。严世蕃号东楼，小名庆儿，与西门庆能产生某种联系。还有人说，《金瓶梅》的作者兰陵笑笑生，就是那位记载嘉靖年间“富豪榜”的王世贞。鲁迅、吴晗等人均参与过相关讨论，成为有名的文坛悬案，至今众说纷纭。

西门庆的原型是谁或许已不可考，但《金瓶梅》描述的就是明代中叶资本主义萌芽时期新兴权贵阶层的生活，这一点历来是没有争议的。

《金瓶梅》第三十四回中，描写了西门庆日常的一顿午餐：“先放了四碟菜果，然后又放了四碟案鲜：红通通的泰州鸭蛋，曲弯弯王瓜拌辽东金虾，香喷喷油炸的烧骨，秃肥肥干蒸的劈晒鸡。第二道又是四碗嗄饭：一瓯儿滤蒸的烧鸭，一瓯儿水晶膀蹄，一瓯儿白炸猪肉，一瓯儿爆炒的腰子。落后才是里外青花白地瓷盘，盛着一盘红馥馥柳蒸的糟鲥鱼，馨香美味，入口即化，骨刺皆消。”而西门庆家里的一顿晚宴则有“四十样细巧各样的菜碟儿上来。壶斟美酝，盏泛流霞”。

这样的场景，倒与王世贞笔下的严府夜宴相似。要了解明代百姓的日常生活，一窥权贵的骄奢淫逸，《金瓶梅》比《明史》更饱满。

严世蕃成为文学作品里的大坏人，自然与其个人素质有关。他是一个没有功名的读书人，脑子里没那么多条条框框。往坏了说这叫没素质，往好了说叫真性情。严嵩也贪，可贪的大多是古书与字画，不像严世蕃整日胡吃海喝，有妻妾二十多个。徐阶、张居正并非白璧无瑕，可要他们与富商称兄道弟，聚在一起划拳喝花酒，实在难以想象。

只有严世蕃，坏得那般无遮无拦，觥筹交错间批阅奏章，床笫之欢后纵论经史，融才高八斗与五毒俱全于一身，将王朝与人性的所有黑暗面赤裸裸地展现在众人面前。换一个角度来说，也多亏有严世蕃这样的坏人，才让那段历史被真实记录下来。

最终，大明帝国轰轰烈烈的资本主义萌芽以失败告终。关于失败的原因，历代史学家谈了许多，甚至归咎于李自成、张献忠与满洲八旗。不过从严嵩父子身上，我们也能找寻到一些答案。首先，明代商业资本的兴起，从一开始就与贪污、特权捆绑在一起，是不折不扣的黑金政治；其次，原始积累的财富没有投入再生产，除了传统的买地购田，更被整个社会的奢靡之风吞噬。

六

眼看他起高楼，眼看他宴宾客，眼看他楼塌了。一人之下万人之上的严阁老，终究失去了皇帝的宠信，不可一世的严党就要灰飞烟灭。

自打夏言被杀，严嵩已在首辅的位置上坐了十多年，一个八十多岁的老人，精力早就大不如前。内阁次辅徐阶比严嵩年轻二十多岁，历练完整，才华横溢，正处于一个政治家的黄金年华。徐阶对严阁老恭敬的外表下，掩藏着咄咄逼人的野心，这在朝堂上并不是秘密。

两人的几次交手，徐阶都占据上风。嘉靖四十年（1561年）底，永寿宫失火，嘉靖暂时搬到玉熙宫居住。那里简陋狭窄，令皇帝颇为不满。内阁商议时，严嵩认为刚刚修完三大殿，消耗不少银两，实在无力修缮永寿宫，建议嘉靖移居南宫。

这个南宫可是当年土木堡之变后，明英宗朱祁镇回京被弟弟软禁的地方。嘉靖怎么可能搬去那种晦气的地方！

徐阶却说，正因为刚修完三大殿，工程中有不少“余料”，重建永寿宫不是难事，财力可以承受。

单从这件事来看，严嵩说了实话，徐阶为了迎合皇帝，昧着良心胡说八道。但是，封建帝国的官场逻辑，从来不看你有没有说实话，而是看你的话能否讨统治者欢心。嘉靖听了这话，十分开心，将重建永寿宫的工程交给徐阶。

同一时间，严嵩的老婆去世，严世蕃回家守孝，只留严嵩一人在内阁。严世蕃确实在猜字条与写青词方面有着常人不及的小聪明，他这一走，严党顿时失去了智囊。

见嘉靖对严党日渐不满，徐阶安排御史周应龙弹劾严世蕃，同时嘱咐绝不要涉及严嵩。在徐阶看来，嘉靖与严嵩君臣几十年，感情不可谓不深，弹劾严嵩，皇帝难下决心，攻击严世蕃，相对容易些。同时，只要搞垮严世蕃，八十岁高龄的严嵩再也没有翻身的机会。

严世蕃实在恶行累累，嘉靖皇帝看到弹劾奏章后很快批复：严嵩教子无方，令其退休。严世蕃下狱。

事情发展到这一步，嘉靖只打算罢黜严嵩父子，不想赶尽杀绝。所以，严世蕃下狱后，被审查出的罪状只是贪污了八百两银子。严世蕃被发配到广东雷州充军，严党一案草草收场。

可惜，还没有输得精光的严世蕃不甘心失败，想着扳回一城，徐阶也担心政敌反扑，盘算着斩草除根。双方均有意愿与实力，免不了还要大战一场。

平时嚣张惯了的严世蕃，没有去雷州卫服刑，只在广东旅游了两个月，就溜回江西老家，并在老家大兴土木，还纠结一帮狐朋狗友，继续夜夜笙歌的生活。地方官与御史看不下去，再次上疏状告，严世蕃被押到京城，嘉靖又命刑部、都察院、大理寺三法司会审此案。

另一边，来到京师的严世蕃并不慌张。你们不找爷，爷还要找你们，趁着这次到京城，正好新账旧账一起算！仗着当年严党的势力，面临三法司会审的严世蕃依旧享有人身自由，甚至可以召集党羽交代任务。他告诉党羽，如今不要保我，而要告我，就告我两件事：贪污受贿与迫害忠良。

《明史纪事本末》记载严世蕃对党羽说的话：“任他燎原火，自有倒海水。”

不得不说，严世蕃确实很懂嘉靖的心思。贪污受贿的事只管承认，反正皇帝老儿不在乎。嘉靖心里明镜似的，天下官员谁都不干净。至于迫害忠良，那就有意思了。沈炼、杨继盛等千古忠臣被严嵩父子迫害而死，嘉靖岂不就成了昏君？再则，当初杀沈炼、杨继盛，将夏言问斩，都是嘉靖的决断，问了严世蕃迫害忠良之罪，接下来是不是就要问朕的罪了？

在一众党羽的鼓噪下，三法司果然给严世蕃定了大罪，大致有三条：把持朝纲、迫害忠良、贪污索贿。这三条若拿到皇帝面前，可不得了。后一条嘉靖不在乎，前两条简直就是要嘉靖的命。不排除一种可能，嘉靖会改变主意，反而将那些反对严党的人清除干净。

不过，世上除了严世蕃，还有人能读懂嘉靖的心思。徐阶看到三法司的定罪后止不住摇头，接着大笔一挥，亲自给严世蕃定了罪。徐阶拟出的罪状有三条：一是严世蕃勾结倭寇海盗；二是严世蕃训练私人武装，意图不轨；三是严世蕃家中私藏龙袍。

其实，徐阶弄出的这些个罪名，也不是什么新玩意儿。在御史弹劾严世蕃的奏章里，全都出现过。不过，素来大嘴巴的御史写这些罪状时，用了“道路皆言”四个字。“道路皆言”的意思，就是道听途说，街谈巷议。

徐阶没有经过任何调查研究，就让“道路皆言”变成了确凿无误。在徐阶授意下，三法司的人进一步编故事，整得有鼻子有眼，有细节有人物。比如说江西某地有王气，怂恿严世蕃在上面建造府邸的是一个姓彭的人；招募穷凶极恶之徒，组建私人武装的是典楧；充当严世蕃与倭寇之间联络人的是罗龙文……

状纸就这样递了上去，不再提什么贪污不法、迫害忠良，只说严世蕃“交通倭寇，潜谋叛逆”。这样一来，谁也救不了严世蕃了。嘉靖四十四年（1565年）三月，严世蕃伏诛。第二年，八十七岁的严嵩在贫病交加中死去。

说严嵩贪污、迫害忠良，当然恰如其分，可徐阶给严世蕃定的谋反之罪，却是子虚乌有。后世史学家查遍蛛丝马迹，都找不出任何严嵩父子意图谋反的证据。

七

说严嵩是奸臣的大有人在。嘉靖三十二年（1553年），严嵩炙手可热时，兵部武选司员外郎杨继盛上了《请诛贼臣疏》，将严嵩的“五大奸”“十大恶”一一列了出来。清朝建立后，编纂《明史》时将严嵩列入奸臣传，罗列严嵩贪赃枉法，排挤政敌等诸多劣迹，并有评语：“世宗之后，阉党收敛，严嵩父子，以恶治恶，贪而不厌”，“严嵩不学无术，只知趋炎附势，窃取实权，不问公私”。正史盖棺论定。

学者易中天对严嵩的评价为，只是一个宠臣，连权臣都算不上。清人谷应泰则认为：“非特嵩误帝，帝实误嵩。”两人的评价可以看作一个意思：严嵩是忠实的奴才，嘉靖是糟糕的主人。

第五章

云南矿税案

张居正的遗产与美洲的白银

万历皇帝绝非愚笨之人，相反还很聪明。不过此人的气度大有问题，甚至一生都在和臣子赌气较劲打擂台。争国本是和臣子斗，几十年不上朝是和臣子斗，甚至将满朝文武晾在一边，派出太监收矿税，依旧是和臣子斗。如此气度，显然不是合格的政治家。孟子说过，君之视臣如手足，则臣视君如腹心；君之视臣如犬马，则臣视君如国人；君之视臣如土芥，则臣视君如寇仇。

一

此刻，已是万历三十四年（1606年）。

距离伟大改革家、大明帝国最杰出的首辅张居正逝世，过去了二十四年。

距离声名赫赫的万历十五年（1587年），也过去了近二十个年头。

当年那些叱咤风云的人物，几乎都隐入历史的尘烟。舞榭歌台，风流总被雨打风吹去。

千古一相张居正，曾以一己之力挽狂澜于既倒。可惜，政治强人生前有多风光，死后就有多凄凉。张居正死后几个月，他倾尽毕生心血培养的万历皇帝，发起了对老师的清算运动。“元辅张先生”被抄家问罪，亲人流放，甚至险些被开棺戮尸。

张居正的政治盟友，万历皇帝的“大伴”，内廷大太监冯保，是大明帝国一名非典型宦官。他拥有极高的文化修养，号称书琴双绝。他贪腐成性又辅政有方，功过难以论述。万历十年（1582年），冯保被驱逐出紫禁城，次年客死于南京。

还有那位海青天，张居正主政十年，海瑞始终被晾在一旁。张居正倒台后，虽被起用，却有职无权，更不容于官场同僚。万历十五年，海瑞病逝于南京，百姓休市一天，制白衣孝服，为海瑞送行。

逝者已去，活着的人们也与当初大相径庭，甚至判若两人。性情严明、教子严厉的万历皇帝生母李太后，曾鼎力支持张居正改革，甚至被怀疑与张居正关系暧昧。然而，在张居正被清算时，她没有站出来。此后，李太后崇信佛教，整日吃斋念经，极少过问朝政。

当初万历皇帝只是少年天子，如今人到中年。年轻时的万历皇帝，无论是对张居正极度倚重，抑或“叛逆”地清算老师，毕竟展现出励精图治的决心与乾纲独断的帝王气魄。可如今，他隐居深宫，多年不上朝。

万历三十四年（1606年）三月，多年不上朝的万历皇帝闹起了绝食。天子绝食，绝非小事，满朝为之震动。让皇帝忧愤交加，不惜为之绝食的，是一封来自云南的奏报。

二

这封由西南边陲发来京城的奏报，向皇帝陛下汇报了一件骇人听闻的事变——不久前，云南指挥贺世勋率人冲进云南矿监税使杨荣的官署，展开了一场大屠杀。杨荣当场毙命，还被焚尸，杨荣的下属两百余人被一并诛杀。杀戮之后，贺世勋等人一把火烧了官署。

这不是流民闹事，冲突两方均为朝廷官员。

万历皇帝的忧愤之情暂且不表，先交代一下云南事变的背景。万历年间，国家出现财政危机，户部拿不出银子，宫里内库也在哭穷。几十年不上朝的万历皇帝，为了找钱想了不少法子，很多时候甚至亲力亲为。比如派往各地的矿监税使，就是他的发明创造。万历皇帝从宫中选拔大量宦官，派去全国各地担任矿监税使。从官名可知，这些宦官出宫后主要干两件事：开矿与收税。其实，把两件事理解成一件事也行——就是替皇帝找钱。在现实中，宦官既不会开矿，也不懂税务，只是以矿税之名，不断对富商大户敲骨吸髓。

在自家官署中惨死的杨荣，就是皇帝派往云南的矿监税使。

杨荣的出身来历，《明史》并无记载，但在《明神宗实录》与云南地方志中，有“尚膳监太监杨荣”的记述。以此推测，杨荣赴任云南前，应当是宫中尚膳监的太监。尚膳监是内廷二十四衙门中十二监之一，掌管御膳与宫中食品供给，可算个肥缺。

反过来说，若非杨荣有资历、够分量，深得皇帝赏识，也不可能被派往云南。那时的云南，地位非同寻常。首先，云南是矿业大省。宋应星在《天工开物》中记载，论银铜的产量，江南数省加在一起，还“不敌云南之半”。官职都是矿监税使，干的都是开矿收税的活，但来到云南或去其他资源贫瘠之地，可谓天壤之别。

除了坐拥丰富矿藏资源，云南还有特殊的政治资源。在明代，说云南是一个“特别行政区”，甚至国中之国，并无不妥。在明代之前相当长的时期，云南是一个割据政权，甚至脱离了中原王朝的控制。明洪武十四年（1381年），朱元璋以颍国公傅友德为征南将军，永昌侯蓝玉、西平侯沐英为副将，远征云南。经过两年多的征伐，最终大功告成。征服云南后，朱元璋意识到，云南位于边陲，部族众多，土司林立，统治起来并不轻松。

于是，朱元璋采取了一种特殊的办法——派亲信将领世代镇守此地。大军班师回朝后，朱元璋的义子沐英留下来，被封为黔国公，世人称黔国公府为沐王府，由此开启了沐王府对云南长达两百多年的统治。

云南各地土司与沐王府之间，沐王府与中央朝廷之间的关系，是另一个纷繁复杂的故事。历代黔国公都把儿子送往朝廷作为人质，黔国公死后也不会葬在云南，而是千里迢迢运回南京归葬。尽管让沐英的后代世镇云南是朱元璋的旨意，可后来的朱家皇帝相继又往云南派来了镇守太监与巡抚。沐王府与巡抚衙门，扯皮不断，晚明时甚至出现过黔国公沐启元与云南巡抚不和，沐启元恼羞成怒，炮轰巡抚衙门的事。后来，沐启元母亲毒死儿子向朝廷谢罪，朝廷训斥一番后，依旧让沐氏家族承袭爵位。

万历皇帝向全国大规模派出矿监税使，是在万历二十四年（1596年），杨荣赴任是在万历二十七年（1599年）。由此也能看出，即便挖空心思找钱，万历皇帝对于向云南这个特殊地区派出矿监税使依旧犹豫不决。

杨荣赴任云南之前，当地官场表现出明确不欢迎的态度。云南巡抚陈用宾向皇帝上了一道《陈言开采疏》，认为“滇环向皆夷，非腹地比，汉土错绣，赤子蛇龙杂居，不堪重赋”。在奏疏的最后，巡抚大人直接请求“差遣官员，悉免入滇”。

显然，地方官搬出了一套“云南特殊论”，认为这里与异邦接壤，内部汉土杂居，因此，派遣矿监税使的政策在其他省纵然可行，在云南却万万不可。陈用宾身为封疆大吏，究竟是为江山社稷计，还是没有全国一盘棋的觉悟，只晓得维护自己利益，不愿为中央财政分忧，就无法论断了。总之，云南官场不欢迎矿监税使。甭管来的是杨荣、李荣还是王荣，都一样！

云南地位特殊，当地官场又是这样一番态度，按说新来的矿监税使要格外小心，拿捏住分寸才行。偏偏杨荣在皇宫大内待久了，自恃有后台，嚣张跋扈。

这些从宫内走出来的太监，哪懂什么采矿，再说从勘探到开采、冶炼，过程相当漫长，急着用钱的皇帝也没耐心。于是，矿监税使发明了一套“来快钱”的门道。简单来说，就是去一个富户家中，拿出罗盘与堪舆图，摆弄一番后，说房屋的地下埋着矿，要奉旨开采。富户只好拿钱消灾，奉上一笔钱，把矿使恭恭敬敬送走，保住自家房屋。

矿使在其他省，敲诈的都是官宦人家或富商大贾，来到云南的杨荣，竟连土司老爷也不放过。比如，杨荣就请诏，要丽江土知府木增拿出一部分土地，用于朝廷开矿，实则就是向木增敲诈钱财。

丽江木府可是当地赫赫有名的土司家族，这个“木”姓由朱元璋赐予。历代黔国公与云南巡抚，对待丽江木府尚且客客气气，杨荣却肆无忌惮。《明史·云南土司》中记载：“时税监杨荣纵其下，以开采为名，恣暴横，蛮人苦之。”作为云南地方势力中一股重要力量的土司，与杨荣彻底交恶了。

开罪土司之外，杨荣还给云南引来一场兵祸。万历二十八年（1600年），刚来云南不久的杨荣，上奏皇帝说阿瓦、猛密等地有宝井，“岁可益数十万”。当时对于国境线的划分并不明确，但可以肯定的是，阿瓦、猛密是大明帝国与统治缅甸的洞吾王朝之间的敏感地带。都御史温纯对杨荣去阿瓦、猛密开矿的举动极力反对，认为“缅人方伺隙，宝井一开，兵端必起”。云南巡抚陈用宾也上了一道《罢采宝井疏》，指责杨荣“以采买之虚名，贾边疆之实祸”。

北京朝廷对这些反对意见置之不理，杨荣更是我行我素。最终，“宝井一开，兵端必起”一语成谶。万历三十年（1602年），洞吾王朝的十万人马攻入云南，来到距离腾越（今腾冲）三十里的地方，全省为之震动。经此一役，杨荣背上了一个扰乱边疆的恶名。

每当战争一来，军士免不了浴血疆场。军队对杨荣自然咬牙切齿。

原本就不欢迎杨荣到来的云南官场，与这位矿监税使的关系，更从未缓和过。杨荣握有万历皇帝亲赐的关防，可以密折奏事，参劾官员。据《明神宗实录》记载，云南寻甸知府蔡如川、赵州（今大理凤仪）知州甘学书，两人“允称循吏”，不愿配合杨荣，就被扣上阻挠开矿的罪名，下了锦衣卫的诏狱。

杨荣在云南八年，翻遍史料不见他与沐王府的任何互动，这本身就是一件很蹊跷的事，某种程度上也能折射出两边的关系。要说沐王府与杨荣惺惺相惜、肝胆相照，鬼都不信，两者的利益本质上是冲突的。沐王府是云南的土皇帝，这片土地上的所有财富，按说是自家私产。杨荣跑来开矿抽税，钱财尽归中央，不是从沐王府口里夺食吗?

沐王府没有公开反对杨荣，可当杨荣生命危急时，也未伸出援手。杨荣死后，更没为杨荣抱屈，反而为施暴者求情。大体上，沐王府就是一种心里有恨说不出，站在一旁看笑话的心态。

分析一大圈，说杨荣四面楚歌都不准确，分明是八面楚歌、十面楚歌。在云南这样一个边陲重地，他得罪了文武官员与土司老爷，惹得缅人十万大军找上门来，沐王府又在一旁幸灾乐祸。

这样的火山口，他能坐八年，已是不易。

三

愤怒的火山终究爆发！

万历三十四年（1606年），昆明一带的汉、白、“罗罗”等“冤民万余人”，包围了杨荣官署。或许，面对突发状况，杨荣有惊恐、愤怒，但还不至于绝望。因为，这样的场面自己见多了。

万历二十七年（1599年），杨荣刚来昆明几个月，就被一帮生员围住，先嚷着让他滚出云南，接着又把矿监大人痛打一顿。当然，事后这些生员遭到了严惩。

此后数年，云南爆发过好几次民变，百姓不堪压迫进行反抗，甚至杀死了杨荣委派的官员。对这些民变，杨荣一律强硬镇压。他曾逮捕了百姓数千人，全都用酷刑拷打致死。

看到官署外嘈杂的人群，杨荣或许还在想：大不了又是一场民变，立刻调兵弹压，一帮不知死活的刁民，统统给老子滚蛋！

然而，这次杨荣错了！在官署外聚集的，不仅有刁民、冤民，更有磨刀霍霍的兵士，他们可是大明帝国训练有素的正规军。

这个目中无人的太监，前不久居然和昆明城内的驻军杠上。开矿要跋山涉水，杨荣向指挥使贺瑞凤要四十匹马，不知贺瑞凤是真没有还是故意使绊子，总之没把马匹凑齐。杨荣一怒之下，将贺瑞凤逮捕入狱。

杨荣与军方积怨已久，之前弹压民变时，就责怪有人不够配合，还把一名指挥使戴枷示众。如今抓住贺瑞凤这个典型，正准备好好收拾一顿。

不久，杨荣又放出狠话，要“尽捕六卫官”，弄得军中人心惶惶。

于是，包围杨荣官署的一幕出现了。究竟是士兵混在百姓中，抑或百姓根本就是由士兵煽动起来，既说不清，也不重要了。他们冲进官署，不仅杀了杨荣，连官署内的其他人也一个都不放过。

天启《滇志》卷一中，有关于此事最为详尽的记述：“三十四年正月，指挥贺世勋、韩光大等围内监府，从外举火入，杀太监杨荣，焚烧府第辎重，歼其役，缢树投井乞死者百数十人……抚镇闻变，咸出署坐近地，从城上望，但见火光炎炎，府中柏树无风自摇，惨毒不忍言。”

在这段文字中，有两点值得我们注意。其一，尽管杨荣作恶多端，但暴动者的手段同样酷烈无比。杨荣官署中纵有为虎作伥者，难道就没有一般的杂役、仆人？人家也是劳动人民，出卖劳力混口饭吃。暴动者不管这些，“歼其役，缢树投井乞死者百数十人”。其二，是云南巡抚陈用宾的反应，他听闻事变后，有登高远望的闲暇，却没派出一兵一卒去搭救杨荣。

杨荣被杀后，消息传到北京，多年不上朝的万历皇帝罕见动怒了。《明史纪事本末》记载道：“上怒不食，曰：‘荣不足惜，何纪纲顿至此！’”可见，万历皇帝已将此事上升到朝廷纲纪的高度。死一个杨荣没什么，可国家纲纪败坏到这种程度，还能不闻不问吗！于是，他以绝食表达了自身态度，还决定“逮处地方官”。

按说万历皇帝都绝食了，还不得一查到底。可偏偏在这件事情上，并不以皇帝的意志为转移。

云南的地方官首先表态了。他们没有替杀人放火的贺世勋等人求情，甚至压根儿不提这桩震动天下的暴力事件，只是纷纷揭发起杨荣的贪腐事迹。有官员说，杨荣在云南搜刮的财富，“以十分为率，输入内帑只占其一”。这就是说，杨荣在云南捞的钱，真正上缴朝廷的只占十分之一，剩下的呢，当然被他贪污了。接着又有人弹劾，说杨荣“私运财贿三十大舟，三百大扛”。

当初就反对在云南收取矿税，后来杨荣被杀时袖手旁观的巡抚陈用宾，更是连上奏疏，把杨荣在云南八年的种种劣迹全抖出来。

电视剧《大明王朝1566》里有一个精彩桥段，户部尚书赵贞吉坚称对属下海瑞写的奏疏毫不知情，还让皇帝把奏疏拿给自己看一看。嘉靖皇帝气急败坏，说赵贞吉是个英雄好汉，“先把自己择干净了，再来跟朕斗法”。

臣子的这套把戏，爷爷嘉靖尚且一清二楚，孙子万历皇帝岂会不知？云南的官员先把自己择干净，表示打死杨荣的事与己无关，再来围魏救赵，挖出杨荣贪腐之事！万历好歹是当了几十年皇帝的人，还是政治大师张居正一手调教出来的弟子，不说慧眼如炬，起码见过许多大风大浪。他心里一定恨得牙痒痒：没有你们这些地方官纵容，那些暴民、兵士敢冲进官署杀人？

云南官场是这种态度，京城许多人对此事似乎也不愿深究。万历皇帝的旨意下发到内阁后，大学士沈鲤找到司礼监秉笔太监、东厂提督陈矩。两位老臣一合计，认为事到如今还是大事化小吧。陈矩劝万历皇帝：“若但归罪有司，缇骑逮问，诚恐往返路远，耳目惊慌，传闻不便，宜从宽行勘。”

甚至，多年来吃斋念佛，从不过问政事的李太后也站出来，劝说皇帝爱惜身体，不要再绝食。作为母亲，劝儿子爱惜身体自是情理之中，但请注意，李太后不是一般的母亲，而是母仪天下的皇太后。她没有训斥臣子，看你们把陛下气成什么样了，也没有坚定地站在皇帝一边，要大臣缉拿凶徒。她只是让皇帝别生气了……

万历皇帝有许多缺点，但绝不是一个糊涂蛋。事到如今，他醒悟过来，有一股强大力量笼罩在自己周围。云南矿税案大概是查不下去了。《滇略》一书记录了此案的最终结局：“事闻，诏诛首乱者，余不问。”除了贺世勋等几个“首乱者”，其他人都过关了。

四

震惊朝野的云南矿税案，以不了了之的结局收场。杨荣被杀，难道仅是几个“首乱者”一时冲动？沐王府、土司、地方官员在其中分别扮演了什么角色？谁在呼风唤雨，推涛作浪，谁又在策划于密室，点火于基层？围绕此案的层层迷雾，当年没查个水落石出，后世就更说不清了。

没有结局也是一种结局。所有人都心照不宣，帝国官僚、士绅阶层联起手来，让皇帝陛下吃了一个哑巴亏。万历在对云南矿税案无可奈何的同时，还决定不再向云南派出矿监税使。矿税是万历皇帝的发明，这步退让，说明此政策在执行中遭遇重大挫折。

类似的挫折，不仅出现在云南。万历皇帝向全国各地派出了矿监税使，像杨荣这样死于非命的固然是特例，但其余大多也都碰了个灰头土脸。

万历年间，各地反对矿税的斗争风起云涌。万历二十六年（1598年），万历皇帝派亲信太监马堂担任山东临清税监官。次年，临清就爆发了一场声势浩大的抗税斗争。抗税州民烧毁税监衙署，马堂落荒而逃。织筐工匠王朝佐自认抗税首领，从容就义，掩护了百姓。至今，临清还有一条街道名叫大义街，就为纪念王朝佐的“大仁大义”。

万历二十九年（1601年），武昌发生民变，百姓包围了湖广矿监陈奉的官署，火烧税署大门。陈奉趁乱逃出，躲进楚王府中一个多月，才捡回性命。

在当时经济最为发达的苏州，纺织工人葛成领导了一场反对税监孙隆的斗争。孙隆侥幸逃脱，其爪牙数十人被打死在官署。

此外，还有江西景德镇陶工反税监潘相的斗争，北京西山煤窑窑工反太监王朝的斗争……后世学者将这一连串事件称为万历年间的地方抗税运动。

对于抗税运动，有人认为，正是万历皇帝昏聩无能、贪得无厌，向全国派出矿监税使敛财，才酿成官逼民反。万历皇帝的贪欲，害苦了这个国家，并成为“明之亡，实亡于万历”的又一佐证。

行文至此，就不能不说一说万历皇帝。大概古今中外，都找不到这样一个独特的君王。他当然不是一个励精图治的雄主，甚至算不得好皇帝，可要说此人多坏，或盖棺论定为昏君、暴君，又觉得太牵强。

万历皇帝并不残暴，这是史学界公认的。因为立储的事，他与臣子吵了几十年，后来自己长期不上朝，又有人写奏折，把皇帝骂了个狗血淋头，甚至有人在奏折中细数历代昏庸君王，与万历皇帝作比较，声称“陛下迩来乱政，不减六代之季”。还说万历皇帝的作为是“天神共愤，大难将作”。然而，万历皇帝从不杀大臣，那个骂他“不减六代之季”的右都御史李三才，不仅照旧做官，还被提拔了。这些事情，放在朱元璋与朱棣的时代，完全不可想象。

那么，万历皇帝是昏君吗？从他三十年不上朝的举动来看，似乎昏庸到家。可再一推敲又发觉不对。有明一代，所谓权奸层出不穷，从胡惟庸到严嵩，还有什么王振、刘瑾、魏忠贤……偏偏在万历当政时期，没有出现大权独揽的首辅与太监。万历皇帝可以不上朝，可以让大臣骂自己，但权柄一刻也没有旁落。这到底是昏还是不昏？别说一个庞大帝国了，就说一个小单位，“一把手”三十年不来办公室，下头人还得规规矩矩干活，谁有本事来试一下？

另外，在万历时期，明廷发动了著名的“万历三大征”，分别是平定蒙古人哱拜叛变的宁夏之役，抗击日本入侵的朝鲜之役，平定苗疆土司叛变的播州之役。三大征中最为人津津乐道的是朝鲜之役。丰臣秀吉刚统一日本，便率领麾下的百战之师渡海远征朝鲜。明军跨过鸭绿江，与日军血战数年，最终取得胜利。

朝鲜之役进行的几年中，万历皇帝没上过一次朝，真不知明帝国的指挥中枢是如何运转的。但事实很清楚，一代枭雄丰臣秀吉面对几十年不上朝的万历皇帝，没讨到什么便宜。

对于万历皇帝，我们更倾向这样的评价——他可能是个好蛋，也可能是个坏蛋，甚至是个混蛋，但绝不是一个蠢蛋。昏君或暴君的帽子扣不到他头上，他却不够格做个圣君。自私、懒惰与非比寻常的聪慧，共同作用于他的身体内。

明白了这一点，再来看万历皇帝的矿税政策，越发难以理解。他分明是一个懒人，整日深居宫中，连大臣都不想见，干吗给自己惹这么多麻烦事？就是为了钱吗？

可纵观万历一生，他并不是穷奢极欲的帝王，甚至不像清代乾隆皇帝那样热衷于各种耗费巨大的形象工程。透过矿税政策，万历皇帝绕过户部，给内廷积累下一笔可观的财富。黄仁宇在《十六世纪明代中国之财政税收》中写道："当他（万历皇帝）1620年驾崩时，紫禁城中的仓库被发现存有大约700万两白银，其中大部分被他的两个继承人——泰昌帝和天启帝——转移给各部。"

万历皇帝是个聪明人，难道不知道，这种左手倒右手的白银游戏，只是让户部享了清福，自己却承担骂名？

五

近年来，已有越来越多的资料证明，万历皇帝推出天怒人怨的矿税政策，除了贪心作祟以外，也有一个苦衷——自己统治的这个帝国，当真揭不开锅了。

讲大明帝国的财政，张居正是绕不过去的。实际上，早在万历皇帝登基之时，大明帝国财政就已走到破产边缘。张居正推行一条鞭法，勉强为帝国打入一剂强心针。

一条鞭法实在太重要。《明史·食货志》记载："一条鞭法者，总括一州县之赋，量地计，丁粮毕输于官。一岁之役，官为佥募。力差，则计其工食之费，量为增减；银差，则计其交纳之费，加以增耗。凡额办、派办、京库岁需与存留供亿诸费，以及土贡方，悉并为一，皆计亩征银，折办于官，故谓之一条鞭。"

通俗理解，一条鞭法主要是取消徭役，农民上交银两即可，由政府出钱雇人应役；同时取消杂税，把过去的杂税折合银两，分摊至田亩上；再将从前的杂税、田赋和役银共同合并为新的田赋，一律以银两的方式进行征收。

一条鞭法的效用立竿见影，既简化了税制，又提高了生产力。尽管张居正死后被清算，但一条鞭法成为大明国策。由此也能看出，万历皇帝并不蠢，很懂得实事求是，批评张居正与执行张居正的政策完全可以辩证地统一起来。

受益于一条鞭法，大明国库渐渐充盈，可接踵而来的战争，却是花钱如流水。不得不说，三十年不上朝的万历皇帝，在对外战争方面展现得异常积极。三大征名声在外，是因为最终以胜利收场，成了大明帝国最后的荣耀。实际上在万历年间，还爆发了多场大规模军事行动。比如西南边境的明缅战争，前后打了二十多年，成了一场不折不扣的消耗战与糊涂仗。还有对刚崛起于白山黑水的后金女真的战争，以萨尔浒的惨败告终。

万历皇帝所经历的战争之多，在明代皇帝中，只有开国君主朱元璋与五征蒙古的马上天子朱棣可与之相比。打仗是最花钱的事。明人著有《万历三大征考》《万历武功录》等书，说三大征耗费白银超过两千万两。清朝编纂的《明史》记载说："宁夏用兵，费帑金二百余万。其冬，朝鲜用兵，首尾八年，费帑金七百余万。二十七年，播州用兵，又费帑金二三百万。三大征踵接，国用大匮。"综合各种资料来看，三大征的总共耗费应当在一千万两至两千万两之间。

刚才说过，三大征只是万历年间爆发战争的一部分。打胜仗花银子，那些打了败仗的，花的银子恐怕更多。因此，万历时期出现财政危机丝毫都不令人意外。

万历时财政到底有多穷，从一件事上即能窥见。万历二十五年（1597年），一场大火让紫禁城的三大殿化为灰烬。历代君王对于修宫殿没有不积极的，唯独万历皇帝在这件事上患上“拖延症”。三大殿失火三年后，大臣看不下去，纷纷上疏说要重修宫殿，还说重修三大殿若耗费过巨，可先把皇极、会极、归极三门修了。

大臣催着皇帝修宫殿，这是只有万历朝才会发生的咄咄怪事。万历皇帝拖了好几年，终于批准重修三门中的会极、归极二门。剩下的皇极门，再等等吧。至于整个三大殿的重修工程，则要等到它们被焚毁后的第十八个年头才姗姗来迟。

六

皇帝修宫殿没钱，对外战争也没钱。三大征掏空了明朝国库，等到明帝国与努尔哈赤的后金政权在萨尔浒决战时，户部已拿不出太多钱了。曾有人痛心疾首地说，假如朝廷能多给辽东战场拨些经费，多添置一些火铳与大炮，萨尔浒之战的结局就会改写，也不会有日后的满洲八旗入关。

历史不会有假如，但兵马未动粮草先行的道理亘古不变。有钱与没钱的差异，上了战场就是生死之别。

穷则生变，岂可坐以待毙。恰恰心急如焚的万历皇帝，又是一个捧着金碗要饭的乞丐。

他手里捧的金碗是什么呢？那就是一个最富裕的国家赶上了一个最好的时代。

说大明帝国是一个富裕帝国，这是毫无疑义的。许多学者考证过，明代GDP占到全世界经济总量的百分之四十到百分之六十。有人也许会说，在以农业为主的社会讨论GDP意义不大。没关系，我们换一个角度。明代时期，欧洲刚走出黑暗的中世纪，伦敦、巴黎、莫斯科等城市，人口普遍在几万到十几万的规模。扼东西方交通要冲的君士坦丁堡，人口也没有突破一百万。至于美洲、非洲、大洋洲等地，还全是土著部落。当时的明帝国，人口超百万的大都市已经有北京、南京、苏州、扬州、杭州等好几座。如果在那时弄一个全球城市排名，前五十名中大概明朝就能占百分之八十。

所谓最好的时代，自然是正值资本主义萌芽的产生。明代中晚期，纺织业得到巨大发展，在江南的苏州、松江，山西的潞安等地，上万张织机在日夜运转。明代的制铁厂往往拥有六七个冶铁炉，需要雇佣上千工人。还有南京的陶瓷厂，每年可生产一百万件瓷器，上面绘着不同图案。

都说好事成双，当明帝国发生资本主义萌芽时，欧洲殖民者又在美洲发现了大量白银。强大的制造能力，让手握陶瓷、茶叶、丝绸的中国人得以与外国商人进行大宗贸易。很快，美洲的白银疯狂流入中国。有数据认为，当时全球百分之八十的白银流入了明帝国。

一个庞大的帝国，拥有傲视全球的生产能力，GDP占到世界经济总量的一半，吸纳了全球百分之八十的白银。说当时的大明帝国是空前繁荣的白银帝国，可谓实至名归。

然而，这样一个流金淌银的帝国，怎么会出现财政危机，国库里没钱了呢？病根就在帝国的税制上。

朱元璋是一位农民出身的皇帝，大明王朝建立之初，刚被战火荼毒过的土地一片萧条，更是个典型的农业社会。资本主义萌芽以及手工商业、城市经济的蓬勃发展，是一百多年后的事情。

既然城市工商业可以忽略不计，那么收税的重心自然放在农业税上。

最终，朱元璋制定出“三十税一”的政策，即人们只需要把每年劳动或经营所得的三十分之一上缴朝廷就足够了。

说明一下，“三十税一”不是明代的发明，在汉代就出现了。施行这样的税率，通常表明统治者与民生息、轻徭薄赋的态度。不过，汉代的“三十税一”是农业税，朱元璋的“三十税一”把商业税也囊括进来。

按照百分比，“三十税一”的税率就是约百分之三。对于生产效率低下的男耕女织小农生活，这样的税率都算“友好”，对于高附加值的城镇工商业活动，简直堪称“避税天堂”。

尤其在资本主义萌芽出现后，明帝国工商业一片繁荣，可整个帝国的税收体系依旧以农业税为主。于是，捧着金碗要饭的乞丐出现了。分明全世界百分之八十的白银流入境内，可国库里就是没银子。

这样的税收体系，当然是畸形与病态的。生活在现代的人们都知道一个常识，经济越发达的地方，第一产业占比越低，税收主要来自工业与服务业，对农业不仅税赋极低，往往还有大量补贴。像明帝国这样，放着城镇里的商业税不收，非在贫瘠的黄土里刨银子，只能叫“杀贫济富”。

即便张居正的一条鞭法，依旧没有逃脱以农业税为主的税收体系。一条鞭法的主要征收对象，是土地上的农作物产出，并不涉及城镇工商业活动。伴随一条鞭法推广，尤其徭役货币化以后，还出现一个问题：农民终于从土地里解放出来，他们既可以种田上交粮食，也可以缴纳相应税赋后，直接到城镇工作。如此一来，刺激了商品经济的发展，农业经济却相对萎缩。

纵向观察，更能发觉明代税制的巨大弊病。明代能出现资本主义萌芽，足见社会生产力的进步。然而，明代万历初年的财政收入合计约二千二百一十七万两白银，北宋真宗时期的国家财政收入高达一亿六千万两，清朝光绪年间每年的税收也有八千万两。换言之，明朝一年的税收仅为宋朝的八分之一和清朝的四分之一。

更令人匪夷所思的是，万历初年二千二百一十七万两国家财政收入中，大头是农业税，包括盐税、茶税、市舶税、通过税、营业税在内的商业税，总额不过三百四十万两。

这种时候，即便傻子都知道，要找钱填补国库亏空，只能在商业税上动手。何况穷疯了的万历皇帝绝非傻子，而是一个自私且精明的君王。

七

以当时大明帝国的国情，增加商业税势在必行。假若万历皇帝能闯出一条路子，形成一套较为合理的税收体系，其功绩必不亚于一条鞭法。

对此，国内一批学者曾有较为深入的研究。学者杨涛在《明朝万历年间矿税大兴的原因初探》一文中认为，明代中后期，中国封建社会内部的商品经济空前活跃，资本主义因素已经萌芽，为了适应经济关系的变化，统治者采取了一系列政治、经济措施，以维护和巩固其统治。矿监税使的派出，正是这些政治、经济措施的一部分。学者林枫在《万历矿监税使原因再探》一文中也认为，随着商品经济的发展，明朝的商税制度也越来越难以适应新的形势，暴露出种种缺陷，并导致明朝财政的拮据，矿监税使的派出，在一定程度上说，正是为解决这些缺陷。

看来，即便像万历皇帝这样懒惰的皇帝，也想搞一些改革，起码给自己多攒些银子。然而，他的改革比起老师张居正，实在差了十万八千里，不仅以失败告终，还偷鸡不成蚀把米。

有一条重要的政治论断是这样说的——政治路线确定之后，干部就是决定的因素。有人据此认为，万历皇帝推出矿税政策，增加商业税收入，并非彻头彻尾的坏主意，主要是万历皇帝没有五湖四海的胸怀，在选干部时犯了不可饶恕的错误。如此重要的改革，竟然交到虽亲近却贪腐愚蠢的太监手里。

前文提到的杨荣，就是一个狂妄自大、既贪且蠢的家伙，最终把自己玩死在云南。同一时期，在全国还有好多太监，一个个贪墨无度，声名狼藉，更没有任何政治手腕可言。

当时派往山东的主要有两个太监陈增和马堂，这两人在山东搜刮了无数钱财，上缴皇帝的不过十分之一。当地知县吴宗尧曾弹劾陈增："陛下所得十一，而增私囊十九。"马堂敛财的手段不遑多让，每年在山东征银十五万两，交给皇帝的只有七万八千两，剩下的全部进入自己腰包。

最可笑的是，陈增一到山东就弹劾官员，欲将不服者一股脑扳倒，以此"立威"。久居深宫的陈增并不懂官场，那些满口仁义道德的文官比起宫内太监更深谙权谋之术。你得罪了整个官场的结果，就是让自己寸步难行。

还有一个叫高寀的太监，是万历皇帝派往福建的税监，此人不仅贪财，还被称为"飞天夜叉"。《万历野获编》记载，有方士对高寀说，吃掉千余男孩的脑髓，就能重新恢复到被阉割前的身体。于是，他派人在民间搜寻男童，要吃人家的脑髓。

此事不仅见于野史，时任福建巡抚袁一骥曾上疏朝廷，说高寀在福建"椎击童男女至死，而吮其脑"。这个吃人魔鬼在福建为非作歹十六年，令百姓胆战心惊。

《西游记》作者吴承恩生活在明代末期，据说书中的故事是在影射现实。比如许多妖魔鬼怪，就是神仙身边的人，好比那些惹得民怨沸腾的矿监税使，都是皇上派下来的。《西游记》中有一个故事，唐僧师徒来到比丘国，得知国王在妖怪怂恿下，要用一千一百一十一个男孩的心肝做药引，求得长生药。时人一看，这不是福建的高寀吗？

被派往广东的税监李凤，更是个志大才疏的家伙。《明神宗实录》记载："命广东税监李凤，征收方物及税课，每岁二十万两。"同时期浙江、福建每年税收不到十万两，广东税收也低于二十万两。李凤刚赴任，万历皇帝就给出二十万两的指标，担子压得的确不轻。

李凤要完成任务，除了搜刮军民百姓，还把目光放到澳门的葡商身上。粤省官员上奏朝廷的《粤邦独苦税金疏》中记载："又派之濠镜澳货二万两，榷解十余年以来，商民皮肉已尽。"李凤通知葡商，在原先二万两的基础上，加倍征收关税。

远渡重洋而来的葡萄牙商人本就是一群海盗，可不像明帝国的百姓那般逆来顺受。李凤派去澳门的一名官员，被葡萄牙人当众打死。此后，葡萄牙人修筑工事，亮出武器，摆出不惜一战的态势，奏报上说"人心惶惶，几成大乱"。

靠着这帮贪欲比天、智商坠地的太监，万历皇帝的税收改革若能成功，那才叫咄咄怪事！

八

重用太监，应当是大明王朝的一个显著特色。永乐年间，率领世界最强舰队七下西洋的是太监郑和；土木堡之变，执掌数十万北伐大军兵权的是太监王振。还有后来的刘瑾、魏忠贤，可谓一人之下万人之上，是帝国的实际掌权者，内阁首辅也无法望其项背。

对这些分赴全国各地，惹得天怒人怨的矿监税使，并不全然是批评声音。前些年，日本学者田口宏二郎在《畿辅矿税初探——帝室财政、户部财政、州县财政》一文中便提出一种观点，矿监税使之所以被攻击，恰恰反映了他们办事认真，而他们指定的税收项目，事实上成了地方政府的重要财源。

日本学者认为太监"办事认真"，或许不无道理。他们办事不认真，就不会激起那么多民变了。但是，太监征税认真，上缴国库时远没有那么认真。矿监税使横征暴敛的同时大肆敛财，中饱私囊，那也是板上钉钉，毫无疑义的。

万历皇帝派出的太监，每到一处都和地方官成为死对头。云南巡抚参劾杨荣、福建巡抚参劾高寀、广东巡抚参劾李凤的奏疏，多到难以计数。其实，这已经不是个人恩怨或寻常的官场倾轧，而是地方督抚展现出的反对矿税的强烈态度。

地方官反对矿税，京官也一样。东林党领袖高攀龙上过《上罢商税揭》，掌管帝国财政的户部尚书李三才上过《请停矿税疏》，内阁首辅叶向高也上过《请止矿税疏》和《再请止矿税疏》，把矿税政策骂得一无是处。

文官集团如此反对矿税，或许是出于忧国忧民之心，但另一个因素也不容忽视——庞大的文官集团本身就是一个盘根错节的商业利益集团。提高商业税的征收，就是从他们身上剜肉。

明代的资本主义萌芽，带有浓厚的官商勾结色彩。一派繁荣的工商业，背后实则与官员阶层有着千丝万缕的联系。嘉靖年间，严嵩、徐阶、张居正等人，无论政治立场如何，无一例外热衷于下海经商。

严嵩、张居正各自拥有庞大的商业版图，徐阶一边在北京主理朝政，一边在家乡开了一间规模很大的织场，每年生产大量织物。首辅开织场，徐阶算是开了先河。

如果说嘉靖一朝是官员下海，到了万历时情况更严峻，变成了商人从政。万历朝有两位有名的首辅，申时行与张四维。申时行是“富二代”，父亲是苏州有名的富商。父亲赚了钱，花钱让儿子去当官，这样的故事想必所有人都不会陌生。张四维出身北方晋商之家，其父是有名盐商，外公、叔父、岳父都是山西大商人，张四维的三弟十六岁开始在姑苏经商，六弟从小学习打理家族生意。此外，宣大总督王崇古是张四维的舅舅，早年提拔了张四维的吏部尚书杨博，不仅是山西蒲州老乡，还是张家姻亲。

官场风气至此，哪个地方督抚没有一张盘根错节的利益网？每个内阁首辅的身后，都有一个庞大的商业帝国。明末大思想家顾炎武在《日知录》中写道：“天下水利、碾硙、场渡、市集无不属之豪绅，相沿以为常事矣。”就是说，天底下赚钱的生意，都被那些势力强大的政商家族垄断了。

这种时候，有人打算收商业税，遭遇的阻力可想而知。

万历皇帝制定矿税政策，派出心腹太监，虽是一步臭棋，但除了这步臭棋，似乎已无路可走。

九

再多说两句。

云南矿税案震动朝野，杨荣被人残暴地焚尸。此案最终不了了之，各种来龙去脉已不可考。然而就在云南矿税案之后一年，又出现一桩“冤案”。

万历三十五年（1607年），云南武定的土司作乱，当地知府见势不妙，携官印避入省城。土司军队为了索印，一路逼近昆明，焚掠房屋，声称索不到武定印，誓不罢休。这时的巡抚仍是陈用宾，杨荣的死对头。他在云南巡抚任上，已经干了十四年。为了退兵，陈用宾决定交出武定印。

交印只是陈用宾的计谋。待土司退去，他立刻调集兵马进行反击，最终活捉匪首，追回武定印。正在陈用宾报捷时，他却因“弃印”之罪，被逮捕入京师下狱。陈用宾在狱中九年，染疾病故。看到陈用宾这般结局，不知死对头杨荣作何感想？

云南矿税案虽是桩悬案，但始终有一种怀疑，整件事没准就是以陈用宾为首的云南地方势力，合起伙来把杨荣杀了。曾经绝食数日，感叹“何纪纲顿至此”的万历皇帝，存有这种怀疑，相信也在情理之中。不过，迫于当时的政治形势，万历皇帝选择了难得糊涂的隐忍。

陈用宾搞出一桩说不清道不明的悬案，仅仅一年之后，万历皇帝用一个鸡蛋里挑骨头的“弃印”之罪还给臣子一个冤案，是否属于睚眦必报？

万历皇帝绝非愚笨之人，相反还很聪明。不过此人的气度大有问题，甚至一生都在和臣子赌气较劲打擂台。争国本是和臣子斗，几十年不上朝是和臣子斗，甚至将满朝文武晾在一边，派出太监收矿税，依旧是和臣子斗。如此气度，显然不是合格的政治家。孟子说过，君之视臣如手足，则臣视君如腹心；君之视臣如犬马，则臣视君如国人；君之视臣如土芥，则臣视君如寇仇。

封建统治者可以将纲纪、法度践踏脚下，可经济规律是不可违抗的。国库里没钱就是没钱，谁也变不出银子。文官集团取得了抗税斗争的胜利，继续享受帝国的低税率；太监声名狼藉，但通过矿税好歹发了一笔横财……只有国库，依旧入不敷出。

更要命的是，当大明帝国的财政危机继续蔓延时，后金政权已经崛起，显得咄咄逼人。国家要用钱，银子从哪里来？

既然商业税收不上来，只能继续从农业税上想办法。明朝推出了辽饷，向广大农民加派赋税。顾名思义，辽饷就是为辽东战事紧急，军饷不足而起。

说来也怪，向富得流油且有文官集团做靠山的工商业阶层征税，抗税运动风起云涌，打得矿监税使落荒而逃。朝那些面朝黄土背朝天，穷得掉渣的农民征税，一时倒没什么反抗。老实巴交的农民只能默默承受着。可惜，辽东战事屡屡失利，原本以为临时加征的辽饷，几乎被固定下来。农民只好继续忍耐，哪怕饿殍千里，易子而食。

终于有一天，他们忍不下去，李自成、张献忠揭竿而起。农民的忍耐性与长期忍耐之后的破坏力，其实都远远大于城镇市民阶层。

当然，起初敢造反的农民毕竟是少数，何况农民军的战斗力远逊官军，好几次被打得溃不成军。可朝廷为了筹措军费镇压农民起义，又推出剿饷与练饷。这一下，农民更没有活路，农民军的队伍立刻呈几何级数膨胀起来。大明帝国的财政危机，无可救药地演变成统治危机。

透过这段历史，我们可以轻易发觉所谓“腐败有利于经济发展”的道理大谬。大明帝国够腐败了，连朝廷的税都收不上来。若国库穷一点，能够藏富于民，推动经济发展，勉强还说得过去。但在一个贪腐社会，哪有什么藏富于民，甚至没有藏富于商，只有藏富于官。民皆赤贫，最终只能铤而走险；商皆鸡犬，不过附庸与奴仆；财富全都进入贪腐官员的口袋。

这些贪官捂紧口袋一毛不拔，既不肯为民解困，也不愿为朝廷分忧。到最后，只有李自成、刘宗敏手中的刀剑铁锤，才是他们唯一能听懂的语言。

第六章

封疆通贿案

阉党与东林党的生死决战

帝国的雪山崩塌时，没有一片雪花是无辜的。每个人都有自己的委屈，也有各自的罪孽，甚至无一例外都以悲剧收场。熊廷弼、汪文言、杨涟，全部含冤而死，不过几年后，魏忠贤也身败名裂。党争没有赢家，它只是用内耗的方式，不断摧残帝国内的精英，并最终瓦解、毁灭了这个帝国。

一

疾风知劲草，板荡见忠臣。

每当国家与民族面临巨大危机，总希望有英雄出现，挽狂澜于既倒，救黎民于水火。

明万历四十七年（1619年），一种焦虑、惶恐以至绝望的气氛迅速蔓延，笼罩在立国两百余年的大明王朝头顶。

前一年，努尔哈赤以“七大恨”誓师伐明。这位彪悍且狡黠的女真首领，以十三副铠甲起兵，二十一年间八次亲赴北京朝贡，声称将永远效忠大明。然而，当他羽翼丰满，其实力足以支撑起野心时，终于撕下伪装，与明帝国公开决裂。

面对背叛与挑衅，几十年不上朝的万历皇帝震怒。满朝文武更以为，刚从“三大征”凯旋的明军，足以令女真人闻风丧胆。于是，万历四十七年初，萨尔浒之战爆发。

天才军事家努尔哈赤指挥骁勇善战的女真军队，采用各个击破的战术，在四天时间里奔袭两百多公里，用一场教科书般的机动作战，创造了以少胜多的奇迹，将数十万明军打得丢盔弃甲。此后，努尔哈赤挟大胜余威，以秋风扫落叶之势，横扫整个辽东战场。开原、铁岭等重镇相继陷落，叶赫部被彻底征服，朝鲜王君派遣使者表达中立……

一条条令人沮丧的消息传到京城。所有人惊恐不已，没料到女真人的战斗力如此恐怖！人们更忧心忡忡，努尔哈赤并未停下进军脚步，难道辽东真就保不住，从此帝国的北疆门户洞开？

正在这危急关头，一位英雄横空出世。当不计其数的残兵败将向南溃退时，他纵马飞驰，一路向北。从京城到山海关，再去往辽东，那片被皑皑白雪覆盖、刚流淌过明军猩红鲜血的黑土地。

这位英雄，就是熊廷弼。

当萨尔浒大败的消息传来，他临危受命，出任兵部右侍郎、右佥都御史、辽东经略，成为大明帝国在辽东战场的最高统帅。

即便隔了四百年的时空，熊廷弼的英雄光芒仍然能穿透历史尘埃的覆盖，明亮人们的视野。他家境贫寒，靠着苦读中进士。虽是文官，却身材魁梧，知兵善战，《明史》说他“身长七尺，有胆知兵，善左右射”。

这是一位天生的英雄，这是一个充满激情、才华、能量的生命。但谁能想见，上天赋予这个生命那么多的优越之处，竟是为了让它满载着悲剧消殒。

壮怀激烈、满腔热血奔赴战场的熊廷弼不会想到，仅仅几年之后，自己就将成为轰动整个帝国的封疆通贿案的主角，有关他究竟向谁行贿的追问，不仅成了千古之谜，更左右了晚明政局的走向。

熊廷弼的前方，是意气风发的努尔哈赤，是弯弓跃马的满洲铁骑；在他身后，在京城的宫殿里，还有无休无止的党争与官场倾轧。那些炙手可热的东林党人以及即将崛起的魏忠贤，比战场上的敌人凶残太多。

二

帝国精锐在萨尔浒一战中损失殆尽，朝廷派不出多少兵马跟随熊廷弼出关了。所幸，万历皇帝给了熊廷弼另一样东西——尚方宝剑。对于冒着寒风孤独策马北上的熊廷弼来说，这柄宝剑就是最大慰藉。要知道，有蓝玉、朱棣的前例，明帝国对武将的防范一刻也不敢放松，此前“三大征”的主帅，尽管帐下不乏雄兵猛将，手中却没有皇帝赐予的尚方宝剑。

在之前的云南矿税案中，我们就谈到，万历是明代在位最久的君主，一共四十八年，也是一位一言难尽的另类君主——既非天纵英明的雄主，更不是普通意义上的昏君或暴君。人们可以争论他是好蛋、坏蛋或混蛋，却不会认为他是一个蠢蛋。

在此前的萨尔浒之战中，身为最高统治者的万历，对于失败固然负有不可推卸的责任。不过，面对大败后的危局，他没有惊慌失措，而是果断起用熊廷弼。深居宫中几十年不上朝，阁臣难得见上一面的万历，破天荒地召见熊廷弼，还赐予尚方宝剑。

不得不说，万历颇有识人之眼光、用人之魄力。重用熊廷弼，是他在最糟糕的时刻做出的最正确的选择。

熊廷弼，湖广江夏人，家境贫寒却不坠青云之志。二十九岁时中进士，由此进入帝国的精英阶层。及第进士即为天子门生，但熊廷弼入仕为官后干的第一件事，竟是和天子唱反调。

那时，万历皇帝推行矿税政策，向全国各地派出矿监税使。熊廷弼初入官场，被授保定推官后，将税监缉拿的抗税人员释放，同时上疏请求废除矿税政策。与那时许多上疏骂皇帝的官员相似，熊廷弼并未受到贬谪，此后反而一路升官。

熊廷弼在官场拾级而上时，明末的党争也登场了。万历三十三年（1605年），被朝廷革职的吏部郎中顾宪成，与高攀龙、钱一本等人，在无锡东门外东林书院讲学。他们讽议朝政，品评人物，抨击当权派，一时“士大夫抱道杵时者，率退处林野，闻风响附”（《明史》）。一部分在职官员遥相应和，东林党以此得名，他们进而提出“政事归于六部，公论付之言官”等政治主张。

东林党之外，齐党、楚党与浙党也相继形成，相互之间党同伐异，争得不可开交。所谓“朋党势已成，小人卒大炽，祸中于国”（《明史》）。

提起党争，后世人总觉得东林党声势最大，其他相形见绌——这其实是一种误解。最初，实力最强大的远非东林党，而是浙党。浙党领袖沈一贯、方从哲，在万历年间先后出任内阁首辅，其他各党望尘莫及。东林党之所以能够后来居上，只因为他们在随后几场关键斗争中表现得无比坚决，进而登上时代的风口。

有关东林党的逆袭之路，放到以后再谈。只说身在官场的熊廷弼，面对愈演愈烈的党争，也得选边站队。众所周知，官场中人若站错了队，会输在终点，可要是不站队，就会输在起点，连进入赛道的机会也没有。

熊廷弼是湖广人，自然选择了以两湖人士为主的楚党。往后我们将知道，战场上的英雄熊廷弼在官场站队方面，实在谈不上多高明。

万历三十六年（1608年），萨尔浒之战爆发前十一年，熊廷弼巡按辽东，第一次踏上了这片日后战火纷飞，将决定两个王朝与无数人命运的土地。熊廷弼当时的官职是巡按，而非巡抚。明代除设有巡抚、总督之外，还建立巡按制度。巡按的级别比巡抚低，是都察院的常职官员，属十三道监察御史之列。巡按有固定的任期，满差考核称职，即回都察院，且中途不得携带家眷。简而言之，督抚是帝国的高级官员，通常所说的封疆大吏；巡按只是中级官员，去往某地进行监察工作。

熊廷弼这个巡按却不按常理出牌。来到辽东后，不仅上疏弹劾官阶在自己之上的巡抚与总兵官，还揭发前任巡按大臣包庇地方官的事。得罪官场以外，熊廷弼对神灵也不客气。他巡行到金州时，发现当地大旱，连续几月无雨，便来到城隍庙，约定七日内必须下雨，如不下雨就拆毁城隍庙。人们对求神拜佛不陌生，可像熊廷弼这般，竟然命令、威胁神灵的，实在不多见。

后来，熊廷弼去往广宁，发觉十天已过还没下雨，暴怒之下，用大字写了白牌，封了剑，派使节去斩杀城隍神。使节还没到，只见风雷大作，暴雨如注。

从熊廷弼与整个辽东官场打擂台，以及挥剑怒斩城隍神的举动，便可窥见他宁折不弯的性格。

朝廷对熊廷弼在辽东的作为看上去很满意，专门下旨褒奖。不过很快，他被调离辽东，去其他地方做督学。熊廷弼远非一个好打交道的人，在督学任上，与同僚相互攻讦，最终挂冠而去，等候朝廷处置。

偏偏这时，传来萨尔浒之战惨败的消息。满朝震惊之余，派出新统帅奔赴辽东稳定局势成为当务之急。

说万历绝非糊涂蛋，就在于他心里揣着一本明白账。熊廷弼巡按辽东是万历三十六年，萨尔浒之战在万历四十七年，中间隔了整整十一年。十一年间，辽东官员换了一茬又一茬，谁还记得熊廷弼！如今提到熊廷弼，很多人只会想起，这哥们儿脾气太火暴，前不久在南直隶做督学，棒打生员致死，和同僚闹得不可开交，如今赋闲在家。可是，臣子记不起的事，万历没忘。他点了熊廷弼的将，还拿出尚方宝剑。

从对待熊廷弼一事上，可以看出万历的帝王之术，以及他心中有关是非轻重的那把尺。万历打心眼里认为熊廷弼是干才，多年前在辽东的政绩，万历看在眼里。但是，朝廷不是任何时候都需要干才。十多年前的辽东，不过一般的边陲之地，努尔哈赤尚在卧薪尝胆。臣子守卫在苦寒之地，挺不容易的，底下搞点猫腻，只要不太过分，睁一只眼闭一只眼算了。

所以，当年朝廷一面表彰熊廷弼，一面把他调走，以便大事化小，小事化无。到了南直隶这样的温柔富贵之地，更得一团和气才行，熊廷弼要性子闹辞职，正好让他回家待着，眼不见为净。

总之，在太平盛世里，皇帝需要温顺的哈巴狗，哪怕熊廷弼再有本事，也只能一边凉快去。到了萨尔浒战败，北疆告急之时，万历需要能斗的鹰犬了。这时，就该熊廷弼登场。

三

万历没有看错人。

熊廷弼还没到前线，在路上就请出尚方宝剑，斩杀了好几个逃往关内的将军。进入辽地后，熊廷弼要派人去沈阳安抚士卒，可那时开原、铁岭相继失陷，沈阳城危如累卵，不知女真人何时会打来。部下不敢前去，有人还在熊廷弼面前痛哭流涕。

当年敢斩城隍神的熊廷弼，自然是个不信邪的主。你们胆小如鼠不敢去沈阳，老子偏要去！熊廷弼带上人马，亲自奔赴沈阳。在沈阳巡视一番后，他又打算前往抚顺。如果说沈阳危机四伏，去抚顺简直就是摸到了敌人鼻子底下。女真人一旦得知情报，发动一次冲锋，立时就能将明帝国辽东战场的主帅生擒。

好几个总兵都劝熊廷弼，万不可以身试险，熊廷弼却说："冰雪满地，敌不料我来。"最终，他命人打鼓奏乐，冒雪进了抚顺城。

似熊廷弼这般，万马阵前轻骑纵横，有如闲庭信步，让人不禁想到汉代的霍去病、唐代的李世民，以及"二战"时的巴顿将军。古今中外，名将身上的英雄气魄，总是惊人相似。

在熊廷弼的努力之下，几近崩坏的辽东局势逐渐稳定下来。辽阳、沈阳等军事重镇仍控制在明军手中，女真铁骑尚且无法直接威胁山海关，更不能像以后那样随心所欲地挥师越过长城，劫掠大明帝国腹地。

前方局势稍微稳定，后方党争便按捺不住。前面说过，熊廷弼是楚党，其他人不能容忍，安定帝国北疆的殊荣，让熊廷弼一人独享。东林党人杨涟带头弹劾熊廷弼，说他"功在支撑辛苦，得二载之幸安；咎在积弱难振，怅万全之无策"（《明史》）。意思就是，防守很辛苦，但采取的策略治标不治本。

应当说，此时的东林党远没有日后那般只手遮天，纵然他们看不惯熊廷弼，也只能上疏骂几句，并不能真把人家怎么样。不过，熊廷弼是性情耿直的人，见京城里弹劾自己的奏疏不断，就愤而请辞。

此时，万历皇帝又站了出来，在熊廷弼的奏疏上批复道："辽事败坏，皆地方官玩愒所致，卿一意振刷，恢复封疆，朕深切依赖。今夷情甚急，岂经略释肩之时，自弃前功！着益殚忠任事，与诸臣协心共济，毋为人言所阻。"万历皇帝说，造成如今的局面，全是地方官玩忽职守所致，你熊廷弼一意振作，稳定住局势，朕深切依赖。如今军情紧急，岂是心灰意懒、自弃前功的时候。你要继续努力，与其他人并肩奋战，不要被一些流言阻挠。

几十年不上朝的万历，心里原来似明镜一般。此时，他无疑成了熊廷弼最大的倚靠，只要有他在，别人就扳不倒这位"北疆柱石"。据说万历是一个懒皇帝，对臣子的奏章经常"留中不发"——就是拖着不办，不发表任何意见，甚至某个岗位空缺，他迟迟不指派继任者，宁可让有些官职空着好几年。不过，对熊廷弼的奏章，万历总会第一时间阅看，每一份也都会批复。即便在万历的生命即将走向尽头，身体与精力大不如前时，依旧如此。

四

熊廷弼临危受命，在万历支持下稳定住辽东局势。后世不少人对他十分推崇，说他是"努尔哈赤的克星"。

无论哪里的历史学者，对待己方时总有一种温情的敬意与拔高。这是人之常情，却与事实存在距离。纵观努尔哈赤一生，这位枭雄最大的克星只是日渐衰老的身体。假若能够向天再借几十年，那么谁都阻挡不了他胜利的步伐。熊廷弼不是努尔哈赤的克星，日后取得宁远大捷的袁崇焕，依然算不上。

熊廷弼的功绩，在于奋力撑住辽东危局，延缓了女真人南下的脚步。日后袁崇焕的宁远大捷，也不过“凭坚城，用大炮”，击退了后金攻势而已，远说不上扭转整个战场形势。自打萨尔浒之战后，明清双方的战略主动权始终牢牢控制在满洲人手中，关于这一点，从来没有变过。

五百年必有王者兴。毫不夸张地说，从努尔哈赤崛起直至康乾盛世，满洲八旗在整个东亚大陆就是无敌的存在。大明帝国的官军打不过，李自成、张献忠的农民军打不过，吴三桂的叛军还是打不过。汉人打不过，朝鲜人、蒙古人也打不过，西域的准噶尔部照样打不过。这就是一个国家与民族的时与运，时来天地皆同力，运去英雄不自由。

好了，既然女真人的战斗力如此强悍，大明帝国上下一心都未必是人家对手，那么再闹几场内讧，自然失败得更快。

熊廷弼在辽东独撑危局时，万历皇帝驾崩。紧接着，经历一系列令人意想不到的变故与残酷的政治争斗，明熹宗朱由校登上皇位，年号天启。作为大明帝国的第十五位君主，朱由校被称为天启皇帝。

在天启帝坐上龙椅的过程中，东林党人发挥了至关重要的作用，有“定策之功”。一朝天子一朝臣，东林党押对了宝，摇身一变成为手握权柄者，一时间风光无限。

东林党与浙党、齐党、楚党的矛盾是不可调和的，东林党得势，其他三党的人势必遭到排挤。熊廷弼坐镇辽东，手握重兵，是三党中举足轻重的人物，必然成为东林党人的眼中钉、肉中刺。东林党发动了对熊廷弼的新一轮攻击，弹劾他的奏疏接连不断。与之前不同的是，此时的熊廷弼失去了万历这座靠山。很快，朝廷让熊廷弼去职，接替他的是东林党人袁应泰。

明军主帅的人事异动，逃不过努尔哈赤的眼睛。袁应泰上任仅几个月，女真铁骑呼啸而来，沈阳城内的蒙古人起而做内应，很快，沈阳城易手。紧接着，努尔哈赤围困辽阳，激战数日后，辽阳城破，大明帝国新上任的辽东经略袁应泰在城楼上自缢而亡。

努尔哈赤攻陷沈阳后，用数年时间将这里营建成自己的都城。当年努尔哈赤修建的议政之所——大政殿和十王亭——至今仍矗立在沈阳城市中心。后来，努尔哈赤的儿子皇太极继位，改后金国号为清，并将沈阳改名盛京。

在被后金军队攻占时，辽阳其实是一座远比沈阳更重要的城市。明朝廷在辽东设有经略与巡抚，驻地都在辽阳，熊廷弼与袁应泰的大帅府也在这里。可以说，辽阳就是大明王朝在辽东地区的统治枢纽。

明白了这些，再来看袁应泰这场败仗，实在影响深远。一场败仗，不仅失去了明王朝在辽东的统治中心，还让女真人获得了一座崭新的都城。袁应泰身为主帅，即便不在城破时自裁，估计逃回去也难逃一死。其实，袁应泰算是一个典型的东林党人，他忠心耿耿，勤勉任事，但也掩盖不了军事草包的本质。

重镇失陷，主帅自杀，辽河以东全部为后金所有。河西军民也像惊弓之鸟一般四散奔逃而去，自塔山到闾阳方圆二百余里，荒无人烟。明帝国的北疆，再次被女真人撕开一个巨大缺口。国破思良将，这是再正常不过的事情。当朝首辅刘一燝就感叹道："使廷弼在辽，当不至此。"

即便新登基的天启帝与东林党人不喜欢熊廷弼，但眼见外人侵门踏户，总得寻一个身强体壮的练家子来做家丁。遍观满朝文武，没有谁比熊廷弼更合适，他熟悉辽东的山川地形，之前同女真人打过多年交道，似乎还没吃过大亏。于是，熊廷弼再度被起用，出任辽东经略，紧急奔赴前线。

说实话，万历未必多喜欢熊廷弼，否则也不至于让熊廷弼坐那么多年冷板凳。但万历知道轻重，个人好恶是一回事，对自己是否有用是另一回事。只要形势所需，可以起用自己并不喜欢的熊廷弼，而且给予充分信任。

东林党人远不及懒皇帝万历的政治判断力。他们迫于无奈让熊廷弼重新披挂上阵，却不像万历那般给予前方统帅绝对信任。经过一番筹划，东林党人王化贞出任辽东巡抚，成为仅次于辽东经略熊廷弼的二把手。

东林党人或许一度为自己搭班子的政治智慧沾沾自喜。熊廷弼能征善战，王化贞足够听话，是自己人。一个有战斗力，另一个有执行力；一个有知名度，另一个有忠诚度。

天启二年（1622年），广宁之战爆发。王化贞命令广宁城内的大军出城去解西平之围，结果中途遭到后金军截杀，溃不成军。在野战中消灭了明军主力的后金军，一鼓作气拿下广宁城，王化贞仓皇出逃。

此前，辽东经略与辽东巡抚驻在一城，随着战局变化以及熊廷弼、王化贞二人矛盾的升级，一、二把手已经分开办公。王化贞驻在广宁，熊廷弼坐镇山海关。听闻广宁惨败，巡抚王化贞狼狈出逃，熊廷弼率军接应。跑了几百里地的王化贞，好不容易见到援军，激动得哭出声来，可惜熊廷弼一句话又让他从头凉到脚。熊廷弼微笑着问："六万众一举荡平，竟何如？"（《明史》）

熊廷弼说出这句话，是有前因后果的。熊廷弼与王化贞的矛盾冲突由来已久，其中最重要一条即战守之争。熊廷弼认为，女真人业已坐大，指望快速剿灭不现实，为今之计只能坚守，保存有生力量，徐图发展。王化贞却是主战派，认为应当主动出击，尽速收复沈阳、辽阳等重镇。他夸下海口："臣愿请兵六万进战，一举荡平。"（《明实录》）在王化贞看来，只要给自己六万精兵，就能大破努尔哈赤，一雪前耻。

熊廷弼笑问"竟何如"，算是出了心头一口恶气，却是在王化贞伤口上撒盐。通过此事我们也能看出，熊廷弼固然有金戈铁马的英雄气，却度量狭小，睚眦必报。他实在缺乏当一把手的雅量。

从这个意义上来说，熊廷弼的悲剧命运也是性格使然。

人心都是肉长的，谁也不是铁石心肠。熊廷弼率领援军前来接应王化贞，见面后若能好言宽慰几句，甚至主动扛起一些责任，两人的矛盾未必不能缓和。可熊廷弼笑着揭别人的短，那就是在结死仇。到后来，朝廷追究广宁战败的责任，熊、王二人相互指责、甩锅，把战场上没有使出来的气力一股脑儿倾泻而出。

相互拆台的结果就是一起下台，这是铁律。很快，熊廷弼与王化贞一起被罢官，此后又一起被打入大牢。

熊廷弼作为一位大英雄，横刀跃马、纵横四海的光辉岁月宣告结束。接下来的时光，他将在晦暗的监狱中，伴随一场又一场荒谬的闹剧，彻底坠落深渊。

坐困狱中的熊廷弼不会想到，自己的身后，还有无数后来者：孙承宗、袁崇焕、洪承畴，乃至吴三桂……这些明帝国最杰出的军事统帅，沿着熊廷弼的道路，从气势恢宏的京师到风雪弥漫的辽东，全部以悲剧收场。一如托尔斯泰所言，不幸的人各有各的不幸。

熊廷弼更不会想到，狱中的自己即将卷入一场左右帝国权柄的封疆大案。监牢之内竟是处处机关，京城官场里你死我活的争斗，比起辽东战场上还要残酷、血腥。

五

熊廷弼是个英雄，但绝非完人。退一步说，完人也是人，求生欲是每一个人的本能。被打入大牢的熊廷弼，想方设法活下去，乃至希望重获自由。

下狱不久，熊廷弼就被判死刑。不过此时已至明末，龙椅上坐的早不是朱元璋、朱棣那般凶神恶煞、杀人如麻的皇帝。明末诸帝虽说各有各的问题，但都不嗜杀，尤其对臣下较为宽容。天牢里被判死刑的大臣一大堆，熊廷弼与王化贞这对冤家，还有萨尔浒大败时的主帅杨镐，都被判了死刑，可好几年过去在牢里照吃照喝。也就是说，这些大臣的死刑，已经自动潜规则为死缓或无期徒刑。

熊廷弼被判了死刑，尽管一时无性命之忧，但若能尽早离开这鬼地方，或在官场上东山再起，总是好事情。他也不能免俗，安排人去花钱打点关系。

熊廷弼攀上的关系，是一个叫汪文言的人。此人是大明帝国的一代传奇，被称为“天下第一布衣”，更是当时权势熏天的东林党内举足轻重的大佬。

熊廷弼不是楚党吗？在明末党争中，楚党与东林党不是生死仇敌吗？熊廷弼一个楚党，怎么求到东林党门下？其实，这很好理解。熊廷弼在官场混了几十年，清楚如今东林党得势，什么浙党、齐党、楚党，都被打趴在地。想要办成事，当然要找管事的人。打个比方，一个人重病在身，他是找与自己关系亲近的医生，还是真正医术高明能治病的医生？当然是找后者。

熊廷弼捧着真金白银，搭上东林党大佬汪文言，似乎找对了人。下面，就来聊一聊汪文言。关于此人，《明史》这样记载：“文言者，歙人。初为县吏，智巧任术，负侠气。于玉立遣入京刺事，输赀为监生，用计破齐、楚、浙三党。察东宫伴读王安贤而知书，倾心结纳，与谈当世流品。光、熹之际，外廷倚刘一燝，而安居中以次行诸善政，文言交关力为多。”

汪文言来自南直隶歙县，是个小吏出身，没有任何功名——东林党内可是大儒如林，文采荟萃，一个没有功名的小吏居然成了东林党大佬，仅此一点便彪悍异常！

汪文言在家乡做监狱看守时，最广为人知的事就是折磨犯人，同时靠监狱吃监狱，向犯人家属索贿。一面收黑钱，另一面汪文言也算仗义疏财之人，身边有不少朋友。总之，一个县衙的小吏，会捞钱也会用钱——大伙照着及时雨宋江来理解汪文言，大体不会差。

后来，汪文言擅长交际、关系网复杂的名声，传到一名赋闲在家的官员耳中。这名官员花钱让汪文言进京，去帮自己跑官。

事实证明，从县城的风云人物到京城的风云人物，汪文言还有很长一段路要走。他进京后的头几件事，办得并不利索。甚至有人说，汪文言此后滞留京城，是因为把别人跑官的钱花光了，事情没办好，不敢回老家交差。

当然，作为日后将搅动大明风云的人物，汪文言不会就此甘于沉寂，他不仅身怀过人之处，更有不断加持的好运气。混在京城的日子里，汪文言一来二去攀上太监王安。王安虽是权贵阶层的一员，但距离金字塔尖还隔着好几层。王安是太子朱常洛的大伴，可万历皇帝并不喜欢这个太子，一直打着另立福王为太子的主意。朱常洛过得战战兢兢，王安的日子也好不到哪儿去。

对于汪文言这种人来说，其实没有太多选择。只要能攀上太子这条线，哪怕是个不怎么稳当的太子，已是烧高香的事，自己就得把注全押上去。

万历时期，国本之争闹得轰轰烈烈，东林党人高举祖制、礼教、纲常的大旗，先把朱常洛推上太子之位，接着又拼死捍卫太子的地位。东林党人拥护太子，与太子最信任的太监王安自然关系亲密。透过王安这层关系，汪文言与诸多东林党人建立了密切联系，所谓“素受知于杨涟、左光斗诸君子”。到后来，汪文言成了东林党的信息中枢，各方面的消息都要在他这里汇总、散布。赵南星、高攀龙、周嘉谟等东林大佬经常到他家里去长时间密谈，而东林激进派杨涟、左光斗等人，更与他称兄道弟。

与传统东林党人的出身、经历大不相同的汪文言，为何能在东林党内混得风生水起，人们有过各种分析。有人认为汪文言是太监王安的代表，也是东林党与内廷联系的纽带；有人说汪文言来自底层，亦正亦邪，充满了各种争强斗狠、机谋权变的底层智慧，这些恰恰是东林党那些知识分子欠缺的，尤其在东林党与浙、齐、楚三党争斗时，汪文言那些上不得台面的痞子玩法，让三党的士大夫晕头转向；也有人指出，在东林党内，汪文言扮演了“场上工兵”的角色，做了许多脏活累活，其他如杨涟、左光斗等人，早有清名在外，脏活只能由汪文言完成；更有人说，汪文言就是东林党的“白手套”，汪文言做小吏时向人索贿，到了京城更热衷于各种权钱交易，东林党自身不怎么贪，却放纵汪文言大肆贪墨。

应当说，这些分析各有道理，但终究是外人臆测，不是板上钉钉的事实。可有几条事实是所有人都承认的——第一，汪文言生性贪婪，绝非清白之人，贪赃枉法的坏事没少干；第二，东林党后期以反对阉党著称，早期却和太监打得火热；第三，东林党的大多数人有清官之名，比起同僚更有私德；第四，全天下都知道汪文言不干净，东林党的清官却乐于与他做朋友。

当然，一个人要在某个集体中享有威望，仅仅依靠混或者会来事是不行的，还得在关键时刻立下战功。用离间计整垮浙、齐、楚三党，是汪文言的战功之一，不过他还有更显赫的战功，就是在江山易主的千钧一发之际一言定邦。

公元1620年，在位四十八年的万历皇帝朱翊钧走到生命尽头。此前保了几十年太子，把赌注全押进去的东林党人，此刻绝不容许出现任何闪失。杨涟和左光斗找到太监王安，让他无论如何带着太子朱常洛打破郑贵妃的封锁，到病榻前看着万历皇帝咽气。这样做自然是要确保太子顺利登基，防止有人搞秘不发丧那套把戏，或者学赵高、李斯的手段，矫诏杀了太子另立新君。

王安十分犹豫，未得圣旨贸然闯宫，可是要杀头的。汪文言此时站了出来，力劝王安马上带着太子入宫。王安对汪文言极为信任，最终心一横，带着太子闯进了紫禁城。

朱常洛终于登上帝位，是为泰昌皇帝。不过，他当了几十天的皇帝便一命呜呼。紧接着，朱常洛的长子朱由校继位，即天启皇帝。在这一系列的政治争斗中，汪文言发挥了重要作用，也把东林党送上了权力巅峰。

此前说过，在万历朝，东林党的势力不及三党，可当天启皇帝坐稳龙椅后，立刻演变为“东林势盛，众正盈朝”。

东林党得势后，汪文言的地位越发显贵起来。说他“天下第一布衣”，那是好听话。许多重要政策与人事任命，六部堂官尚且蒙在鼓里，汪文言却在一番闲聊中拍板定案。

所谓江山易改本性难移，发达之后的汪文言有几样脾气是改不了的，比如他是个热心肠，喜欢帮人办事；又比如他喜欢钱，经常索贿，给钱的是朋友，不给钱的往死里整。或许汪文言觉得，朝堂上那些士大夫，比起县城监狱里的犯人，高明不到哪去，只能被自己玩弄于股掌之中。

国事如此，身陷囹圄的熊廷弼想要走出监牢，找到热心肠且爱财的汪文言，应当是再正常不过的事。《明史》记录道：“廷弼令汪文言贿内廷四万金祈缓。”意思是熊廷弼给了汪文言四万两银子，让汪文言拿这些钱去打点关系。不得不说，这话说得相当客气了。稍微有点常识的人都清楚，这就是赤裸裸的行贿与受贿。

熊廷弼把银子交到汪文言手中，自然是相信对方的能力。按照天启初年东林党“众正盈朝”的气势，捞一个熊廷弼应当不是什么难事。

然而，计划赶不上变化。这笔钱非但没让熊廷弼获得自由，还将他送上了断头台。

六

所谓计划赶不上变化，比如，魏忠贤的异军突起。

如果说东林党得势，是因为他们押宝成功且孜孜不倦地长期投资，那么魏忠贤的时来运转，则更多是瞎猫撞上死耗子。

东林党人保的是太子朱常洛，只要朱常洛顺利登基，他们肯定会吃香喝辣。魏忠贤（当时连名字都没有，别人叫他魏四或魏傻子）的出身、家底与知识阅历，比起东林党差了好几个数量级，他连押宝的资格都没有，只能老老实实做个仆人。

魏忠贤来自北直隶的农村，早年为了还赌债不得已自阉进宫当太监。像魏忠贤这种出身与文化水平的人，大多对外面世界有不切实际的憧憬，所以当他真正成为太监之后才发觉，宫里纵然能吃饱穿暖，却绝非人间天堂。紫禁城十万太监中，除了金字塔尖的几十人，其余依旧过着苦苦的生活。比如魏四，刷了几十年马桶，既辛苦又心酸。

直到四十多岁时，魏忠贤才迎来改变命运的机会。之前说过，魏忠贤一把年纪了，为人憨憨傻傻，被其他太监戏称为傻子。一个不可多得的巨大机会之所以降临到他头上，只因为在许多人看来，这压根不叫机会，否则早被别人抢走了。

魏忠贤来到东宫，服侍太子的长子朱由校。太子朱常洛的地位在那时尚且不保，何况又隔了一层的皇长孙。东林党人是支持太子的，他们与太子身边的太监王安关系紧密，却没谁搭理魏忠贤。是呀，即便投资需要超前眼光，也不会超前到朱由校这一辈来。

不过，正是在这样封闭且不被重视的环境中，魏忠贤与年幼的朱由校，以及朱由校的乳母客氏之间，逐渐形成一种畸形的“亲情”。日后无论风云如何变幻，三人之间的“亲情”都是牢不可破的。在深宫大内，朱由校与亲生父母见面的机会很少，陪伴自己成长的就是魏忠贤与客氏，同样孤寂的魏忠贤，一定也会在朱由校身上寄托很多个人情感。

后来，朱由校成为九五之尊，魏忠贤已是权倾天下的九千岁，当朱由校在西苑荡舟游乐，不小心掉落水中时，不会游泳的魏忠贤奋不顾身跳下去相救。这样的举动，与其说是忠，不如说是亲。

直到万历皇帝驾崩，朱常洛顺利登基，东林党人欣喜若狂之时，魏忠贤也谈不上多开心。虽说与自己朝夕相处的朱由校成了皇太子，但魏忠贤已经五十二岁，在医疗条件有限的明代，活到六十岁即为高寿。自己还能活几年？新皇朱常洛正当三十九岁的壮年，哪怕他只能再活十年，估计魏忠贤也见不到皇太子登基的那一天，更享不到什么福。

可万万没想到，朱常洛在位仅一个月便一命呜呼。朱由校还没适应做太子，就要变换角色当皇帝。

都说机会是给有准备的人，但这话放在魏忠贤身上并不适用。他实在没有准备，但好运气就是挡不住。

朱由校登基后不久，魏忠贤的身价水涨船高，成了司礼监秉笔太监。在明代内廷，司礼监的老大是掌印太监，秉笔太监是二把手。魏忠贤的最高职务即秉笔太监，终其一生也没有当过掌印太监。

有关这一点，颠覆了很多人的认知。魏忠贤不是一人之下万人之上的九千岁吗，怎么才是内廷二把手？要知道，明代那些大权在握的太监，诸如王振、刘瑾等人，全是掌印太监，为何独魏忠贤屈居人下？

在魏忠贤掌权时期，司礼监掌印太监另有其人，是一个叫王体乾的。魏忠贤不取王体乾代之，大概有两方面原因。其一，魏忠贤被人称为魏傻子，可见他的性格中有憨直一面，王体乾是自己哥们儿，且资历更老，魏忠贤还得尊重他；其二，根本没有取而代之的必要，魏忠贤行走江湖，并不靠什么官职，而是皇帝的信任，所有人都知道，魏公公代表了皇帝，这才是他的权力来源。

但凡魏忠贤决定的事，王体乾绝无异议，以至于后世许多人说王体乾是魏忠贤的爪牙。

魏忠贤一开始并不打算与东林党撕破脸。毕竟，从广义上说大伙是一个战壕里的战友，都为不使皇位落入旁系战斗过。况且以东林党的实力，魏忠贤远没有一击而胜的把握。

魏忠贤不惹东林党，东林党却不要魏忠贤好过。天启四年（1624年），东林党发起了对魏忠贤的总攻。东林党中最具战斗精神的左副都御史杨涟上疏历数魏忠贤二十四条大罪，在杨涟笔下，魏忠贤“怙势作威，专权乱政，欺君藐法，无日无天，大负圣恩，大干祖制”（《明实录》）。二十四条罪状，每一条都足以置魏忠贤于死地。

如果只有杨涟一人冲锋陷阵，那就不是东林党，更不叫党争了。党同伐异，必是群起攻之。杨涟吹响了总攻的号角，此后几个月，弹劾魏氏的奏章蜂拥而至，多达七十多章。朝中的大学士、尚书、言官都加入这一行列，整个东林党都行动起来。

东林党与魏忠贤之间的争斗，很难用正义与邪恶来区分。东林党指责魏忠贤太监干政，违背祖制，固然站在道义制高点，可之前的大太监王安与东林党可是交情匪浅，东林党从未反对王安干政，甚至怂恿他干政。当魏忠贤取代了王安地位后，东林党人突然变脸，对太监干政变得丝毫都不能容忍。

杨涟弹劾魏忠贤的奏章慷慨激昂，一时为天下传颂。杨涟作为东林党中的代表人物，其忠心、文才与操守，比魏忠贤不知高出多少。但是，黑就是黑，白就是白，忠臣诬告奸臣，好人诬告坏人，同样也是诬告。

杨涟说魏忠贤有二十四条大罪，其中好几条都有关魏忠贤迫害后宫妃嫔，使她们腹中胎儿不保，“是皇上不能保其子矣”。让皇帝绝嗣，这可是天大的罪状。然而，作为一个太监，魏忠贤让天启皇帝绝后，自己有什么好处？另外，像这种大事，明清两代的官修史只字未提，甚至同时期的稗官野史也没有提到，只出现在杨涟笔下。

后世颂扬杨涟的人很多，却没人再去细翻那二十四条罪状。因为大家都清楚，魏忠贤是个坏蛋没错，但二十四条实在站不住脚。

只能说，东林党对魏忠贤的围攻，就如同他们对浙、齐、楚三党的党同伐异。党争只有输赢，没有是非。

七

魏忠贤毕竟是个没文化的粗人，大字不识几个，在宫中刷了几十年马桶，没真见过多少大场面。面对来势汹汹的东林党，他一筹莫展，甚至胆战心惊。

魏忠贤赶紧辞掉了提督东厂太监的职务，希望平息众怒，见东林党人不肯善罢甘休，他彻底慌了神，跑去天启皇帝面前痛哭流涕。

写到这里，我们要重复一个观点——明代无权阉。那些所谓权力无边的宦官，不过是皇帝有意纵容罢了。秦代的赵高，早将皇权架空。你能想象，秦朝的赵高面对大臣弹劾，需要到皇帝面前哭哭啼啼吗？唐代的宦官集团更厉害，可以在甘露之变中对朝中大臣大开杀戒，之后直接软禁皇帝。

在明代，没有任何一个太监能威胁皇权。再权势熏天的太监，只要皇家变了心意想整死你，并不比杀一条狗困难多少。

不过，天启皇帝并不想整死魏忠贤，相反还对这个老奴信任有加。见魏忠贤哭得太伤心，天启皇帝好言宽慰了一番，并且打回杨涟的奏疏，痛加斥责。

之前说过，魏忠贤行走江湖是靠一招鲜吃遍天，这一招就是皇帝的信任。这份信任，是被东林党踩到地上的浙、齐、楚三党所没有的；有了这份信任，魏忠贤就不会像三党那样被人肆意蹂躏。

有皇帝撑腰，任凭东林党攻势如潮，魏忠贤岿然不动。大难不死的魏忠贤自然会寻思，尽管有皇帝庇佑，自己闯过这一关，但老这么孤零零一人不行，得拉起一支队伍和东林党干。那些原本失势的三党人士也在观察，满朝之中就魏忠贤可以和东林党抗衡，与其任人宰割，不如投奔魏氏门下。于是，阉党形成了。

说明一下，阉党首领虽是魏忠贤，但其骨干成员大多不是太监，而是朝中大臣，主要是之前受排挤的浙、齐、楚三党成员。因此，也可把阉党叫作反对东林党。

拉起队伍之后，魏忠贤就能展开反击了。那个挨千刀的杨涟在我头上安了二十四条罪状，我回敬什么罪名给他呢？

东林党是有文化的，加入一个流氓混混汪文言后，战斗力瞬间提升几个档次。魏忠贤自己就是个流氓，再把三党的文化人聚拢身边，手段自然不会差。

魏忠贤起初是想拿移宫案做文章，向东林党人发难，可后来有人向他建言："彼但坐移宫罪，则无赃可指，不如坐纳熊廷弼贿，则封疆事重，杀之有名。"向魏忠贤献策的人叫徐大化，是浙党人士，曾官居刑部员外郎。东林党打击三党，徐大化被晾在一边，后来投靠魏忠贤，成为阉党骨干。

这个徐大化不愧刑部出身，对如何抓人、整人、审人有一整套经验。他认为，移宫案并非一个好的突破口，不如从熊廷弼行贿一事做文章，朝廷重臣与带兵统帅勾结在一起，"封疆事重，杀之有名"。

徐大化的这条计策可谓既精准又狠毒。杨涟等人总体来说操守较好，直接抓他们的经济问题不容易，汪文言就不同了，这些年没少收黑钱。他拿了熊廷弼的钱，帮着熊廷弼四处活动的事，在京城官场是公开的秘密。从汪文言与熊廷弼身上开刀，甚至都不叫栽赃陷害，而是人赃俱获。

同时，熊廷弼行贿汪文言，可不是一般的行贿。熊廷弼果真出狱，不会甘于沉寂，没准什么时候又被派往辽东督师，成为手握重兵的实权人物。东林党在朝堂上兴风作浪，熊廷弼领兵在外遥相呼应——这样的场景，哪一个统治者想来不是心惊肉跳！

魏忠贤采纳了徐大化的建议。此后在魏忠贤手下，徐大化一路高升，先后担任工部尚书与户部尚书，算是对他"一言兴（阉）党"的回报吧。

八

对于政治斗争的残酷性，我们不必存有丝毫怀疑。杨涟是大好人、大忠臣，为了扳倒魏忠贤，尚且满嘴跑火车。魏忠贤可是个大流氓、大奸臣，手段只会比杨涟残酷百倍。

杨涟上书弹劾魏忠贤一年之后，阉党的反击来了。天启五年（1625年），魏忠贤指使手下弹劾杨涟、左光斗“党同伐异，招权纳贿”。所谓“纳贿”，就是说东林党人收了熊廷弼的贿赂。阉党的第一棒挥向汪文言，他被打入镇抚司诏狱，由阉党“五彪”之一、锦衣卫指挥使许显纯亲自审问，许显纯施以“械、镣、棍、拶、夹棍”等酷刑，要汪文言说出熊廷弼行贿东林党的细节。

汪文言被打得遍体鳞伤，始终不屈，只留下一句：“世间岂有贪赃杨大洪哉！”杨涟别字大洪，汪文言的意思是说，这世上哪有贪赃的杨涟！

对于杀红了眼的阉党来说，能拿到汪文言的口供最好，拿不到也没关系，直接杀了汪文言，伪造一份口供便是。很快，汪文言惨死狱中，东厂锦衣卫拿着伪造的口供，将已回家乡的杨涟逮捕入京。

对付狱中的杨涟，阉党更不客气。“土囊压身，铁钉贯耳”等酷刑之外，许显纯还命人将一枚大铁钉钉入杨涟头部，终将其害死。除杨涟之外，在阉党炮制的案卷与各种证据中，收受熊廷弼贿赂的还有左光斗、魏大中等人。“杨涟、左光斗各坐赃二万，魏大中三千……”左光斗被捕下狱，同样受酷刑折磨，《明史》说“五日一审，裸体受拶、夹、棍等刑，不能跪起，平卧堂下受讯”。

以所谓的熊廷弼行贿而牵扯出的这桩大案，就是天启年间震动天下的封疆通贿案。

此案的结局，以阉党大获全胜告终，杨涟、左光斗、袁化中、魏大中、周朝瑞、顾大章六人成为官方认定的“贪污犯”，全部被处死。直到崇祯皇帝登基，魏忠贤垮台，此案获得平反，六个“贪污犯”转而成为名垂千古的“东林党六君子”。

“受贿者”身首异处，行贿的熊廷弼又岂能逃脱。杨涟死后一月，熊廷弼被斩首。熊廷弼生前是否遭受杨涟、左光斗那样的酷刑，史书未有记载，不过熊廷弼死后被“传首九边”，却是开了明帝国的先河。

明代在北方边疆沿着长城分布有九边重镇，大明帝国最精锐的军事力量驻扎在九边。所谓“传首九边”，就是罪犯被斩首后，其首级被朝廷派人拿着到这九处边关示众，以警告众人。

可叹熊廷弼一世英雄，三度入辽，百战卫国，到头来却成为帝国“传首九边”第一人！

熊廷弼可悲可叹，更冤屈无助得令人可怜。熊廷弼入狱是天启二年（1622年），被杀在天启五年（1625年），整整三年时间，他一直在狱中，除了吃牢饭，就是花钱打点汪文言，希望把自己早些救出去。朝堂之上，东林党与阉党打得不可开交，和我一个戴罪之身有什么关系？到头来，你们杀红了眼，要我来陪葬！

关于熊廷弼为何会死这么惨，遭遇史无前例的“传首九边”，有人曾提出过，那是因为魏忠贤太恨熊廷弼。一来熊廷弼与东林党过从甚密，二来熊廷弼放过魏公公鸽子。不过，对这些观点，笔者不敢苟同。

熊廷弼是楚党，之前就是被东林党整进大牢的，哪有什么过从甚密！进了监狱后，熊廷弼想和东林党修补关系，只能花钱消灾，再要怎么密也没机会。还有传言说，东林党弹劾魏忠贤的奏疏，一部分出自熊廷弼之手，这更是天方夜谭。东林党人一个个才高八斗，干别的不行，写奏折骂人这种事还要假一个军事统帅之手？再说了，熊廷弼入狱时，魏忠贤尚未成势，这些年人家在外头有什么罪过，他哪里知道？

关于熊廷弼放魏忠贤鸽子的事，史料中倒是有提及，主要说熊廷弼为了出狱求到魏忠贤门下，还答应给钱。可事到临头，熊廷弼又反悔了，这一下惹恼了魏公公。

这个说法尽管流传甚广，但令人生疑的是，熊廷弼当真嫌自己命太长吗？分明身在狱中，还闲得没事逗魏忠贤玩？即便有熊廷弼承诺送钱最后没有兑现的事，也一定有复杂原因，不可能是熊廷弼活得不耐烦，把高高在上的魏忠贤当猴耍。

尽管魏忠贤从前是文盲、混混，但坐上高位后，即便不是政治家，也算个“政治工作者”。我们要分析魏忠贤，还应从一个“政治工作者”的角度切入。熊廷弼无辜吗？当然无辜。熊廷弼非得死吗？是的，他一定要死。熊廷弼不死，整个封疆通贿案就不成立，杀“东林党六君子”，就失去了正当性。为了杀东林党，就得杀熊廷弼！

至于把熊廷弼“传首九边”，更是借熊的人头来立威的政治考量。经过一场激烈的权力斗争，魏忠贤斗垮了东林党，坐镇九边的将领也陆续换上阉党的人。这时，让熊廷弼的首级在边关走一遭，是一场多么震撼的教育，它会让所有人都明白，今日之域中竟是谁家之天下！

九

明代末年，大案频出。什么梃击案、红丸案、移宫案……每个案子都可以写一部书，令人眼花缭乱。

所有案件中，封疆通贿案的意义尤其深远。所谓红丸案、移宫案等，不过是各方政治势力的缠斗，直到封疆通贿案，明末最具影响力的两大政治集团，展开了一场你死我活的大决战。说封疆通贿案决定了东林党与阉党两大政治集团以及整个大明帝国的命运，是毫不夸张的。此案之后，东林党一败涂地，大明帝国进入了魏忠贤“执政”的时代。

封疆通贿案中有个贿字，说明这是一桩腐败案件。许多案中人，也因为行贿、受贿被定罪、杀头。不过，作为震惊朝野的帝国大案，封疆通贿案的涉案金额实在寒碜。“杨涟、左光斗各坐赃二万，魏大中三千……”且不说屈打成招，即便是真的，也与那些巨贪相去甚远。

可以看出，这是一桩贪腐小案，却又是不折不扣的政治大案。使其从小到大的推手，正是党争。

而案中人物的正邪之辨，更令人唏嘘。封疆通贿案跨越时空之广，牵扯人物之多，令人叹为观止。辽东边塞的战马嘶鸣，江南书院的烟雨轻绕，京师官场的尔虞我诈，皇城宫闱的血雨腥风。熊廷弼、杨涟、汪文言、魏忠贤、东林党、阉党，甚至关外的努尔哈赤与女真铁骑，都能和此案扯上关系。

然而，这么多人物中，谁是正义，谁是邪恶，谁是清廉，谁又是贪腐?

熊廷弼当然是大英雄，功在社稷的一代名将，但他在操守上绝非一尘不染。他是一个行贿者，这是无可争议的史实。此外，明代官员的俸禄极低，熊廷弼入狱后哪来那么多钱四处打点?

杨涟等东林党人据说两袖清风，可他们与大腐败分子汪文言之间的关系，留给了外人太多想象空间。敛财无数的汪文言，即便不算“特定关系人”，也是东林党用人不察，交友不慎。

汪文言与魏忠贤更不是好人，两人都是混混、流氓，一肚子坏水，差别只在下半身。不过，这两个坏人偶尔也会干两件好事。汪文言在狱中铁骨铮铮，宁死不陷害哥们儿，有一股侠气。魏忠贤被人骂了几百年，可细读史书才发觉，明帝国对后金战争中值得称道的几场胜仗，比如宁远大捷、宁锦大捷，居然全部发生在以魏忠贤为首的阉党主政时期。当然，也许这只是巧合……

帝国的雪山崩塌时，没有一片雪花是无辜的。每个人都有自己的委屈，也有各自的罪孽，甚至无一例外都以悲剧收场。熊廷弼、汪文言、杨涟，全部含冤而死，不过几年后，魏忠贤也身败名裂。党争没有赢家，它只是用内耗的方式，不断摧残帝国内的精英，并最终瓦解、毁灭了这个帝国。

从这个意义来说，大明王朝果真积重难返，即将走入坟墓。开国之初，像方孝孺父亲那样的大清官，甚至被“空印案”冤杀。到了明代中叶，官场风气大不如前，但还有“要留清白在人间”的于谦，一代名臣被抄家时几乎家徒四壁，连抄家的锦衣卫都感动落泪。到了礼崩乐坏的嘉靖、万历年间，尽管群魔乱舞，纸醉金迷，毕竟还有一个空前绝后的海瑞，如孤独而刚硬的山峰，屹立不倒。

王朝末年，不会再有于谦、海瑞这样的人出现。清廉成为传说，道德被踩在脚底，腐败向政治肌体的各个环节蔓延并积聚成汹涌的恶涛，大明帝国最终以中国历史上最腐败的王朝之一被载入史册。

第七章

江南科场案

康熙大帝发起
前所未有的政治试验

在最终处理江南科场案的那段时间，康熙皇帝多次召集臣下，说自己是天下人的皇帝，不是满人的皇帝，不会偏袒谁。还说自己没有满汉之分，只会一视同仁。这些话，当然是有的放矢。如何处理满汉关系，是贯穿整个清代的对于满族统治者的大考，他们始终小心翼翼。在江南科场案中，亦可窥见端倪。

一

公元1696年，清康熙三十五年，蒙古高原的克鲁伦河畔，北风呼啸而过，军旗猎猎作响，战马奔驰在一望无垠的大草原。

这一年，康熙皇帝四十二岁，正是一个政治家的黄金年华。过去二十余年间，他统率八旗劲旅，平定三藩、收复台湾，又在乌兰布通击败了觊觎中原的准噶尔部。千古一帝的赫赫武功，足以震古烁今，数风流人物了！

这一年，康熙皇帝走出紫禁城，跃马蒙古草原，又一次亲临战阵。他的敌人，依旧是那位叱咤风云的草原枭雄——准噶尔部的大汗噶尔丹。要知道，无论是云南的吴三桂，抑或台湾郑氏家族，康熙都不曾御驾亲征，谈笑间樯橹便灰飞烟灭。只有这个噶尔丹，前后三次引得康熙皇帝御驾亲征，两位雄杰千里鏖战，势要一决生死。

噶尔丹够得上康熙皇帝的一生劲敌，两人甚至颇有一番瑜亮情结。以噶尔丹的雄才大略，若不是遇见了同时代的康熙皇帝，功业当不止草原霸主而已。千古一帝康熙，也用帝王生涯中仅有的三次御驾亲征，回击并“礼敬”了这位对手。

当年在乌兰布通，清军用红衣大炮炸垮了噶尔丹的“驼城”。如今，清军饮马克鲁伦河，双方势要再分高下。

中原王朝与北方游牧民族的战争，成败关键往往是后勤补给。尤其像康熙皇帝这样，率军深入漠北数千里，一旦粮草不济，后果不堪设想。当大军驻扎在克鲁伦河畔，康熙皇帝每日登高南望，对从千里之外运来的粮草翘首以盼。

当一次次太阳西下，晚霞为草原涂抹上一层粉红的胭脂，清军却没能等来急需的粮草补给时，康熙皇帝的内心难免焦急。

一队马车由远及近，出现在人们视线中。从京城运来的第一批粮食，终于安全抵达了克鲁伦河畔。全军欢呼雀跃，康熙皇帝以九五之尊，破例召见了负责押运粮草的官员。

这个年轻官员名叫噶礼，满洲正红旗人，面对康熙皇帝的垂询，他对答如流，气度非凡。康熙皇帝对噶礼的应答非常满意，接着聊下去，又发觉此人“根正苗红”。噶礼的祖上，是努尔哈赤建立后金时的五大臣之一何和礼，曾在萨尔浒之战立下功勋。噶礼的母亲，早年在宫中，还当过康熙皇帝的奶妈。

如此显赫家世，本身又才干非凡，能够第一个把粮草送到清军大营——康熙皇帝记住了年轻的噶礼。

就在噶礼的粮草运到之后几个月，载入史册的昭莫多之战爆发。两支当时亚洲大陆上最彪悍的军队，押上各自国运，展开了一场生死对决。最终，清军取得昭莫多大捷，草原枭雄噶尔丹走上人生末路。

大胜之后论功行赏。已得天子赏识的噶礼，从此青云直上，官符如火。

此时的康熙皇帝还想不到，就是这个满洲亲贵中难得的才俊，在征讨噶尔丹的战争中立下大功的噶礼，多年后会给自己与大清帝国惹来一场大麻烦。

二

转眼已到康熙五十年（1711年）。

千古一帝战胜了所有敌人，却敌不过时光的年轮。康熙皇帝无可避免地衰老了，他再也不能千里征战，纵马草原，也无法在围猎时“神勇天赐，力能挽强”，一天内“射兔三百一十八”，一周内“射杀八虎”。他只觉得“精神日逐于外，心血时耗于内”，“办事殊觉疲惫，写字手亦渐颤”，“目不辨远近，耳不分是非”……

噶礼人到中年，当年那个初出茅庐的满洲亲贵，年轻的粮草押运官，如今在帝国官场正如鱼得水，成为炙手可热的封疆大吏。康熙四十八年（1709年），噶礼赴任两江总督，成为管理东南三省（江苏、江西、安徽）的最高军政长官。当时，天下赋税，半出江南，能出任两江总督，必是皇帝最信任的官员。

然而，当年千里运粮替陛下分忧的臣子噶礼，如今却令皇帝不省心了。

事情得从康熙五十年（1711年）江南辛卯科乡试说起。这一年的乡试依照惯例在江宁举行，担任此次考试的正主考是副都御史左必蕃，副主考是翰林学士赵晋。九月初十，是江南乡试发榜的日子。考生一大早聚集到发榜地点，焦急等待着结果。但令人错愕的是，原本很有希望上榜的考生集体落榜，榜单上赫然出现了那些平日里不学无术的“差生”。再细究，这些“差生”全来自富裕的扬州盐商家庭。

一时间，舆论哗然，百姓愤然。

九月二十四日，苏州士子一千余人聚集在玄妙观，抬着财神泥像进入府学，将财神塑像锁在夫子庙的明伦堂上，讽刺考官都是“财迷”。还有考生把考场匾额上的“贡院（貢院）”二字用纸糊上，改写成“卖完（買完）”，高悬示众。

知识分子闹事，最不缺的就是各种段子，有人写出一副对联：“左丘明双眼无珠，赵子龙一身是胆。”对联借古讽今，影射主考官左必蕃对科考中的舞弊行为视而不见，副主考赵晋胆大妄为，公然受贿不法。这副对联，很快就在整个江南地区与全国文化界流传开。

在大清帝国，出现这样的科场舞弊案，可是天塌地陷的大事！有人拿现代高考来类比古代科举，其实并不准确，科举对于封建王朝的重要性，远远超过高考。即便将现代社会的各种考试加在一起，重要性依旧无法比肩科举。如果说封建王朝有什么“基本国策”的话，科举必是其中一项。历朝历代，但凡涉及科场舞弊的，都是杀头重罪。

尤其当女真人崛起于白山黑水之间，并最终入主中原后，科举更被推举到一个无以复加的高度。它不仅是国家抡才大典，更是满洲统治者与汉人知识分子之间共同的精神纽带，是爱新觉罗家族全身心投入且不能输也输不起的文化竞赛。

客观地说，女真铁骑马踏中原，起初并未遇到什么像样的抵抗。辽东山海关前，李自成一战就输掉江山；川北凤凰山下，张献忠被一箭贯胸。至于那些明军残余的表现，更是惨不忍睹。清军兵锋南指，南明的江北四镇溃不成军。坐拥五十万大军的左良玉家族，先是大打内战，自毁长城，接着更直接降了清。

一路凯歌高奏的满人勋贵，几乎兵不血刃地饮马长江。然而在江南，他们终于碰到了硬骨头。嘉定三屠，那些柔弱的南方人，突然之间变得不怕死了，前仆后继地攻击清军。江阴八十一日，为了一条辫子，居然可以满城殉国，清军三王亲征，在江阴城下损兵折将数万人。对于人口仅有几十万的满人来说，如果中原每座城池都如江阴一般血性刚烈，他们将寸步难行。

还有那个孤悬海外的郑成功。他远算不上兵精粮足，但那份“敢向东南争半壁”“不信中原不姓朱”的儒家知识分子孤忠，实在令人头疼不已。

正是这些豪气干云、慷慨赴死的英雄，让满人统治者意识到，要真正征服人口是自身几十倍的汉人，定鼎中原，绝非轻而易举之事，更不能只倚仗快马弯刀。他们很快改弦更张，决定与汉人知识分子达成某种和解甚至分享权益。本身就是汉人知识分子精英的洪承畴被紧急派往江宁，主持东南大局。洪承畴采取剿抚并用的手段，力图笼络江南人心。

从北京的多尔衮到江南的洪承畴，都明白一点，要安抚汉人知识分子，科举是最有效的手段。早在顺治二年（1645年），天下依旧兵戈四起，满人统治者便决定举行乡试，翌年又举行了本该三年一次的会试。显而易见，满人统治者想借此诱导汉人知识分子由考场一步步走向官场，淡化他们对明王朝的眷恋。

这一招有用，却无法一蹴而就。就在清朝大开科举之门时，全国各地尤其江南地区的不少知识分子，宁可当个山野村夫，也不去应试，还有人喊出了永不仕清的口号。

从多尔衮到顺治皇帝，束手无策。

所幸的是，就在这时，康熙来了。

一个天纵英明的千古一帝，不仅能够纵马扬鞭，与噶尔丹沙场争锋，更懂得以怀柔之策，聚拢九州人心。康熙皇帝以前所未有的热情姿态，拥抱了儒家文明。他甚至敢于投入一场文化竞赛中，以此证明自己绝非蛮夷，而是能够代表中华文明的正宗。

历代皇帝都尊孔，康熙皇帝却是第一个来到孔庙与孔子墓前，行三叩九拜大礼的皇帝。他还亲书“万世师表”四字，悬挂于孔庙殿中。

“《尚书》记载帝王之道法，关切治理”，“朕惟以《春秋》者，帝王经世之大法，史外传心之要典也”，“天德王道之全，修己治人之要俱在《论语》一书”……从这些康熙皇帝亲口说出的话中，足见他对儒家文化的尊崇与钻研。

出于政治目的，李自成与多尔衮进入北京后，都善待崇祯皇帝的遗体与棺椁。康熙皇帝更进一步，先后六次下江南祭奠明孝陵，每次都跪拜明太祖朱元璋。对于那些拒不仕清的大儒，康熙皇帝非但没有打压与责怪，反而礼敬有加。

这当然是作秀，但康熙皇帝这场秀，令无数前明遗族与江南大儒热泪盈眶。其中，最典型的莫过于黄宗羲。这位承先启后的一代宗师级大儒，实则有近三十年的时间在投笔从戎，全身心投入抗清事业。兵败之后，黄宗羲回到家乡讲学，立誓永不仕清。

对于黄宗羲的种种反清行为，康熙皇帝既往不咎，并以国士之礼待之。康熙皇帝对一代大儒的礼遇，以及黄宗羲对一个逝去王朝的挣扎与坚守，绵延纠葛了许多年。康熙皇帝诏征黄宗羲为“博学鸿儒”，学生代为力辞。后来，康熙皇帝请黄宗羲赴京参与修《明史》，黄宗羲以年老多病坚辞。不得已，康熙皇帝让地方抄录黄宗羲写下的明朝史书史料送到史馆，作为修《明史》的重要参考资料。

终其一生，黄宗羲坚守了诺言，没有做清朝的官。但到了晚年，他已经在书信中称赞康熙皇帝为“圣天子”。更具有指标意义的是，这位永不仕清的大儒，同意并鼓励儿子与学生，离开故乡的书斋，去京城，为国家与朝廷效力。

康熙皇帝赢下了这场文化竞赛。那些宣称永不仕清或者拒绝参与清朝科举考试的读书人越来越少。更多的知识分子像黄宗羲的儿子与学生那样，饱读圣贤之书，再走进科举考场。学而优则仕，那是中国知识分子千百年来一直在走的路。经历明亡清兴的血雨腥风，康熙皇帝将这条道路成功修复。

唐太宗李世民推行科举，收揽天下英才，曾志得意满地说过：“天下英雄，尽入吾彀中矣！”康熙皇帝的得意，一定远胜李世民。他的祖先只打下了广袤土地，而他真正征服了江山与人心。

可惜，康熙皇帝的所思、所想、所为，臣下并不尽然知道。

当年的年轻军需官噶礼，无疑是个精明强干之辈，他可以千里运粮，帮助康熙皇帝平定噶尔丹。如今的他，贵为两江总督，却不是一个合格的封疆大吏。噶礼对于科举考试尤其是江南地区科举之于清王朝的重要性，对于康熙皇帝要在一场文化竞赛中睥睨古今的雄心与苦心，显然认识不足。

在噶礼治下的两江，闹出震惊天下的科场弊案，已是重大失职，而他处理弊案的方法，更是荒腔走板。

眼见科场案不断发酵，众多读书人聚集在江南贡院门口，叫骂声不绝于耳，噶礼竟然派兵包围贡院，抓了带头闹事的十几名秀才，准备按诬告罪论处。这样的行为进一步激怒了百姓，抗议的人越来越多。

圣明如康熙皇帝，几十年来尚且战战兢兢，用尽各种手段礼敬读书人，一点点聚拢天下人心。噶礼一个两江总督，竟敢兵围贡院，公然逮捕读书人。

糊涂到家的噶礼捅了娄子，逼得重用了他的康熙皇帝，不得不亲自下场救火。

三

前文说那么多，只在论述一点——科举对于清王朝的特殊意涵。如果说，对宋朝的赵家皇帝、明朝的朱家皇帝而言，科举是一种治国手段，那么对爱新觉罗家族的皇帝来说，科举已经成为维持其统治合法性的基石。他们必须通过尊儒与科举，来完成一场对中华文明的认祖归宗，再借由共同的文化认同，统治九州万方。

多说一句，这种抉择，无疑富有成效——以至一百多年后，面对来势汹汹的洪秀全，曾国藩只用竖起捍卫中华文化的旗帜，诉说太平天国运动是“开辟以来名教之奇变，我孔子孟子之所痛哭于九原”，就能轻而易举化解民族矛盾，号召许多读书人与砸毁孔子神牌、焚烧儒家经典的太平军血战到底。

清初的统治者，尤其是康熙皇帝，将科举捧上了神坛，自己心甘情愿匍匐脚下。出现影响巨大的科场弊案，就是逼着康熙皇帝出手，哪怕他再不情愿。

《清史稿·圣祖纪》载："十月辛巳，命张鹏翮置狱扬州，处置江南科场案。"康熙皇帝决定派出钦差大臣张鹏翮，前往调查审理江南科场案。

张鹏翮，四川遂宁人，康熙年间的名臣，精通理学，素有清廉刚直之名。他在地方为官多年，历任兖州知府、江南学政、浙江巡抚、河道总督、两江总督，拥有丰富的政治经验。被康熙皇帝拔擢进京后，张鹏翮担任刑部尚书，查办过多起大案，其中最有名的要数川陕总督吴赫等官员"侵蚀亏空案"。一时间，张鹏翮成为百姓口中的青天大老爷，康熙皇帝称赞他"天下廉吏，无出其右"。

江南科场案爆发时，张鹏翮已不在刑部任职，而是改任户部尚书。户部掌管天下钱粮，查案却并非其职责。康熙皇帝钦点张鹏翮下江南，似乎传递出一种信息——非常之时用非常之人，这次要动真格了。张鹏翮既是"天下廉吏"，名声在外，又担任过江南学政、两江总督，熟悉江南与科举的相关情况。

这里必须交代一下，外界会有"这次要动真格"的议论与观感，不仅是对张鹏翮寄予厚望，更因为满朝上下，已经不动真格很久了。

康熙皇帝的灿灿文治、赫赫武功，足以彪炳史册。然而，这位千古一帝晚年在处理官场腐败时，却选择了一种罕见的方式，或者说进行了一场诡异的政治试验——近乎公开地与腐败共存。遍观史册，吏治崩坏的朝代比比皆是，那些挂羊头卖狗肉，"用贪官，反贪官"，装模作样反腐的君王岂止一二？但像康熙皇帝这样，几乎公开提出对腐败搞"放开"的君主，实在不多见。偏偏康熙皇帝又是一位如此伟大的君王，这使得后世对他的选择既疑惑又唏嘘。

《康熙起居注》里，记载了许多康熙皇帝晚年"体谅"贪官的言论。"为官之人，凡所用之物，若皆取诸其家，其何以济？""身为大臣，寻常日用岂能一无所费？若非分毫取给于家中，势亦有所不能。但要操守廉洁，念念从爱百姓起见，便为良吏。”

这两句话的意思大体是说，官员俸禄很低，仅靠俸禄饭都吃不饱，还怎么工作？若生活中的开销全来自死工资，根本不可能。只要还有底线，懂得爱护百姓，“便为良吏”了。

康熙皇帝的这些话，已经奠定了各级官员贪污敛财的经济基础——官员俸禄不高，如果仅靠这点俸禄，根本过不下去。康熙皇帝还为自己放纵腐败找到了一个冠冕堂皇的借口——宽仁。康熙皇帝曾专门下诏，阐述自己以“宽仁”治国的理念，表示要“期与中外臣民共适于宽大和平之治”。康熙皇帝特别讲究“君使臣当以礼”，注意维护官员体面。他曾经说：“朕于大臣官员务留颜面，若不然，则诸臣其何能堪耶？”他对大小诸臣“咸思恩礼下逮，曲全始终，即或因事放归，或罹咎罢斥，仍令各安田里，乐业遂生”。（《清实录》）

如此宽仁，康熙皇帝一朝的反腐只能“适可而止”了。

比如，令张鹏翮声名大噪的“侵蚀亏空案”，涉案金额与作案手段可谓触目惊心，张鹏翮亲赴陕西，查明案情。然而，康熙皇帝选择了轻轻放下。身为主犯的川陕总督吴赫，仅被处以革职、降级处分。

就在江南科场案爆发前一年，京城还爆发了“内仓亏空草豆案”。这是一起骇人听闻的集体贪污受贿大案，从户部尚书希福纳到中下级官员，共六十多人涉案，他们将二十多万两银子揣进了个人腰包。康熙皇帝最终做出决定，将希福纳一人革职，其余官员只要退赃，就可以免予处罚。

在康熙一朝，仅因为腐败而上断头台的官员几乎没有。康熙皇帝惩处贪官污吏的力度，比起他的子孙后代弱了许多。倒有不少官员，在康熙皇帝的庇护下，公然“带病提拔”。比如江南科场案中的重要人物噶礼，就是一个尽人皆知的大贪官。康熙三十八年（1699年），噶礼在山西巡抚任上身陷贪腐大案，朝堂上九卿议罪，打算免去噶礼职务。康熙皇帝保下了噶礼，后来还提拔他做了两江总督。康熙皇帝公开评价噶礼“有办事之才，用心缉拿贼盗，然其操守则不可保”。也就是说，康熙皇帝认为噶礼有本事，但绝不是个清官。

进入现代，人们知道了一个叫“政治生态”的词。个体与整个生态之间互为影响，但每个个体所能发挥的作用，又是天差地别的。在封建王朝，九五之尊的君主对于政治生态的影响无疑是巨大的。当康熙皇帝对腐败睁一只眼闭一只眼时，臣下一定会热衷并发明各种敛财手段，以至让腐败成为这个时代的烙印。

在一个腐败公开化、所有人见怪不怪的时代，皇帝派出钦差大臣，似乎要动真格反腐。其中充斥着滑稽、荒谬与矛盾，所有人更拭目以待。

四

张鹏翮抵达扬州后，立刻开堂审案。与他一起审理该案的，还有漕运总督赫寿、两江总督噶礼、江苏巡抚张伯行、安徽巡抚梁世勋。

这个案件审理团队，确保了面面俱到，堪称大清帝国在江南的“天团”。够官阶、够分量的人都到了，算得上高度重视了。不过很快，这个“天团”级配置就会暴露出巨大弊端，令各方头疼不已。

张鹏翮不仅是廉臣，也是干臣，三下五除二，就把案件理出眉目。他先把外界议论最多的两名考生，来自扬州富商之家的程光奎、吴泌抓起来，给他们重新出一份考卷。考试的结果一出，立马露馅儿，以两人的能力、水平，是绝考不上举人的，中间一定有舞弊行为。

紧接着就是对程光奎、吴泌的审讯。两人都是富家公子，养尊处优惯了，根本没用刑，就全招供了。他们承认，不仅花钱请了枪手代考，还行贿副主考赵晋，阅卷官王曰俞、方名等人。

很快，阅卷官王曰俞、方名也招供，副主考赵晋向他们打过招呼，说考生中有自己的朋友，若答卷上的某个位置，出现“其实有”三字，就是朋友的试卷，请阅卷官给予关照。

此外，在程光奎、吴泌与赵晋等考官之间，还有几名重要的中间人，分别是泾县知县陈天立、原安徽巡抚叶九思的书办李奇、安徽布政使马逸姿的家丁轩三。其中，李奇与轩三虽无官职，却是领导身边的人，他们在整起案件中上下勾连，左右串通，作恶甚多。其实，在历朝历代的贪腐案件中，都少不了像李奇、轩三这样的白手套与掮客。

当案情摊在人们面前时，两个疑点接踵而至。首先，副主考赵晋，阅卷官王曰俞、方名固然见钱眼开，贪得无厌，但好歹在官场混那么久，基本智商应当有。他们难道不明白，这事会捅出天大的娄子，自己有命贪，却未必有命用？

仔细分析案情就会知道，赵晋等人既是受贿者，也是受骗者，他们拿了程光奎、吴泌的钱，也被人家骗了。程、吴二人送钱给赵晋等人，是希望考官能打人情分，对自己的答卷高看一眼。赵晋等人看在银子的分儿上，答应下来。但程、吴二人转过身去，又花了几千两银子请枪手代考，却是赵晋等人没有料到的。

在赵晋等人看来，如果程光奎、吴泌的答卷确有一定水准，自己在阅卷时高看一眼，基本属于不违反大原则的顺水人情。这样的钱，不挣白不挣。谁知，财大气粗的程光奎、吴泌请来的枪手，水平确实不错。阅卷官王曰俞、方名通过“其实有”三字，找出了答卷，推荐给副主考赵晋。赵晋又把试卷给了主考官左必蕃。从头到尾左必蕃并未收过任何人的贿赂，但他看到答卷后，连连称赞不已，还说这样的卷子，有什么好说的，当然要排在前面。

赵晋等人做着顺水人情，挣着“轻松钱”，实则被人坑了。原来，行贿者也不愿在一棵树上吊死，而是做了“两手准备”。

程光奎、吴泌不仅欺瞒了赵晋等人，更戏弄了整个大清帝国的官僚体系，并最终制造了一场震惊天下的科场舞弊案。平心而论，无论赵晋等官员，还是程光奎、吴泌等舞弊考生，谁也不想弄出一场惊天大案，那样绝不符合自身利益。然而，官场的腐败，有时竟超过了腐败者自身的预计。他们以为自己只是个蚁穴，却不知长堤之内已千疮百孔，一次巧合就能让堤坝溃决，滔天巨浪吞噬所有人。

写到这里，不妨岔出去一段，聊一聊科举考试的内容以及惯常的作弊手段。这样，更有助于我们理解这起科场舞弊案。

对于科举考试，有人称为八股取士。可惜，这实在是天大的误解。科举当然要考八股文，其却不是唯一内容。除了八股文，还有诗词与策论。诗词能看出一个人的文采，策论的要求就更高，那是一个有关治国之策的议论文。比如，水利问题、边患问题等，就经常成为策论的题目，要求考生发表意见，为国家建言献策。

众所周知，科举分为几级，其中层级最高的殿试，由皇帝亲自主持。在级别较低的乡试、会试中，既考八股文，又考策论，到了殿试，不再考八股文，只考策论。皇帝大概也清楚，自己需要的不是木讷的书呆子，而是有治国之才的俊杰。

弄清楚了科举的考试内容，就不难发现，在这样的考试中，作弊是很难的。尤其诗词与策论，你不可能全抄人家的，若要自己写，非得有真才实学不可。

有一则典故，说晚清重臣李鸿章参加科举时突患痢疾，身体虚弱到连笔都提不起。这时，他已打好草稿，却无力誊抄在正式答卷上。隔壁考生过来串门，见李鸿章这种状况，主动提出来，帮他把草稿抄上去。就靠着别人誊抄的答卷，李鸿章最终高中。

由此可见，科举考场内的纪律，远非外界传说那般严格，考生不仅能交头接耳，还能互相串门。想想也是，写策论这种考试，纵然让考生互相议论几句，也不会影响各自的成绩。

因此，科举考试并不怕有人交头接耳、递字条，纵然观瞻不佳，却未必能帮上自己多少。科举考试最需要防止的作弊手段，就是打人情分与找人替考。毕竟，写文章诗词没有标准答案，如果考官给人情分，外人也无可奈何。至于防止替考，在没有照片与人脸识别技术的古代，更得加倍小心。

为了防止人情分，人们想出不少办法。比如，考生的答卷不会直接送到阅卷人处，而是先找人誊抄一遍，这样就不能通过笔迹来辨认考生。不过，也有人想出了升级版的作弊手段，就像本案当中，作弊考生与考官约定，在文章的某个位置，出现“其实有”三字。

江南科场案中最令人匪夷所思的，就是作弊考生居然买了双保险，既行贿考官打人情分，又找人替考。两种作弊手段并行不悖，两拨人之间甚至没有通气。

言归正传，当钦差大臣张鹏翮初步厘清案情时，外界有两个疑点。一个是赵晋等人为何冒天下之大不韪？不料答案竟是他们被人蒙在鼓里。另一个疑点则是，嫌犯的口供对不上。

关于舞弊细节、行贿过程，众人的口供基本能对上，但关于行贿金额，却出现了巨大差异。程光奎、吴泌招供说，他们拿出了三百金，交给中间人李奇。赵晋等人却说，自己只收到一百五十金。

事涉科场弊案，无论行贿受贿都是死罪。三百金与一百五十金之间，对于众人的量刑没有太多差别，也就是说，他们没有说谎的必要。越是这样，外界越是奇怪，中间还有一百五十金，去了哪里？

这里面有文章，有人更想借机做文章。

五

正当审案人员在苦苦找寻那消失的一百五十金时，有人上门举报，一百五十金是被中间人李奇私吞了，并被他私藏在家里。

自然，李奇的家很快被抄。那一百五十金，果真被找到了。

事到如今，整起案件似乎真相大白，水落石出了。钦差大臣张鹏翮再次提审李奇，只要他承认是自己私吞了这一百五十金，就能立刻结案。

这场科场舞弊案，震动朝野，天下关注。对于案件经过的记载，不仅有正史，还有各类稗官野史。应当说，有关之前的案情，官方文件与民间的各类记载，基本是吻合的。但就从提审李奇开始，出现了两个舆论场，双方各说各话，信者恒信，不信者恒不信。

先说官方文件。张鹏翮会同漕运总督赫寿、两江总督噶礼、江苏巡抚张伯行、安徽巡抚梁世勋等人，一起提审李奇。但无论使用什么手段，李奇都不承认自己私吞了一百五十金，甚至说从家中搜出的一百五十金，自己也不知道是怎么回事。张鹏翮、噶礼等人急着结案，认为李奇是嘴硬不认账。唯独张伯行认为其中有蹊跷，须得谨慎。

民间的各种传说，就要精彩得多。据传，李奇矢口否认自己私吞了银子，遭到严刑拷打后，终于吐露实情，说一百五十金是送给了两江总督噶礼。噶礼就在现场，顿时火冒三丈，要立刻打死李奇。江苏巡抚张伯行出面制止，并要求噶礼回避。

至于送给噶礼的一百五十金，为何会出现在李奇家中，外界也进行了精彩演绎：噶礼收下一百五十金后，见事情越闹越大，内心焦虑不安。趁着李奇被抓的机会，他派人把一百五十金放回李奇家中，再安排人举报，从李奇家中搜出一百五十金，从而替自己洗清嫌疑。

江南科场案距今已三百多年，当年众说纷纭、莫衷一是的事，今人更难以论断。历史就是这样，过去便过去了，没有什么所谓真相。

真相难觅，却不妨碍人们拥有各自的观点。在此，笔者也亮明自己的观点：我们更倾向于官方文件的记载。

在审讯李奇的问题上，噶礼与张伯行出现巨大分歧，这是人所共知的。同时，此事成了一根导火线，久有积怨的噶礼、张伯行彻底决裂。很快，张伯行上了一道有名的《劾总督抗旨欺君疏》。在这道奏疏中，张伯行历数噶礼的罪状，其中最严厉的一项指控，就是说噶礼是江南科场案的幕后黑手，公然贿卖举人，索要贿银五十万两。张伯行在奏疏中大声疾呼："振千古之纲常，培一时之士气，除两江之民害，快四海之人心。"（《鹿洲初集》）他与噶礼之间，已没有任何同僚之谊，变成一场你死我活的斗争。

正是张伯行的这封奏折，让笔者做出相信官方文件的判断。张伯行与噶礼已经彻底翻脸，没什么好顾忌的了，甚至连噶礼索要贿银五十万两的事，都白纸黑字写在奏折中。可是，这封奏折中没有出现李奇指证噶礼收了一百五十金的内容。

我们用常识来进行分析。假若真如传言那样，李奇指证噶礼受贿，噶礼想着杀人灭口，这样一刀毙命的证据，张伯行怎会放过？为扳倒噶礼不遗余力的张伯行，竟然绝口不提此事，正好说明此事并不存在，不过街谈巷议或广大百姓的一厢情愿而已。

噶礼不是省油的灯，得知自己被弹劾后，立刻展开反击。他写了一份奏折弹劾张伯行，罗列了张的七条罪状。在七条罪状中，最要命的是第六条，噶礼弹劾道，戴名世《南山集》案发，方苞曾为之作序，因方苞是张伯行好友，张伯行公然包庇，不派人捉拿。此外，《南山集》在苏州印行三千册，张伯行置之不问。

简单介绍一下，戴名世是桐城人，大名鼎鼎的"桐城派"代表人物，被誉为"桐城四祖"之一。他所著《南山集》中，因引述南明抗清英烈的事迹，被人弹劾而惨遭腰斩，受牵连者达三百余人。这便是清朝三大文字狱之首的"《南山集》案"。

方苞是戴名世好友，两人同为"桐城四祖"。方苞给《南山集》作了序，按说脱不了干系。不过，方苞在官场有不少朋友，最终保住了性命。

以“宽仁”治国的康熙皇帝，一生几乎就没杀过贪官污吏，却不惜把学富五车的戴名世腰斩。由此可知，征服汉人知识分子，在文化上完成“统一中国”，始终是这位帝王最重要的奋斗目标与最大的心病。噶礼一出手，就把张伯行牵扯进这桩无比敏感的政治案件中去，自然也是把人往死里整。

轰动一时的江南科场案还未完结，又出现了一件案中案——督抚互参案，令天下人瞠目结舌。更令人意想不到的是，势同水火的噶礼、张伯行两人，竟然由互参发展到互殴。

一日，两人从官署出来，先是互相叫骂，接着竟拳脚相向，大打出手。有江南读书人在《丹午笔记》中记录了两人互殴的细节：“两公对簿，出公门时，督抚争殴，噶躯雄壮，张亦魁梧，噶不能胜，被张公踢倒乱滚，亦异事也。”

督抚制度起源于明朝，清朝承袭后进一步发展成熟。督抚之间不和不足为奇，可像噶礼、张伯行这样互相参劾的，清朝入关后，还是头一遭。至于总督与巡抚殴打成一团，体面荡然无存，更是前无古人，后无来者。

面对噶礼与张伯行的矛盾，在江南当地的舆论场中，大多是支持张伯行的。这里面有几个原因。首先，噶礼的名声太臭，是出了名的贪官。更令人气愤的是，噶礼赴任两江后，竟然雷厉风行地开展了“反腐运动”，罢免了不少当地官员。像他这样“严于律人，宽以待己”的大贪官，口碑自然好不到哪儿去。其次，在江南科场案爆发时，噶礼兵围贡院，逮捕读书人，一下把自己推到江南读书人的对立面。当张伯行上疏弹劾噶礼时，他的那篇《劾总督抗旨欺君疏》，立刻成为爆款文章，被众人传抄。最后，张伯行是出了名的大清官，康熙皇帝曾称赞他是“天下清官第一”。当清官与贪官势不两立时，多数人第一反应就是支持清官。

张伯行，河南仪封（今兰考）人。《清史稿·张伯行传》记载，康熙三十八年（1699年）六月，天降大雨，冲毁了张伯行家乡城北的河堤。此时，因父丧在家守孝的张伯行自行招募百姓，用麻袋装土的办法进行填堵，最终塞住被洪水冲破的堤坝缺口，疏解了险情。时任河道总督张鹏翮（正是日后处理江南科场案的钦差大臣）巡视之后，见张伯行治河有方，大为欣赏，奏请其以原衔参与治河事务。

康熙四十八年（1709年），张伯行调任江苏巡抚。到任之后，发布了《却赠檄文》。其中写道："一丝一粒，我之名节；一厘一毫，民之脂膏。宽一分，民受赐不止一分；取一文，我为人不值一文。谁云交际之常？廉耻实伤。倘非不义之财，此物何来？"寥寥数语之间，清廉自守之志已跃然纸上。

张伯行的确是难得一见的大清官，这一点连他的政敌都不否认。噶礼参劾张伯行七条罪状，并没有涉及贪墨之事。尽管也有人攻击张伯行生活奢靡，但连攻击者也承认，张伯行不贪污，人家只是家世太好，家里太有钱。张伯行出生在大地主家庭，在江苏、福建等地为官时，经常让老家寄送各种食品，所耗费用绝不用公帑，全部自己负担。

当清官与贪官对决时，街谈巷议会偏向清官。更蹊跷的是，在案件调查过程中，案件重要的中间人，泾县县令陈天立居然在牢中自缢而亡，一时间，杀人灭口之说更是甚嚣尘上。

然而，以康熙皇帝掌国五十年的政治智慧，是不会被街谈巷议左右的。

六

康熙皇帝不信街谈巷议，却相信自己的耳目。

面对督抚互参的复杂政治局面，康熙皇帝祭出明暗两手。明的一面，他将噶礼、张伯行停职，让他们接受调查，并让张鹏翮作为钦差大臣，继续查清督抚互参案。暗的一面，他派江宁织造曹寅赶赴扬州，查明督抚互参案内情。

不难看出，康熙皇帝真正信任的，是只有五品官衔的江宁织造曹寅。

这就不能不说一下织造这个官，以及雄霸江南几十载的曹李家族。

织造局明代就有，是一个隶属内务府，专门为宫廷生产、采购丝绸的机构。织造局分设在全国织造业最发达的三座城市：南京、苏州、杭州。清朝入关后，将南京改名江宁，三大织造局的架构大体延续了下来，即江宁织造、苏州织造与杭州织造。

在明代，织造局由提督织造太监主管，虽是个肥缺，但算不得十分显赫。到了清代，尤其清初，这个职位变得举足轻重。首先，织造不再由太监担任，改由内务府派员，正式官职也变成了江宁织造员外郎（正五品）。其次，清代废除东厂、锦衣卫制度，但君临天下的皇帝，仍需要忠心耿耿的耳目。康熙年间，充当江南地区耳目的重任，就交到几位织造的手中。《南京通史·清代卷》中提到，康熙皇帝曾多次叮嘱江宁织造曹寅："以后有闻地方细小之事，必具密折来奏。"

在《康熙朝汉文朱批奏折汇编》收录的三千一百一十九件奏折中，江宁织造曹寅和苏州织造李煦所上的密折有六百一十九件之多，接近总数的五分之一。从这些奏折的内容可知，他们对江南官场和民间的重大事件俱有报告。涉及康熙四十六年（1707年）的江南盗案、康熙四十七年（1708年）的废太子事件，以及朱三太子案等，都是牵一发动全身，外人不可与闻的超级敏感事件。

又例如江南科场案，在案件爆发之初，曹寅、李煦都有密奏汇报。当案件审查面临重大困难时，康熙皇帝又钦点曹寅赶赴扬州，无异于将张鹏翮、噶礼、张伯行等一二品大臣的政治生涯，交到了一个五品员外郎手中。

曹、李两家本是姻亲，曹寅是李煦的亲妹夫。素来"宽以待人"的康熙皇帝，深谙要让马儿跑，就得给马儿吃草的道理，为了让曹、李家族在江南做好皇家耳目，康熙皇帝给了他们最肥美的草料。包括曹寅在内，曹家先后四人出任江宁织造，前后共计五十八年。也就是说，在这段时间，江宁织造这个官被曹家垄断了。李煦在苏州织造任上，足足干了三十年。数十年间，两江总督、江苏巡抚换了一茬又一茬，唯有曹、李家族把持着江宁织造与苏州织造，稳如泰山。

能够担任江宁织造与苏州织造，已是肥得流油的差事，但康熙皇帝还嫌不够，非得再赐下一座金山银山。

开明桥乃扬州二十四桥之一，开明桥畔，坐落着两淮巡盐御史官署。巡盐御史不过七品官，但有清一代，这可是天下第一肥缺。生产力低下的古代，盐几乎是最重要的生活资料，且历朝历代为国家垄断经营。清代，扬州是天下盐业的中心，谁能当两淮巡盐御史，户部尚书、两江总督说了都不算，须得紫禁城里的皇上点头。那些三四品的文臣武将，见着七品巡盐御史，也丝毫不敢造次。

到后来，两淮巡盐御史官署的称呼只见于正式公文，在盐商与扬州百姓口中，这里叫作扬州盐院，是能够左右天下财富，让盐商上天堂或下地狱的地方。七品巡盐御史，则被尊称为盐院大人。

康熙年间，有两人先后轮替兼任两淮巡盐御史，执掌天下盐务数十年，一人是曹寅，另一人就是李煦。一对姻亲分别掌管江宁与苏州织造，还轮流兼任盐院大人。正是这等风光，才造就了日后《红楼梦》中的“贾史王薛”。

关于《红楼梦》作者曹雪芹的生卒年月，历来有很多说法。其中一种说法认为，曹雪芹生于康熙五十年（1711年），正是江南科场案爆发的同一年。如果是这样，那么曹寅在为江南科场案操心费力时，还迎来了一个可爱的孙子，也算是一种慰藉吧。

曹寅来到扬州后，很快拿出了对于督抚互参案的结论，他在密奏里写道：“总督噶礼实无包揽卖举之事，护庇叶九思事或有之。解任之后，虽有人众保留，皆以下官吏粉饰曲全，殊无真爱戴之者。巡抚张伯行实因粮道参处，自己亦诖误调用，当封印之际，预闻京信，两下纷争，以有此疏，欲复噶礼之仇，亦非为科场持公起见也。解任之后，亦有人众保留，率多秀才，亦皆以下官吏粉饰曲全，殊无真爱戴之者。”

曹寅经过调查认为，噶礼并没有牵涉进科场弊案，最多也就是包庇了一下原安徽巡抚叶九思。张伯行因为其他事对噶礼有积怨，借着江南科场案发难，并非出自公心。

此外，当督抚互参案发生，康熙皇帝将噶礼、张伯行停职接受审查时，江宁、苏州等地相继爆发了一些“运动”，目标不同的人们走上街头，提出截然不同的诉求，分别替噶礼、张伯行叫屈，希望朝廷查明真相，还噶大人或张大人清白。曹寅在密奏里认为，这些都是自导自演的“政治秀”。江南地区的百姓，对噶礼、张伯行二人“殊无真爱戴之者”。

笔者倾向于相信曹寅这份奏报。要知道，康熙皇帝为了曹、李家族这双安插在江南的耳目，可是花了大价钱的。把持织造局几十年，还要轮流担任富甲天下的两淮巡盐御史。康熙皇帝是聪明绝顶之人，花如此天价，如果都买不来一份可信的情报，还能够相信谁？

七

曹寅可以查清案情，但要对全案下结论，只有康熙皇帝才有资格。作为一位大政治家，面对如此大案，最终如何处理，所要考虑的因素，并不止事实与律法。

自古天意高难问，当时的康熙皇帝内心如何想的，外人无从得知，只能从他的只言片语中去揣摩、猜测。这段时间，康熙皇帝多次谈到江南科场案。他曾在奏折中批道：“督抚不和，人所共知。巡抚是一钱不要清官，总督是事体明白勤谨人物。”从这句话来看，仿佛手心手背都是肉，康熙皇帝对噶礼、张伯行均疼爱有加，只是埋怨他们不能和衷共济。

康熙皇帝还在朝堂上说："据张伯行参疏云，噶礼得银五十万两，未必全实，亦未必全虚，即噶礼所参张伯行之事，亦必有两三款是实。"（《清实录》）在康熙皇帝看来，张伯行反映噶礼的问题，或许真或许假，但噶礼状告张伯行的七款罪，总有两三款是真的。照这句话的意思，康熙皇帝似乎更偏向噶礼。

还有一句话，颇为令人玩味。康熙皇帝表示："至张伯行题参疏内，连及张鹏翮者，意欲审理此事时，使张鹏翮回避，故朕仍令张鹏翮前往，从公审理。"（《清实录》）就是说，张伯行参劾噶礼时，顺带说了钦差大臣张鹏翮的问题，希望张鹏翮回避。但康熙皇帝仍然相信张鹏翮，要张鹏翮继续审理督抚互参案。

康熙皇帝这句话的信息量不小。前文讲过，张鹏翮不仅是钦差，也是张伯行的伯乐，当初张伯行在家乡治水，得到了时任河道总督张鹏翮的大力支持，张鹏翮颇为赏识张伯行，向朝廷大力举荐。如今，为了江南科场案，二张也闹翻了。有人说，张伯行不地道，连对自己有知遇之恩的张鹏翮也去告；也有人说，张伯行不愧是大清官，眼里只有是非，没有私谊。

更重要的是，张伯行要张鹏翮回避，康熙皇帝并未同意，还要张鹏翮继续审案。这岂非告诉所有人，康熙皇帝并不信任张伯行！

不知是出于对张伯行"忘恩负义"的愤怒，还是自行揣摩出了康熙皇帝更偏向噶礼的心思，在出任钦差大臣，负责调查江南科场案半年多后，张鹏翮向朝廷提交了一份对张伯行极为不利的报告。张鹏翮认为，噶礼控告张伯行数款中有一款属实，其余皆诬；而张伯行控告噶礼"贿卖举人"之罪纯属捏造。故应将张伯行革职，噶礼降一级留任。对于江南科场案，张鹏翮也提出了处理意见：将舞弊考生吴泌、程光奎处绞刑，暂监禁待秋后处决。副主考赵晋，阅卷官王曰俞、方名受贿舞弊，均应革职，发往边远地区充军。正主考官左必蕃革职。

对于张鹏翮的这份报告，后世普遍给予差评。首先是对噶礼与张伯行的处理，噶礼降一级留任，保住了官位，张伯行革职，只能回家卖红薯。谁吃亏谁占便宜，可谓一目了然。噶礼是大贪官，张伯行是大清官，这是人所共知的，岂能帮着贪官整清官？

当然，也有人为张鹏翮解释，认为清官诬告贪官，一样是诬告。张伯行若反映噶礼其他贪腐问题，当然能站住脚，偏偏他没有提那些事。而在江南科场案中，他说噶礼索贿五十万两，不仅没有证据，更沦为笑柄。从康熙皇帝到张鹏翮，都认为即便噶礼想钱想疯了，把江南乡试的所有举子拿出来卖，也卖不出这个价钱。

至于对江南科场案的处理，后世更嗤之以鼻，认为是"天下廉吏"张鹏翮的人生污点。且不说此案是否真正查清，即便按目前掌握的证据，也不至于如此轻纵犯人。《钦定科场条例》是清王朝有关科举考试的根本大法，其中明确规定，官员在科举中受贿舞弊，是杀头的重罪。赵晋等人受贿舞弊，是已经查实的事，判他们革职充军，已是公然违法。

对于这个违法的判决建议，张鹏翮确实难以自圆其说，但是，这也是最不需要解释的。张鹏翮是担任过刑部尚书的人，查办过不少大案。自己查办的这些案件中，哪一件能真正依法判决？那些贪赃枉法、按律当斩的官员，哪一个不是被康熙皇帝轻轻放下？既然康熙皇帝自诩"宽仁"，总是对贪官网开一面，那么张鹏翮上行下效，将赵晋等人革职充军，似乎也没什么问题。

张鹏翮虽是廉吏，但在"与腐败共存"的康熙朝为官，能洁身自好已殊为不易，还要他疾恶如仇，铁面无私，或许强人所难了。

其实，在对腐败"宽仁"的康熙一朝，再说什么依法断案，实在迂腐透顶。一切就看张鹏翮是否猜对了康熙皇帝心思，他的结案报告，能否令皇帝满意。那么，他猜对了吗？

八

普通人的心思尚且难以捉摸，何况雄才大略的千古一帝？甚至不排除一种可能，在张鹏翮递交结案报告时，康熙皇帝也没有什么心思，他仍在观察、比较、权衡，根据各方反应，最终确定自己的态度。对于一个政治艺术大师，这是再正常不过的事。

这样分析，还有康熙皇帝与曹寅之间的奏折往来作为支撑。就在张鹏翮提交报告后，康熙皇帝仍在询问曹寅，江南各界反应如何。曹寅回复："此番张鹏翮在江南声名大损，人人说其糊涂徇私。"看来，康熙皇帝只是举着棋，尚未落子。

不知是否被曹寅的密奏刺激到，康熙皇帝最终将张鹏翮的报告打了回去，还做出了一项决定——派遣户部尚书穆和伦、工部尚书张廷枢为新的钦差大臣，再赴江南查案。为了一场科场舞弊案，朝廷两次派出钦差大臣，先后有三位一品尚书奔赴江南——起码表面看起来足够重视，也展现出一查到底的决心。

穆和伦与张廷枢来到扬州三个月后，提交了一份新报告。对于案情本身，他们完全照搬了张鹏翮之前的内容，没有任何新东西。对于判决建议，新报告做出了调整，赵晋等多名涉案官员，由革职充军变成了斩首。在外界关注的督抚互参问题上，穆和伦与张廷枢做出了与张鹏翮相同的结论，噶礼是清白的，未涉入科场案，张伯行纯属诬告，因此，"张伯行革职，噶礼免议"。比起张鹏翮的处理意见，这一回噶礼更受优待，连降级都不用，只是批评教育，罚酒三杯。

有人不解，康熙皇帝分明对张鹏翮的"作业"十分不满，将其打了回来，穆和伦与张廷枢千里迢迢来到扬州，为何还要"抄作业"？真是既懒又蠢？

这里得替穆和伦与张廷枢解释几句。“抄作业”看上去不高明，却是当时条件下，两位官场老手能做出的最保险的选择。康熙皇帝对张鹏翮的“作业”不满，这个不难知晓，可究竟哪里不满，是认为判重了还是判轻了，人家可没说。身为大政治家，康熙皇帝早练就了喜怒不形于色的本领，有臣下不能测之恩威，他真正对江南科场案与督抚互参案亮明态度，还得再等上几个月，此时此刻，谁也不知道他葫芦里究竟卖的什么药。

穆和伦与张廷枢下江南，没有针对案情部分展开任何新的调查，只是在量刑问题上做了修补。关于督抚之间的矛盾，完全照抄张鹏翮的“作业”。这样一来，今后出了任何事，两人大概只用承担次要责任，主要责任还能扔给张鹏翮。设想一下，如果穆和伦与张廷枢大刀阔斧，彻底把案子翻了过来，那样做的巨大收益与风险，可就全得这哥儿俩自己承担。当着一品尚书的人，求稳不好吗，何苦冒险一搏？

此外，照抄张鹏翮的“作业”，还不会开罪同僚。后任不翻前任的案，前任张鹏翮肯定高兴。噶礼继续占便宜，也会感激钦差。连倒霉蛋张伯行，大概也不会记恨穆和伦与张廷枢——咱哥儿俩可是抄张鹏翮的“作业”，冤有头债有主，要记仇你找张鹏翮去。

所以说，我们可以嘲笑封建官僚体系的效率低下，却不能轻视封建官员的智商。很多时候，他们的傻，纯是装出来的。

顺带说一下，江南科场案发生在康熙五十年（1711年）。三年前，大清帝国发生了一件天塌地陷的大事，即废太子。在那次事件中，一些不懂得装傻或是自作聪明的官员，可是栽了大跟头。

康熙皇帝废掉太子半月后，在畅春园召集众大臣，无比诚恳地要大臣议立太子。他要众人“畅所欲言”，还说“众议谁属，朕即从之”。结果，推举的人选是八阿哥。康熙皇帝却翻脸不认账，不再说什么“朕即从之”，八阿哥没能当上太子，好些“畅所欲言”的大臣被罢官拘禁。

都说伴君如伴虎，在老虎身边久了，臣子一个个也修炼成了狐狸，宁可装傻充愣，也不出风头。有时，皇帝表了态还能翻脸不认，何况在江南科场案上，康熙皇帝还没表态，臣子更不可标新立异。

看得出来，康熙皇帝已在吞咽自己以“宽仁”之名宽纵腐败的恶果了。“与腐败共存”的政治试验，更让王朝陷入无比窘迫的境地。康熙皇帝宽纵腐败是真的，维护科举的神圣性也是真的，但腐败病毒的无差别攻击，让他毕其一生所推行的以科举、文化来聚拢天下人心的事业大打折扣。他先后派出三位尚书作为钦差，既不能平息众议，也不能交出一份令自己满意的报告，甚至让案件本身更加云山雾罩。

康熙皇帝打回了穆和伦与张廷枢的报告，但接下来，他没有再派钦差，而是在京城举行“九卿会审”。更为关键的是，在“九卿会审”前，康熙皇帝在朝堂上第一回就科场案明确表态，不再像从前那般模棱两可、似是而非：“噶礼操守朕不能信，若无张伯行，则江南地方必受其朘削一半矣！”康熙皇帝公开谴责并抛弃了噶礼，说他操守不可信，还说若不是张伯行，不知道江南会被噶礼盘剥成什么样。

康熙皇帝提前表态，所谓“九卿会审”就成了走过场。被确认舞弊的官员与考生，全部判死刑。至于噶礼与张伯行二人，九卿与皇帝达成了默契。“九卿会审”将两人同时革职，理由是督抚不和，有失朝廷体面，一句也没提江南科场案。处理结果送到御前，康熙皇帝大笔一挥，将张伯行由革职改为革职留任。以此，成全了康熙皇帝努力保全清官的一段佳话。

康熙皇帝的这个决定，从法律层面来看当然漏洞百出。所有调查都认为，噶礼没有涉入科场案，最终他被革职了。张伯行弹劾噶礼受贿五十万两，相关调查都认为这是信口雌黄与诬陷，张伯行被坐实了诬告罪，最终却获得留任。

然而，在政治层面，康熙皇帝的决断似乎获得了不少赞誉。首先，噶礼被证明了“清白”，起码他没有涉入科场舞弊案。前文说过，科举对于汉人知识分子与满人统治者的重要性，假若一名满洲亲贵成了江南科场舞弊案的幕后黑手，受到冲击的远不止一个噶礼。如今，最高就牵出一个副主考赵晋，基本属于汉人知识分子间的内部矛盾。其次，康熙皇帝力排众议，保全了汉臣张伯行，却将名声不好的噶礼革职，这样既可以平息江南舆论，又彰显出康熙皇帝心中没有满汉之分，一碗水端平。

在最终处理江南科场案的那段时间，康熙皇帝多次召集臣下，说自己是天下人的皇帝，不是满人的皇帝，不会偏袒谁。还说自己没有满汉之分，只会一视同仁。这些话，当然是有的放矢。如何处理满汉关系，是贯穿整个清代的对于满人统治者的大考，他们始终小心翼翼。在江南科场案中，亦可窥见端倪。

康熙皇帝的政治决断，为江南科场案画下一个句号。至于案件中的那些疑团，比如一百五十金究竟送给了谁，赵晋背后还有没有其他人，当时众说纷纭，几百年后更没人能说清了。

江南科场案在调查过程中，发生了泾县县令陈天立牢中自缢之事，引来外界各种猜测。即便案件了结，怪象依然不止。该案的主犯赵晋，在监牢中等待斩刑时，上吊自杀了。有人说，上吊之人并非赵晋，而是前日有官员探视赵晋，随行还有一个仆人，赵晋与仆人互换衣服，仆人在狱中自缢，赵晋逃出生天。这又是一个流传甚广但无法证实的传说。

只能说，在一场“与腐败共存”的政治试验中，发生再离奇的故事，人们也都不必惊讶。而这场荒诞的政治试验，即将在康熙皇帝的继承人手中终结。

第八章

江宁织造亏空案

雍正要换一双白手套

后世学者分析雍正一朝的财务数据后，得出一个结论：真正让国库充盈起来，弥补上之前多年亏空的，绝不是抄官员的家，而是影响深远的耗羡归公、摊丁入亩等财政改革。如果说抄家是节流，改革无异于开源。雍正皇帝还有一项重大改革，即在封建王朝首次推出养廉银制度。

一

北京西郊，畅春园，一座仿江南山水营建的避暑离宫。

这座由康熙皇帝下令建造的清代首座皇家苑囿，至他晚年时已成为庞大帝国的统治中枢。康熙皇帝每年有一半多时间居住在此，这里的一草一木、一殿一阁，浸染着他的生活理想与政治理念，更见证了一个王朝的风云跌宕。

康熙六十一年十一月十三日，公元1722年12月20日的深夜，六十九岁的康熙皇帝驾崩于畅春园。千古一帝最终没能走出这座自己亲手建造并无比喜爱的皇家苑囿。

那一夜的畅春园内究竟发生了什么，历来众说纷纭。透过各类记载，人们只知道，畅春园经历了“不安之状”与“突然大变”。同一时间，京师九门关闭，京郊的兵营内“铁骑四出”。

一代帝王挥手而去，留下难以言尽的王朝盛世与扑朔迷离的千古之谜。

皇四子爱新觉罗·胤禛继位，是为雍正皇帝。在登基之前的很长时间里，皇四子胤禛小心翼翼经营着自己的“人设”：他自称“天下第一闲人”，与诸兄弟维持和气；他信仰佛教，整日佛珠不离手，还是一个素食主义者……在康熙皇帝驾崩的那个诡异而凶险的夜晚，在机关重重的畅春园内，胤禛伤心欲绝，痛哭不止，自称德薄才微，说什么都不肯继位。最终，还是几个大臣严厉地“警告”他，必须遵从大行皇帝遗诏，当皇帝这事是推辞不掉的。“无奈”的胤禛唉声叹气，似乎很不情愿地坐上了龙椅。

大丧期间，雍正皇帝不顾帝王之礼，席地而坐，晨夕涕泣。臣子入内奏报军国大事，他也提不起精神，一副让大臣自己看着办的模样。同时，雍正皇帝不忘给自家兄弟大肆封赏。关系亲近的十三阿哥胤祥被封为亲王，在“九子夺嫡”中与自己势同水火的八阿哥胤禩同样被封为亲王，连废太子胤礽一支也雨露均沾，胤礽的儿子弘皙被封为郡王。

此时的雍正皇帝，似乎只是一个哀痛欲绝的孝子，一个对弟弟们仁慈宽厚的兄长。

即便对待臣下，新皇帝也表现出难得的谦恭。内大臣鄂伦岱是皇亲国戚，论辈分雍正皇帝得管人家叫舅舅。当年，鄂伦岱在康熙皇帝面前就大大咧咧，如今他秉性不改，公开顶撞雍正皇帝。皇阿玛对此人尚且礼让几分，初登大位的雍正皇帝也是一副好脾气。即便鄂伦岱干出将圣旨扔掷在地的举动，雍正皇帝仍在隐忍。

就这样，不少人开始觉得，康熙皇帝当真挑选了一个温良恭谦的接班人，雍正皇帝会是一个“闲人”皇帝，所有人的好日子都将继续。

直到有一天，情况起了变化——当内阁将草拟的《登基恩诏》送到雍正皇帝案头时，他大笔一挥，出人意料地将豁免官员亏空的条例删除。要知道，新皇登基大赦天下是中华帝国自古以来的惯例。

雍正皇帝打破了这个惯例。

紧接着，他颁布谕令：“限以三年，各省督抚将所属钱粮严行稽查。凡有亏空，无论已经参出及未经参出者，三年之内务期如数补足。毋得苛派民间，毋得借端遮饰，如限满不完，定行从重治罪。三年补完之后，若再有亏空者，决不宽贷。”雍正皇帝的态度十分明确，给官员三年时间，自己想办法把亏空补上。

这时，所有人恍然大悟，雍正皇帝绝不是什么“闲人”，更无意当个萧规曹随的守成之君。他以清理亏空破题，与父皇康熙皇帝进行了一场决绝而惨烈的告别。

后世一致评价，雍正皇帝的性格与康熙皇帝大相径庭，但凡康熙皇帝喜欢的人或物，他通通不喜欢甚至厌恶。譬如那座畅春园，自从将康熙皇帝的灵柩由畅春园护送回紫禁城，雍正皇帝终其一生再没有踏足这座父亲无比钟爱的皇家苑囿。

温良恭谦绝非他的标签，铁血帝王才是爱新觉罗·胤禛的本色。

二

雍正皇帝新政的第一剑挥向清理亏空，人们震惊之余，也在默默观察：沉疴已久，真能妙手回春？

所谓亏空，即为“账上有，库里无”。比如根据历年来的账册，某省应有存银十万两，可盘点之后发觉，库里只有两万两，亏空即为八万两。

亏空从何而来，是一个大问题！清代的圣君贤臣为此伤透脑筋，后世学者也提出过各种观点，彼此间争论不休。简单来说，清王朝是一个高度集权的中央帝国，各地的收支权力集中在中央，地方的任何支出都要上报朝廷。然而在通信手段落后的清代，每件事都请示朝廷，等着北京户部拨钱是不可能的。各地只能先从库里拿钱出来，之后再进行报销。

但凡涉及花钱与报销的事，就不可能没有瑕疵与猫腻。户部的老爷们别说非从鸡蛋里挑骨头，哪怕只是公事公办，有些账也是报销不掉的。账报不了，可钱都花出去了，只好把欠账挂在那里，这便有了亏空。清代《大清会典》这样描述亏空：“钱粮征解支放，各有款项，若为公务移缓就急，谓之挪移；假公济私，谓之侵盗；军兴公用，不得已而借用，谓之透支；借端开销，谓之冒破。”

晚清时镇压太平天国，一手拯救了大清王朝的曾国藩，在率军攻克江宁后，就面临一个十分头疼的问题：此前多年征战所产生的三千余万两军费如何报销？稍有不慎，就会有天文数字的亏空落在自己头上。所幸，朝廷特别开恩，同意曾国藩免于报销，这一页直接翻篇。然而，有清一代，几人有曾国藩的功劳？朝廷若把地方上的所有开支都一笔核销，国库就得破产。于是，大多数人不会有曾国藩的待遇，只能把亏空顶在头上。

以上所说的是摆得上台面的亏空，更多亏空是摆不上台面的。

一些操守不佳的官员，眼见历年来累积了这么多亏空，索性账多不愁，把自家花天酒地或在官场走动打点的银子一股脑儿也记在里头。总之，亏空是个筐，什么都往里装。久而久之，各地亏空不仅越来越多，还成了一笔糊涂账。

尤其康熙皇帝晚年，这位自诩“宽仁”的帝王，对待臣下颇为纵容，《清实录》中出现了大量“各省藩司库银屡以亏空见告”的记载。

由此可知，亏空既是财政问题，又不仅是财政问题；是腐败问题，又不全是腐败问题。它涉及帝国财政体制甚至治理模式的方方面面。

如此积重难返的困局，雍正皇帝真能力挽狂澜？人们难免存疑。别的先不说，就说任内有亏空的官员吧，真是车载斗量。上自皇亲国戚，下至风尘小吏，都欠着一屁股账。贪官有亏空，清官的亏空也不少。比如被雍正皇帝称为“一代完人”的李光地，官声还算不错，可在直隶巡抚任内，亏空比起前任直接翻番。还有被誉为“天下廉吏”的张鹏翮，在浙江巡抚任上，亏空问题不断恶化，连康熙皇帝都看不下去，悲叹道：“地方有清正之督抚而所属官员亏空更多。”

都说法不责众，这么多欠着亏空的官员，皇帝当真管得过来？

正是在这种背景下，江宁织造亏空案的主角，世受国恩、钟鸣鼎食的曹、李家族，无可避免被推到了风口浪尖。天下人都在看，论所欠亏空数额之巨，曹、李家族当居其位。江宁织造曹寅曾被人参劾亏空三百万两白银，如此天文数字，让那些一二品的总督、巡抚望尘莫及；论家中豪奢，全天下最有油水的官，被你们把持几十年；论和皇家的亲疏，旁人更不敢望其项背，谁不知道你们是天子身旁的布库少年。

不妨这样说，雍正皇帝如何对待曹、李家族，对于清理亏空这件事究竟玩真的还是玩假的，究竟玩不玩得下去，绝对具有非同一般的指标意义。

三

在前一章的江南科场案中，提到了当时分别担任江宁织造与苏州织造的曹寅、李煦，以及雄霸江南几十载的曹李家族。不过，曹、李家族命运的转折，实则发生在更早之前，并与本书所记述的那桩明末封疆通辽大案，息息相关。

一只很小的蝴蝶，在亚马孙森林里扇动了几下翅膀，几周后就可以引起美国得克萨斯州一场巨大的风暴——蝴蝶效应不仅存在于自然界，也显现于历史之中。这便是历史的吊诡与有趣之处。

明朝末年的曹、李家族祖先，虽是微不足道的小人物，却被历史车轮重重碾过。时代的一粒沙，落在每个人的头上就是一座山。明亡清兴的漫天飞尘，将一座金山落到了他们面前。

此前在封疆通辽案中曾写道，熊廷弼坐镇辽东，让原本岌岌可危的战场形势稍有缓解。然而，在万历皇帝驾崩，明朝陷于党争，熊廷弼遭到排挤时，努尔哈赤率军卷土重来，一举攻克当时辽东最大城池辽阳，辽东经略袁应泰在城楼上自缢而亡。

日后雄踞江南，富甲天下的曹氏家族，其先祖便是驻扎在辽阳的明朝下级军官。曹氏先祖没有像经略大人袁应泰那样，城破之际杀身成仁，而是选择了好死不如赖活着。他被清朝军队俘虏，做了包衣奴才，隶属正白旗。

待到清军入关，马踏中原时，曹家已到曹玺这一辈。清朝最高统治阶层的权力争斗，再次让曹家人的命运发生了改变。

正白旗旗主原是权倾天下的多尔衮，顺治皇帝尊他为“皇父摄政王”。

然而，多尔衮死后仅仅两个月，顺治皇帝就展开了对这位“皇父摄政王”的清算，最终将多尔衮的墓穴砸开，鞭尸砍头、挫骨扬灰。多尔衮掌管的正白旗，被皇帝收归己有。

那些当年多尔衮身边的大红人，自然难逃厄运，可像曹玺这样的下等包衣奴才，连被清算的资格都没有。他只能稀里糊涂地看着旗主从多尔衮变成皇帝，再继续自己好死不如赖活着的日子。

正白旗由皇帝亲自执掌，成为与两黄旗并列的上三旗，意味着包衣奴才有了更多与皇室接触的机会。不过请注意，这样的机会，对于大多数奴才来说，并非那么珍贵。毕竟，皇室的范畴太大，京城里混得不如意的努尔哈赤子孙更不少，你一个包衣奴才，去给皇帝的二叔的三表舅的四姑的大姨夫做保姆，最终也就只是个吃苦受累的保姆而已。

曹玺的老婆孙氏，在顺治十一年（1654年）就得到了一个做保姆的工作机会。那一年，顺治皇帝生下皇三子，取名爱新觉罗·玄烨。按照清宫惯例，皇子不能留在生母身旁，以防母子感情过厚，将来后妃干政。因此，玄烨出生后即被抱走，交由一名嬷嬷抚养。孙氏成了玄烨的嬷嬷，照顾小皇子的日常起居。

从此，孙嬷嬷任劳任怨地完成本职工作，但除了挣一份养家糊口的工资，并不敢奢望这份工作能给自己与家人带来过于巨大的好处。不是不敢想，是实在想不到。宫里都知道，皇帝宠爱董鄂妃，早就说过一旦董鄂妃生下皇子，便是未来皇帝。即便董鄂妃一直没诞出皇子，还有从汉人那里学来的“有嫡立嫡，无嫡立长”的规矩，非嫡非长又非宠的玄烨，距离紫禁城那把龙椅的距离实在过于遥远。

很快，别说让玄烨当皇帝，连能不能活下去都成了问题。两岁那年，玄烨染上天花，差一点夭折。所幸的是，玄烨战胜了天花，只在脸上留下许多麻点。两岁的孩子与那个时代的头号恶疾搏杀，其凶险可想而知，孙嬷嬷在一旁照料所付出的辛劳，更不必多言。

当玄烨八岁时，父亲顺治皇帝撒手人寰。正史说他死于天花，祖母孝庄皇太后挑选接班人时，列出了一个先决条件——必须得过天花。得过天花又大难不死的人，意味着获得了自然免疫力，终生不再惧怕这种病毒。小玄烨那张难看的麻子脸，顿时成为竞争大位最有力的武器。最终，玄烨成功继位，开启了迈向千古一帝的瑰丽征程。

一人得道，鸡犬升天。何况，孙嬷嬷还不是鸡犬。康熙皇帝晚年曾感慨："世祖章皇帝因朕幼年时未经出痘，令保母护视于紫禁城外，父母膝下未得一日承欢，此朕六十年来抱歉之处。"（《圣祖仁皇帝圣训》）这话说得很官方，符合康熙皇帝的身份。但常识告诉我们，一个从小便离开父母，没有得到任何父爱与母爱的小孩，是不会对父母有太深感情的。所谓"六十年来抱歉之处"，只是政治正确的客套。与之相反，对于那些日夜照顾自己的保姆，小孩会生出特别情愫，以至在感情上替代父母，都是再正常不过的事。

特别说一句，有人说孙嬷嬷是康熙皇帝奶娘，但据许多红学家考证，孙嬷嬷与奶娘大不一样，奶娘只会陪伴皇子很短时间，当皇子不再需要喝奶或自身奶水不够时，便会离开。孙嬷嬷身为保姆，几乎陪伴了玄烨整个少年时光，说他们情同母子毫不为过。

因此，坐拥天下后的康熙皇帝，用来酬谢孙嬷嬷的，必然不是普通礼物。登基第二年，康熙皇帝将这份厚礼摆到了孙嬷嬷面前——她的丈夫曹玺，被任命为五品官江宁织造。

江宁织造这个官，究竟是干什么的，此前提到过，后面咱们还会细说。总之，这是一个天大的美差。此前许多年，曹氏家族的身份几经转变，直到此刻，终于迎来了真正的转折。过去，他们从朱家的奴才变成爱新觉罗家的奴才，从多尔衮的奴才变成顺治皇帝的奴才。这一回，他们从奴才变成了高级奴才。

曹玺兴冲冲地奔赴江南上任，他知道，前方等待自己的，将是世上头一等的荣华富贵。正可谓："昨怜破袄寒，今嫌紫蟒长。"（《好了歌注》）临行前，曹玺还干了一件事，把最疼爱的长子曹寅留在北京，此后又送入宫中，成为少年天子的"伴当"，也就是跟随着做伴的仆人。

如果说，老婆孙氏成为玄烨的嬷嬷，是老曹家瞎猫遇上死耗子的撞大运，那么安排儿子进宫，则是尝到甜头后的举一反三。曹玺弄明白了，原来世上只有一种大人，便是"心腹大人"，反正都是做奴才，只要跟对了主子，就能做高级奴才。

儿子曹寅不负所望，很快就和康熙皇帝混熟了。有一种说法认为，曹寅入宫后，整日跟着康熙皇帝布库（布库是满语，即摔跤的意思）。日后正是这帮布库少年，在嬉闹中擒住了满洲第一勇士，当朝权臣鳌拜。曹寅是否亲身参与了智擒鳌拜的搏斗，史学界有争议，但曹寅与康熙皇帝的亲密关系有目共睹。十七岁时，曹寅成为御前侍卫，二十出头晋升正白旗佐领，三十二岁接了父亲的班，担任江宁织造。

要知道，清代的王爵不能世袭，少数几位能够世袭罔替的王爷，即尊贵无比的"铁帽子王"。然而，曹家坐在天下第一肥缺的位置上，能够堂而皇之地继承。曹玺任江宁织造二十余年，死后很快由儿子曹寅接班。曹寅干了二十多年后，其子曹颙与嗣子曹頫又先后继任江宁织造。

皇恩浩荡，无以为加。时来运转的高级奴才，日子过得比许多不如意的主子还滋润。好些京城里的落魄王爷，见着权势熏天的曹家，也馋得流哈喇子。

众所周知，康熙皇帝六下江南，五次都住在曹家。尤其第三次南巡时，康熙皇帝刚住下，江宁织造曹寅领着家人朝拜天子，其中就有曹寅的母亲孙氏，也就是当年康熙皇帝的嬷嬷。康熙皇帝一把搀扶起孙氏，免了她的跪拜大礼，还对左右说了一句："此吾家老人也。"

在以孝治天下的封建王朝，老人是不能乱认的，康熙皇帝这话或许不够妥当，他的老人是先帝与太后，绝非眼前这个老嬷嬷，可情到深处，实在难以自已。

康熙皇帝说这话时，身旁站满了大臣，有跟着他从京城南下的内阁重臣，还有江南的地方官。大伙同在官场混，看着康熙皇帝的激动模样，想必都知道该如何同曹家打交道了。

四

下面，就来说说江宁织造这个官。

按照字面意思，织造就是为宫廷生产、采购丝绸的机构，许多文献资料也是如此定义。当时，天下有三大织造局，分设在织造业最发达的三座城市：南京、苏州、杭州。

然而，看一看江宁织造的所作所为，就会发现，他们的工作可不止织绸那么简单。

当时，江南地区的丝织业规模庞大，仅江宁就有织机三万余台，从业的男女织工近六万人，年产值突破千万两白银。守着这么大个摊子，按说江宁织造有的忙了，但曹寅精力充沛，对多元化投资乐此不疲。

曹寅在江宁织造任上，见铜业生意兴旺，便上奏康熙皇帝，打算投资铜业大展身手。康熙皇帝不仅答应了，还从内务府拿出几十万两银子，作为曹寅的启动资金。

除了铜业，在当时最暴利的盐业生意上，曹寅也插上一脚。他长期兼任两淮巡盐御史，既自己经营盐业，又管着扬州盐商。

在康熙年间长达几十年的时间里，两淮巡盐御史这个天下第一肥缺，由曹寅与李煦轮流坐庄。曹、李两人是姻亲，曹寅娶了李煦的妹妹。李煦来自汉军正白旗，其先祖的经历与曹家类似，早在山海关外便投向清朝。

李煦年少时被选入宫中，与曹寅一道成为天子身旁的布库少年。两人的友谊从那时开始，到最后又通过联姻越发紧密地捆绑在一起。

由此更能看出父亲曹玺当年的深谋远虑。将儿子曹寅送入宫中，不仅成为天子心腹，还结交到李煦这样的挚友。当曹家三代四人稳坐江宁织造的交椅时，李煦也在苏州织造的位置上待了三十多年。

江南原本富甲天下，那些流金淌银的丝绸、铜、盐生意，尽被曹、李家族长年把持。看着曹、李家族在江南建立起庞大的商业帝国，我们猛然惊觉，织造局哪里仅是为宫廷提供丝绸的机构，分明是负责为宫廷提供银子的。他们的经营门类包括但不限于丝绸，见什么赚钱就做什么，同时因为拥有特殊的政治资源与垄断优势，往往做什么什么就赚钱。

是的，这就是织造局，大清帝国里的皇商，一群拥有官阶的商人，也可视为专门替皇家赚钱的职业经理人。

说到皇商，有必要多聊几句。

当女真人崛起于白山黑水之际，大明帝国的统治者并没有坐以待毙。尤其萨尔浒之败后，眼见真刀真枪没讨到便宜，大明帝国立刻发动了一场贸易战。简言之，就是对女真人搞贸易禁运，严禁中原地区的各类物资流入冰天雪地的东北。

饶是女真人生性勇猛，毕竟没有成熟的耕作与冶炼技术，一旦失去稳定的铁器、种子等物资供给，他们距离一个强大帝国依然遥不可及。同时，严禁貂皮、鹿茸、人参等东北地区特产贩运至内地，女真人换不回急需的白银，财政状况将不断恶化，直至走向破产。

明帝国的算盘拨得不错，却严重低估了某些人群逐利的欲望。一群来自明帝国北方省份的商人，瞅准了明帝国对后金政权搞贸易禁运的商机，从走私贸易中赚得盆满钵满。这些商人开辟了海陆数条线路，将中原的铁具、种子、兵器，甚至身怀绝技的工匠，源源不断运往满洲，接着将貂皮、鹿茸等贩运回来。还有些胆子大的，甚至将明帝国的军事布防情报卖给女真人。

桀骜不驯的努尔哈赤，曾在盛京新建成的宫殿中摆下酒宴，盛情款待这帮远道而来、敢于践踏明帝国一切法律的商人。

清军入关后，顺治皇帝又在北京的紫禁城设宴，与这些商人痛饮庆功酒。为了表彰商人的功绩，顺治皇帝恩赐数名功勋卓著者入籍内务府。于是，才有了清初赫赫有名的“八大皇商”，他们既是富甲天下的商人，又拥有旗人身份，是皇家奴仆。

通常说来，封建王朝的开国功臣总难逃兔死狗烹的结局。“皇父摄政王”多尔衮被开棺鞭尸，满洲第一勇士鳌拜被揍趴在地上……虽说顺治皇帝与皇商推杯换盏，主仆尽欢，但毕竟大清朝已坐稳天下，不再需要偷偷摸摸地做走私生意。人们有理由怀疑，这帮靠走私起家的皇商能够善终吗?

出乎意料的是，“八大皇商”不仅享尽了一世荣华富贵，此后皇商制度还延续下去。倒不是爱新觉罗家多么仁慈，而是他们发觉除了走私，皇商另有一个大用处。既然狗还有用，断没有烹煮的道理。

明代帝王贪婪成性，为了弄钱，想出各种法子，最终背上千古骂名。万历皇帝设矿监税使，让太监去全国各地收税，弄出一个震动天下的云南矿税案，江南各地的抗税运动更是风起云涌。

朱家皇帝爱钱，清朝皇帝同钱也没深仇大恨。何况，爱新觉罗的君主爱好之广泛，是朱家皇帝远不能及的。他们不时就要去塞北狩猎，隔三岔五还要下江南风花雪月。比起朱家皇帝躲在紫禁城里围炉炼丹、开动物园、当木匠，那开销差得可不是一星半点。

清朝皇帝也爱财，却不愿走前朝派太监收税，结果灰头土脸的老路。不就是弄点钱嘛，收税多麻烦，没准还费力不讨好，让一些刁民趁机闹事。咱们大清朝永不加赋，只是让皇商去经商办企业而已。凭借独一无二的政治资源，皇商可以轻而易举在商业活动中获取暴利。

江宁织造曹寅、苏州织造李煦，正是这样的皇商。他们亲自下场从事商业投资，堂而皇之地进入丝绸、盐业、铜矿等行业，倚仗背后权力，将垄断的红利吃干抹净。

此前，曾有学者对比明清两朝内廷人员规模和各项开支用度，得出一个结论：清朝内廷比起明朝内廷，实在节俭太多。例如，明末太监曾多达十万人，清初只有五百人，即便到了清末，太监人数也不超过五千。

其实，这样的对比并不全面。最明显的一点，就在于漏掉了内务府这个清朝特有机构。实际上，许多明代由太监干的活儿，到了清代，交到了内务府手上。明朝公公自称“皇帝之内官”，清朝内务府包衣则是“奉天子之家事”，所干之事大同小异。看来，封建统治者都是贪婪成性的。

曹寅、李煦这样的皇商，便出自内务府，他们既为皇家敛财，又替皇帝刺探情报，将明代矿监税使与东厂锦衣卫的活儿全干了。皇商所赚取的利润经由内务府进入内廷，与户部几乎是两个系统。

清代尚没有白手套这个词，可实际上，曹寅、李煦这样的皇商，正是皇家的白手套。他们做了皇家想做且必须做，又不便亲手去做的事——捞钱。敛财的骂名由皇商来担，白花花的银子归于皇家。

比起派太监收税的明朝皇帝，清代皇帝借由皇商这双白手套，做到了吃鱼不沾腥。

五

写到这里，不少人难免会疑惑：江宁织造这样的皇商，分明是一个专为皇家敛财的机构，别人亏空便罢了，他们怎么也出现巨额亏空?

有一条关于《水浒传》的段子：梁山开会，鲁智深说酒店赔了一万两银子；孙二娘说再不给拨钱，五家妓院都要破产；李逵起身说，大哥，我也……宋江腾地站起来，怒火冲天道：他们说赔我还有点信！你一个路上拦路抢劫的也赔?

如果说梁山亏损是个段子，江宁织造的巨额亏空，就是一个真实而惊悚的黑色幽默。

有一种流传甚广的解释，认为皇商不仅帮皇家敛财，也替皇家买单。比如康熙皇帝六下江南，五次住在曹家。曹寅为了接驾，耗费了大笔银两。

然而，事实果真如此吗？

世上的事就怕“认真”二字。尤其和孔方兄打交道，只要把数字认真兜拢几遍，那些似是而非的观点就会原形毕露。

首先，皇上南巡，沿途的各种开销，绝不会都算到江宁织造头上。大运河上有漕运总督，沿途有各省督抚，江宁城中还有两江总督与江宁将军这样的一品大员，所有人都抢着给皇上花钱，曹家即便想一个人买单，也没这个资格。说到底，曹家最大笔开销，就是将江宁织造府修缮一番，作为皇帝南巡时的行宫。

接下来，咱们再算一算，修缮江宁织造府，得用多少银子？曹家当年的工程款项已不可考，但皇家修筑宫殿园林的开销，有一部分仍记录在案。比如乾隆皇帝晚年，为了当太上皇安享清福，耗时五年修建宁寿宫，花费白银一百四十万两。还有被称为“万园之园”的圆明园，据历史学者考证，清代为修建经营圆明园，历时一百五十多年，总计耗银约五百万两。

宁寿宫、圆明园均为新建，而江宁织造府原本就有，不过为了接驾修缮装点一番而已，这能花多少钱？总不至于曹家修江宁织造府，花费比京城的宫殿还多。在封建王朝，僭越可是大罪。别说皇家宫殿了，真把江宁织造府装点得比京城王府还豪奢，曹家也得吃不了兜着走。

因此，我们可以大胆估算，曹家修缮江宁织造府，花费绝不超过一百万两。

弄清楚了这一点，咱们再来看一看，一百万两白银，对于曹家究竟意味着什么？根据官方资料，江宁织造一年的俸银是一百零五两白银，另有一百零八两白银作为办公经费。当然，江宁织造大人若真靠工资过活，那一百万两白银当真几辈子也还不起。

所幸，江宁织造每年一百零五两的俸银，只是后世学者考证出来的，曹家人自己都未必清楚。

江宁织造能捞多少钱暂且不论，就说号称天下第一肥缺的两淮巡盐御史，这可是曹寅长期兼任的官职。乾隆年间，有个叫柴桢的官员，上任两淮巡盐御史仅半年就落马，最后查实他半年时间贪了二十二万两银子。

还有一个数据可以作为佐证。曹寅死后，留下三十多万两银子的亏空，二十出头的儿子曹颙接任江宁织造，李煦成为曹、李家族的大家长。康熙皇帝让李煦接任两淮巡盐御史，用盐业上的收益来填补亏空。李煦是把理财好手，仅仅一年时间，就补上所有亏空。也就是说，仅靠两淮盐务，一年进账三十万两银子轻轻松松。要知道，曹寅可是当过近十年两淮巡盐御史的人。且不说他在江宁织造任上日进斗金，就凭这份兼职，凑足百万两白银也是易如反掌。

此外，从李煦帮曹家弥补亏空一事也可知，曹家曾在康熙五十一年（1712年）左右，一度将所有亏空还上。康熙皇帝最后一次南巡是在康熙四十六年（1707年）。也就是说，在曹家补上亏空后，康熙皇帝再未踏足江南，也不需要谁来迎驾。可惜的是，在弥补完之前的亏空后，曹家很快又欠下新亏空。

冤有头，债有主。事实明摆着，等到雍正皇帝上台，曹家欠下的巨额亏空，实在怪不到康熙皇帝头上。

在笔者看来，所谓给皇帝接驾，造成曹家巨额亏空的说法，只是后世对曹氏一门的温情包容，是不折不扣的“荒唐言”。谁叫曹家出了个了不起的后人，写出一部伟大的《红楼梦》？人们爱屋及乌，不忍对曹雪芹的祖先过于苛责。

既然江宁织造的亏空，不能全记到为皇帝接驾的账上，那么这些亏空究竟从何而来？其实，答案也尽在《红楼梦》中。

看看贾、史、王、薛四大家族的骄奢淫逸，看看荣、宁两府的金玉满堂，你要说曹雪芹的祖先是清官，真没人敢信。艺术来源于生活，假若曹雪芹生长在一个两袖清风的清白之家，大概是写不出《红楼梦》的。纵是施耐庵、蒲松龄才高八斗，终究只能描写绿林好汉打打杀杀，或江湖里的狐仙鬼魅，他们的笔触伸不进大观园。

一言以蔽之，导致江宁织造巨额亏空的，正是曹氏家族自己的贪墨与挥霍！

前文说过，清代亏空的形成，有复杂的历史与现实原因，最终又成为许多贪官墨吏的避难所。反正亏空这么多，不差我这一点。因公挪用的是亏空，自己胡吃海喝，穷奢极欲，干各种见不得人勾当的，也算在亏空里。曹寅、李煦正是这类官员，敛财无数又挥霍无度，整个家族过着无比奢侈的生活，亏空自然与日俱增。

行文至此，更不得不感叹，康熙大帝在开启中国封建王朝最后一个盛世的同时，也催生出一种历史上鲜有其例的腐败新形态——官员可以长期挪用公款而不必归还。腐败的大观园里，又生出一朵奇葩来。

不难想象，对于官员来说，吃亏空比受贿更方便惬意。一般官员受贿，还得找行贿者，还得吃喝应酬，明示暗示，多数情况下，收了钱也得替人办事，那多麻烦！摆着国库这样一个提款机，直接从里面拿钱，花掉后再大笔一挥，记上一笔亏空了事。

存着这种心思的官员越多，亏空就越是一笔糊涂账。现任官员欠着亏空，前任官员也欠着亏空；活着的官员有亏空，还有许多亏空，竟是解甲归田或已驾鹤西去的老领导留下的。朝廷找谁说亏空的事，谁都有一肚子委屈，再一脚把球踢到别处。

在漫长的封建年代，腐败的普遍化、公开化，并不令人意外。但在康熙皇帝晚年，腐败又演进到一个登峰造极的地步，几近于合法化。

六

当合法的腐败遇上一位继承合法性遭受质疑的君主，注定会碰撞出精彩绝伦的火花。

当所有人都认为亏空问题积重难返、法不责众时，雍正皇帝拿出无与伦比的魄力，向整个帝国官场宣战，让官员限期补上亏空。雍正皇帝派自己最信任的十三弟胤祥全面负责清理亏空，并下旨道："尔若不能查清，朕必另遣大臣；若大臣再不能查清，朕必亲自查出。"（《上谕内阁》）此话一出，雍正皇帝断了十三弟的退路，也没打算给自己留后路。

有人统计过，清代被抄家的官员，一半都集中在雍正年间，雍正皇帝因此被称为"抄家皇帝"。对付那些拖欠亏空的官员，雍正皇帝通常都会抄家拿钱抵债。雍正皇帝的十二弟胤裪欠有亏空，被勒令限期归还。胤裪虽没被抄家，却被逼得将家中器物当街变卖，全无半点天潢贵胄的尊严。

雍正皇帝清理亏空，不仅六亲不认，甚至连死人都不放过。之前说过，许多亏空是卸任或过世的官员留下的，卸任官员还能继续追责，死了的人怎么办？人死账消，可是千百年来的规矩。雍正皇帝并不打算守这些规矩，要求过世的官员，其亏空由家属偿还。雍正四年（1726年），广东道员李滨、福建道员陶范，均因亏空案畏罪自杀。雍正皇帝表示："官职家财既不能保，不若以一死抵赖，留赀财为子孙之计。"（《上谕内阁》）官员想一死了之，把财富留给子孙享用，在雍正皇帝这里断然行不通。不管从前跳得多欢，如今全得拉清单。

另一种观点认为，雍正皇帝上台后急着清理亏空，要的就是"法要责众"的效果。既然官员都欠着亏空，而官场上下又全是自己不喜欢的人，正好借着清理亏空，将官场彻底清洗一遍。继位不到半年，雍正皇帝就更换了全国十八个行省中十个省的巡抚。凡是父亲康熙皇帝喜欢的人，自己通通不喜欢；凡是父亲说过的话，自己一概可以不听。比如那位仗着康熙皇帝宠爱，敢在雍正皇帝面前造次的内大臣鄂伦岱。登基之初，雍正皇帝对他客客气气，多番忍让。一坐稳龙椅，立刻将这位舅舅打入大牢。

雍正皇帝真正的动机，究竟是铁腕反腐还是借机整肃异己，抑或兼而有之？谁也不是他肚子里的蛔虫，无法得知真正答案。但有一点很清楚，无论他出于何种动机，盘踞江南多年的曹、李家族都是首要的被清算对象。要反腐，这家人实在够贪；要收拾政敌，曹、李家族又是“站错队”的倒霉蛋。

曹、李家族享富贵日久，心中定然明白一个道理，自己身为皇商，富甲天下，靠的绝非经商本领，而是皇家恩泽。若不是孙氏成为少年天子的嬷嬷，若不是曹寅、李煦从小入宫，与康熙皇帝建立起非同一般的情谊，没准他们至今还是内务府里穷困潦倒、不起眼的包衣奴。世上最大的投资是投资政治——这话并不一定对，但用在曹、李家族身上很精准。

在康熙年间，曹、李家族享尽了当年投资政治的红利。曹玺、曹寅父子相继担任江宁织造，时间长达四十多年，曹寅的大舅子李煦在苏州织造的位置上一坐也是三十年，曹寅与李煦还轮流兼任两淮巡盐御史。

然而，好事还没完。曹寅病逝后，李煦奏请康熙皇帝恩准，由曹寅长子曹颙袭任江宁织造监管盐务。曹颙年轻缺乏经验，一切事情自然听舅舅李煦定夺。无奈曹颙体弱多病，接任江宁织造仅仅两年，即在二十五岁的壮年病逝，只留下一个遗腹子，日后取名曹雪芹。曹颙年纪轻轻过世，此时曹雪芹还没有出生，曹寅一支似乎后继无人。

不过别急，有李煦在，一切皆有可能。李煦的妹妹嫁给了曹寅，他与曹家尤其曹寅一支已是利益共同体。李煦知道曹寅有个侄儿叫曹頫，当年颇受曹寅喜爱。他亲自带着曹頫进京，朝拜各路神仙，最终，曹頫过继给了曹寅，成为伯父曹寅的嗣子。同时，曹頫接过嗣父与兄长的衣钵，成为曹氏家族中第四位出任江宁织造的人物。照李煦的盘算，待曹頫老去，曹雪芹那一辈就该长大成人，届时，江宁织造这个肥缺又能名正言顺地回归曹寅一脉。自己的妹妹作为曹寅的遗孀，曹雪芹的奶奶，将享一世富贵。

或许人们会感叹，李煦不仅心机缜密，更有通天彻地的本事。曹寅死后，曹氏家族就靠这位舅舅鼎力扶持着，江宁织造、两淮巡盐御史这样让人眼红的官职，依旧是手中玩物而已。其实，李煦的本事未必多大，只是人熟好办事而已。当然，人活一辈子，谁都有几个熟人，但你究竟和谁是熟人，又是大不一样的。比如李煦，人家可是布库少年，他的熟人是皇帝。

李煦与皇帝有多熟，从一件不大不小之事即可知。曹、李家族既是皇商，也是皇帝安插在江南的耳目，负责将各种情报第一时间上奏。因此，曹寅、李煦与康熙皇帝奏折往来之频繁，远超一般封疆大吏。有一次，江南提督张云翼病故，李煦赶紧汇报："恭请万岁万安。窃闻提督江南全省军务臣张云翼，于康熙四十八年六月十八日，病患腰痈，医治不痊，于七月初三日巳时身故，年五十八岁……"李煦的工作态度虽然积极，却是忙中出错，犯了一条忌讳——汇报大臣亡故的奏折，是不能与给皇帝的请安折混在一起的，必须分开。在李煦的奏折中，先向皇帝请安，接着便说江南提督病故，实在是晦气。

说此事不大不小，那得看是谁干的。换作一般人，就是大不敬之罪，坐牢充军也不为过。李煦犯这种错，就另当别论了。康熙皇帝朱批回道："尔之识几个臭字，不知哪去了？"不愧为幼年玩伴，你瞧骂得多亲热。康熙皇帝大概知道李煦读书时调皮，还不忘揶揄人家，当年一起从先生那里学来的字，就你小子没记性。

一招鲜，吃遍天。曹寅、李煦当然清楚，自己能吃遍江南，享尽荣华富贵，就靠这一招——与当今皇上的关系铁。那么，想要子孙继续坐享繁华，必须与未来的皇帝搞好关系。投资政治的红利实在太诱人，一旦吃上就舍不得丢。

根据史料记载，曹寅与废太子胤礽那一支关系非常亲密。胤礽做太子时，多次找曹寅借钱，开口就是几万两银子，当然，肯定是那种有借无还的。胤礽被废后，曹家仍多次接济他，并和胤礽的儿子弘皙一度走得很近。

李煦走的是八阿哥胤禩的门路。八阿哥一党倒台后，查出李煦曾向八阿哥送过五名江南侍女。此外，抄没八阿哥家产时发现，多年来李煦与八爷党的经济往来颇多。

曹、李家族卷入康熙晚年的“九子夺嫡”，是被众多历史学者与红学家考证过的事，但其中一个颇为蹊跷之处，似乎被众人忽略了。在“九子夺嫡”的惨烈斗争中，太子胤礽与八阿哥胤禩是主要对手，两人已从兄弟变成生死仇敌。远在江南的曹李两家的关系却十分和睦，甚至休戚与共，这从曹寅死后李煦多次出手相助，还用自己兼任两淮巡盐御史的收益来帮曹家弥补亏空，就能看得一清二楚。

那么问题来了！曹、李两家本是同气连枝，怎么在进行政治投资时却分道扬镳？明面上，曹寅家族与胤礽父子成为世交，为后者花钱毫不吝惜。暗地里，李煦又和胤礽的死敌八阿哥胤禩打得火热，直到八阿哥倒台，人们才惊觉，李煦几乎就是八爷党的大金主。

我们不认为曹寅与李煦在各行其是。相反，极大的一种可能是，面对“九子夺嫡”的复杂政治局面，经历多年宦海沉浮的曹、李两人，私下达成了一种默契或者叫攻守同盟。明面上，曹寅成为太子党，为了太子日后能继承大统，不惜下血本。暗地里，李煦又和八阿哥搭上线，以此分散投资、两头押宝。

回想当年，曹寅的父母曹玺与孙氏，通过投资政治一朝暴富，几乎靠的都是运气。到了曹寅这一辈，享富贵日久，投资政治时似乎具备了更多专业与谨慎。资本雄厚且自认“洞明世事，人情练达”的他们，已懂得对冲的投资技巧，通过一番操作把鸡蛋放进不同的篮子里。

可是，投资这种事，哪怕你欠缺各种因素，只要鸿运当头，结局也不会坏到哪里去。反之，你占据各种有利条件，偏偏缺少运气，最终也只能赔个底朝天。曹寅与李煦就是这样的倒霉蛋。他们已经在太子与八阿哥之间两头押宝，岂知两头都落了空。或许，这不能怨他俩，康熙晚年，朝局云谲波诡，满朝上下那么多政治精算师，不知经历了多少暗室密谋、沙盘推演，可谁又算到，“九子夺嫡”的最后胜出者，竟是号称“天下第一闲人”的四阿哥胤禛？

七

投资政治还有一个特征，一旦不能确保万无一失，面临的就是一失万无的结局。雍正皇帝来了，曹、李家族还能有好日子吗？！

对于一般的中下级亏空官员，雍正皇帝尚且以严苛著称，动辄抄家，更何况像曹、李家族这样，既在政治投资中输得精光，又是亏空巨大的反面典型。

在对李煦动手前，雍正皇帝还做了一件事。即位后不久，雍正皇帝便下谕旨：“所有皇考朱批谕旨，俱著敬谨封固进呈，若抄写、存留、隐匿、焚弃，日后发觉，断不宽宥，定行从重治罪。”（《上谕内阁》）看得出来，雍正皇帝十分着急，要把康熙皇帝生前所有的朱批谕旨收回，断不允许这些朱批流落在外。大概雍正皇帝唯恐这些朱批中留存有损父亲与自己光辉形象的文字。

江宁织造与苏州织造不仅是为皇家敛财的皇商，也是皇帝派在江南的耳目，负有收集情报的职责。因此，李煦与康熙皇帝之间的密折往来十分频繁，远超一般封疆大吏。根据史料，李煦送回的奏折，共有五百九十九件，最终存入档案的有四百一十三件，另有一百余件，想必是被雍正皇帝销毁了。

交出密折后，李煦失去了最后的护身符。此时的雍正皇帝，不是杀鸡儆猴，而是要宰一头肥羊，让天下人领教新政的厉害。雍正元年（1723年）正月十四日，李煦因巨额亏空被抄家。一代皇商落寞地回到京城，重新成为内务府的普通包衣。

几十载繁华，皆为过眼云烟。阅尽千帆，归来仍是奴才。

李煦在江南与京城的豪宅，抄没之后被雍正皇帝赏赐给了年羹尧。当时的年羹尧，正是朝中红得发紫的人物，有人因此感叹一朝天子一朝臣。不过细究起来，这话并不准确。对于曹寅、李煦来说，固然在一朝天子那里得到过圣眷，可像索额图、隆科多、年羹尧这些权臣，连一朝天子也没挨过。今日龙心大悦，你是护国良臣，明日天子一怒，你就变成天下第一奸贼，翻脸比翻书还快。住进李煦豪宅的年羹尧，数年后即被雍正皇帝诛杀，其结局比李煦凄惨得多。

曹寅在世时，曹、李家族基本维持着一种双轴格局，兄弟同心，其利断金。待曹寅去世，李煦成为曹、李家族的大家长，接班曹寅的曹颙、曹頫，都唯舅舅李煦马首是瞻。雍正皇帝抄了李煦的家，曹、李家族已是分崩离析，风光不再。不过，雍正皇帝暂时没动曹氏家族，继续让曹頫坐在江宁织造的位置上，只是让他们尽快归还亏空。

曹頫暂时逃过一劫，大概因为李煦此时的身份还是“经济犯”。之前讲过，曹、李家族投资政治分成了两条线，曹寅攀附太子胤礽在明，李煦勾结八阿哥胤禩在暗。因此，起码在雍正皇帝登基的时刻，外界并不知晓曹、李家族与八爷党的绵密关系。至于曹家与废太子的关系，固然是政治站队的失误，但还不到弥天大错的地步。一来胤礽毕竟做了几十年太子，满朝文武谁没去攀附过？不过五十步笑百步而已。二来雍正皇帝与废太子的交情似乎不错，在位期间一直优待废太子之子，这与他对八爷党的态度截然不同。八阿哥倒台后被改名“阿其那”，其子弘旺也被驱逐出宗室，改名“菩萨保”。

或许在雍正皇帝看来，将李煦抄家，已是其罪有应得。安排皇商在江南敛财的活儿，终究得有人干，派一个新人过去，还没有曹家熟门熟路。当然，雍正皇帝与曹頫之间的奏折往来，远没有康熙皇帝与曹寅之间那般亲密熟络。当年，闻听曹寅生病，康熙皇帝急忙派人从大内送药；李煦在奏折上犯了忌讳，康熙皇帝可以一笑了之。到了雍正皇帝时，两淮盐政噶尔泰在密折中对曹頫评价："臣在京见过数次，人亦平常。"雍正皇帝朱批："岂止平常而已。"没了布库少年的昔日情谊，皇帝与皇商之间，恢复到一种冷漠且正常的主仆关系。主子不仅对奴才呼来喝去，更在内心充满鄙夷与嫌弃。

但是很快，曹家连奴才都没的当了。雍正四年（1726年），八阿哥胤禩被圈禁，在朝中盘根错节的八爷党轰然倒塌。至此，从康熙晚年开启的"九子夺嫡"，才算正式画上句号。雍正皇帝击败了所有对手，彻底坐稳皇位。随着八阿哥倒台，李煦结交八爷党的这条暗线，不可避免地被揭露出来。李煦的身份，立刻从"经济犯"变为"政治犯"。刚做了几年京城寻常百姓的李煦成了"奸党"，被判斩监候，秋后斩决。最后，雍正皇帝高抬一下贵手，李煦被流放关外，全家两百多口人，全部被充为奴仆。两年后，七十五岁高龄的李煦死在冰天雪地的关外。

当初，"经济犯"可以不搞株连，现在成了"政治犯"，曹家断没有苟延残喘的道理。雍正五年（1727年），山东巡抚弹劾江宁织造曹頫运送缎匹进京时沿途"骚扰驿站"，雍正皇帝大怒，复查江宁织造亏空案，并正好新账旧账一起算，以曹家不能按时归还亏空为由，抄了曹家。

曹頫被革职，江宁织造府被官兵抄没，落了个"白茫茫一片大地真干净"的结局。然而，细究曹家被革职抄家的具体罪名，却成了一桩悬案，甚至驴唇不对马嘴。

事件的导火线，是山东巡抚弹劾曹頫进京途中"骚扰驿站"。雍正皇帝因此勃然大怒，下旨查封江宁织造家产，并在谕旨中声色俱厉地痛斥：

“江宁织造曹頫，行为不端，织造款项亏空甚多。朕屡次施恩宽限，令其赔补。伊倘感激朕成全之恩，理应尽心效力，然伊不但不感恩图报，反而将家中财物暗移他处，企图隐蔽，有违朕恩，甚属可恶！”

山东巡抚告的是“骚扰驿站”，雍正皇帝查的却是拖欠亏空，还说曹家“将家中财物暗移他处”，“企图隐蔽”。倒是“骚扰驿站”之事，雍正皇帝提都没提。或许，是雍正皇帝思维太跳跃；或许，是雍正皇帝对于曹家的亏空印象太深刻，只要一提到曹家，他就想到亏空，又或许……谁知道呢？

那么，此时曹家究竟亏空多少？结果更令人啼笑皆非。曹頫倒台后，雍正皇帝派亲信隋赫德接任江宁织造。隋赫德清查了曹家家产与人口，向雍正奏报：“房屋并家人住房十三处，共计四百八十三间。地八处，共十九顷零六十七亩。家人大小男女共一百十四口，余则桌椅、床杌、旧衣零星等件及当票百余张外，并无别项。”

一年后，隋赫德针对江宁织造亏空问题，又专门向雍正皇帝上奏：“查织造衙门钱粮，除在机缎纱外，尚亏空雍正五年上用、官用缎纱并户部缎匹及制帛诰敕料工等项银三万一千余两。奴才核算其外人所欠曹頫之项，尽足抵补其亏空。”按照隋赫德的说法，曹家的亏空仅有三万多两，且与外人所欠曹家的账，刚好能够抵销。

当然，一直有人怀疑，隋赫德为了占曹家之财为己有，漏报了曹家家产。因为看不到相关确凿证据，我们只能姑妄听之。但综合各种史料，可以肯定的是，江宁织造所欠亏空的最高峰，出现在康熙年间，有说一百万的，甚至有说三百万的。曹寅过世后，靠着李煦帮衬，曹家一度补上了亏空。到了雍正五年（1727年），曹頫又欠下新的亏空，但数额较之曹寅时期已大为减少。照隋赫德的说法，曹家的亏空仅有三万多两，且与外债相抵。也就是说，基本没有亏空。

看出整件事的滑稽了吧！山东巡抚状告曹頫“骚扰驿站”，雍正皇帝却因为亏空抄了曹家，到头来，新上任的江宁织造又说，曹家没有亏空。

想当初，曹家头顶几百万的亏空，依旧能受到皇帝眷顾，风光无限。如今，一个“骚扰驿站”的举动，就成为压垮骆驼的最后一根稻草。这就叫物是人非吧！一双戴了几十年的白手套，终究被新主人扔弃。亦如《红楼梦》中那首《好了歌注》：“甚荒唐，到头来都是为他人作嫁衣裳！”

眼看他起高楼，眼看他宴宾客，到如今，终于人去楼空，白茫茫一片大地真干净。

八

伴随显赫一时的江宁曹府被抄，江宁织造亏空案尘埃落定。不过，雍正皇帝所主导的这场轰轰烈烈的清理亏空反腐运动，并没有停下来的迹象。

尽管遭遇继承合法性的质疑，尽管背负“抄家皇帝”的恶名，但不可否认，雍正皇帝的确是少有的一位敢向腐败宣战并取得一定成效的君主。一个最有力的证明，就是康熙晚年的国库亏空现象得到极大扭转，国库存银在雍正时代完成翻番。当年官场里的那种公开且几近合法的腐败，也收敛了许多。

谈到雍正皇帝反腐的成效，许多人归功于他的严苛、冷酷与铁腕。反腐当然需要魄力，但仅有魄力远远不够。以江宁织造亏空案为例，即便将曹、李两家的家产全部抄家没收，所得仅有几十万两。要知道，江宁织造与苏州织造可是令天下人眼红的肥缺，是实打实的富庙富方丈。天下还有那么多破庙穷方丈，官兵挖地三尺，也抄不出太多银子。

还有那条出名的“死人欠亏空活人还”的政策，震慑作用固然巨大，能否见效却不好说。按照一般逻辑，死人都还不起的烂账，活人还上的概率简直微乎其微。一句老话说得好，不怕要债的凶，就怕欠债的穷。

后世学者分析雍正一朝的财务数据后，得出一个结论：真正让国库充盈起来，弥补之前多年亏空的，绝不是抄官员的家，而是影响深远的耗羡归公、摊丁入亩等财政改革。如果说抄家是节流，改革无异于开源。

雍正皇帝还有一项重大改革，即在封建王朝首次推出养廉银制度。素有冷酷之名的皇帝，难得展现出对臣下温情与关怀的一面。

雍正年间，总督每年的养廉银为二万两左右，巡抚为一万五千两左右，布政使为一万两左右，按察使为八千两左右，道府为五千两左右，州县为一二千两。养廉银数额超过了他们各自俸银的数倍、数十倍乃至一百多倍。

养廉银或者说高薪养廉的药方，当然不可能彻底铲除腐败，但雍正皇帝尝试用制度变革的方式去医治腐败的态度，得到后世诸多褒奖。

一个推出众多改革举措的帝王，同时成为被历史公认铁腕反腐且收到成效的帝王，这中间绝不仅是巧合，而是有其必然逻辑。起码，雍正皇帝开始尝试建立一套反腐制度，这就同朱元璋的“剥皮楦草”截然不同。

令人唏嘘的是，养廉银这样真正影响深远的发明创造，知名度竟远不如真假难辨的血滴子。谈到雍正皇帝，更多人会想到冷酷、严苛，极少会评价他是改革家。雍正皇帝泉下有知，不知是否也有“辛酸泪”？

雍正皇帝的功过，尽付后人评说。曹氏家族的命运，却有幸能由自己叙说。当年，抄家的兵丁冲进江宁曹府时，一个白皙瘦弱的舞勺少年被结结实实吓住，躲在长辈怀中哭啼不止。许多年后，这个长大成人的少年依旧一事无成，过着举家食粥酒常赊的生活。落魄至极的曹雪芹，或许会在某个夜晚忧伤地凝望天空，只见残月凄凉，繁星点点。回首半生，年少时的画面依稀浮现眼前，泪水湿润了脸颊，也激荡着内心。

于是，才有了孤峰耸立的《红楼梦》。

第九章

甘肃冒赈案

敢向乾隆皇帝
收智商税的贪官

甘肃冒赈案落幕，王亶望走上黄泉路。他留下的钱，令陈辉祖贪心再起；他留下的女人，令和珅意乱情迷。乾隆盛世里的贪官，就这样“生生不息”“前腐后继”。

一

如果数字不会说谎，那么所谓乾隆盛世，就是一道漏洞百出且能轻易证其伪的算术题。

说起乾隆盛世，两个数字不得不提：一是人口数2.9亿，二是粮食产量达到2088亿斤。在清代之前，中国人口长期维持在数千万，超过一亿的时期很少。乾隆皇帝登基之初，全国人口约1.4亿，到了乾隆六十年（1795年），人口增长至2.9亿，五十多年里翻了一番，堪称人口大爆炸。乾隆时期的粮食产量也创出历史新高，达2088亿斤，对比之下，明代粮食产量的最高峰仅为1392亿斤。

人口数与粮食产量，似乎都印证着：乾隆王朝的繁荣与昌盛，达到了中国封建历史里的巅峰。

然而，这里有一个悖论。

当人口数与粮食产量同时“登顶”，意味着人均粮食产量仍维持在较低水平。纵然粥多些，僧人更多，依旧不够吃。

果然，学者经过计算，得出了历代粮食人均占有量的数据：秦汉为985斤，隋唐为988斤，宋代为1457斤，明代为1192斤，而在煌煌乾隆盛世，仅为780斤。

也就是说，一个生活在乾隆时代的普通百姓，饿肚子的机会比前朝大幅增加。难怪，亲自来华考察并见过乾隆皇帝的英国使臣，会将清朝形容为“泥足巨人”。当代历史学者张宏杰也给乾隆时代贴上“饥饿的盛世”标签。

如此“饥饿的盛世”，还能为我们解开另一个历史谜题——为何清朝较大规模的农民起义始于乾隆中期？只要农民还能吃饱饭，谁愿意铤而走险造反？

湘西的苗民起义，台湾的林爽文起义，还有历时九年、攻占数百州县的白莲教起义……各地揭竿而起，令号称“十全武功”的乾隆大帝焦头烂额。

乾隆四十六年（1781年），在帝国西北省份甘肃，又爆发了一场声势浩大的起义。起义军攻城略地，接连击败官军，兵临省会兰州城下。一时间，西北狼烟四起，天下为之震动。乾隆皇帝除了命令陕甘总督坚守孤城，还从各地紧急抽调援军，星夜驰往兰州。

各路大军会聚城下，一场大战在所难免。为了号令统一，乾隆皇帝派出钦差大臣赶赴兰州坐镇指挥。临危受命赶到兰州的，正是时年三十一岁，在朝中迅速崛起的政治新贵和珅。这也是和珅官宦生涯中，唯一一次亲赴前线，担任军事统帅。

随后几个月里，战局几番变换。更令人始料不及的是，这场西北边陲的鏖战，竟牵扯出中国封建历史上最大的一桩集体贪污案。无数人的命运也因此逆转，重兵云集的兰州城，转瞬间成为一场政治飓风的风暴眼。

二

黄沙漫卷，战马嘶鸣。

兰州城外的激战已持续数月，凭借精良的装备以及人数优势，清军逐渐掌握战场主动权，苏四十三率领的起义军败迹已现。然而在兰州城内，却是几家欢喜几家愁。

正当城外官军节节获胜时，城内的官衙里，两个心事重重又各怀鬼胎的男人坐到了一起。

年轻的便是钦差大臣和珅。三十一岁的他官居户部尚书，此番奉旨来到西北，一度成为十万大军的统帅。年长的名叫王廷赞，官居从二品的甘肃布政使，在甘肃省内，是仅次于陕甘总督的二号人物。

由于前些年影视剧流行，人们熟悉了那个脸谱化的和珅。不过，历史比影视剧复杂得多。真实的和珅，绝非荧幕上那个唯唯诺诺之辈。他是贪官，也是一个风度翩翩的美男子，他精通满、汉、蒙、藏四种语言，写得一手好诗。英国使臣马嘎尔尼与和珅打过交道，对这位满洲重臣的印象出奇好，认为他“态度和蔼可亲，对问题的认识尖锐深刻，不愧为一位成熟的政治家”。清代中叶最负盛名的诗人与文坛领袖袁枚，对和珅的才情推崇备至，曾经写诗赞道：“少小温诗礼，通侯及冠军。弯弓朱雁落，健比李摩云。”

多年后风云散尽，和珅被打入大牢。他在生命的最后几日，写下一组《绝命诗》，其中有这样的句子：“星辰环冷月，缧绁泣孤臣。对景伤前事，怀才误此身。”《绝命诗》不会有代笔，能写出这般诗句的人，倒也担得起“怀才误此身”之语。

和珅是满洲正红旗人，二十多岁成为粘杆处侍卫。关于他的迅速崛起，有各种各样的说法。有人说和珅身为侍卫气度不凡，能够回答出乾隆皇帝的问题，因而得到赏识。还有野史认为，乾隆皇帝与和珅压根儿就是同性恋。总之，乾隆皇帝对和珅的拔擢，实在令人瞠目结舌。二十五岁时，和珅还是御前侍卫，隔年出任户部侍郎，晋身卿贰大臣。三十岁时，和珅远赴云南，查办时任云贵总督李侍尧贪腐案件。几个回合下来，久历官场的李侍尧被初出茅庐的和珅打得晕头转向，云南贪腐案真相大白，李侍尧被判斩监候。

刚打下李侍尧这只大老虎，顶着反腐英雄光环的和珅，回京后再获提拔，成为户部尚书。就在这时，帝国西北燃起烽火。因为教派争端与地方官员处置失当，苏四十三揭竿而起，起义军攻陷河州（今临夏），紧接着兵临兰州城下，清廷兰州知府杨士玑死在起义军之手。和珅临危受命，被指派为钦差，火速赶往兰州，统一指挥各路援军。

和珅出京时，想必志得意满。在多数人看来，苏四十三等人不过临时拼凑起来的乌合之众，战斗力有限。如今，各路正规军奔赴兰州，只待大军到齐，必能一鼓作气剿灭叛贼。对和珅来说，这简直是一次“刷军功”的大好机会。一个年纪轻轻又深得圣眷的政治暴发户，若有一次实打实的军功垫底，“出将入相”的锦绣前程岂不近在眼前?

可惜，战场比不得官场。纵然和中堂天资聪颖，毕竟不是全才。他来到兰州后，一番排兵布阵，结果却是损兵折将。

远在京城的乾隆皇帝也看明白了，和珅虽有用，但不可用在战场上。让和珅继续留在兰州，简直是给叛军送礼，给朕丢脸。于是，乾隆皇帝下旨让和珅回京，久经沙场的老将阿桂成为清军西北前线的新统帅。对于一手酿成此次兵祸且镇压不力的陕甘总督勒尔谨，乾隆皇帝失去耐心，以“师久无功”的罪名革职。和珅灰溜溜返京路上，倒也有人作伴了。

栽了跟头的和珅郁郁寡欢，坐在他对面的甘肃布政使王廷赞更是满腹愁肠。和珅之忧在明处，官场内尽人皆知，王廷赞的焦虑与惶恐却明暗兼之，有可说更有不可说。先讲可说的吧，苏四十三之乱，起因就是甘肃官员对于教派纷争处理失当，身为甘肃官场“二把手”，王廷赞难辞其咎。乾隆皇帝第一波“问责”，摘了“一把手”勒尔谨的乌纱帽。接下来还会不会有第二波，谁又是倒霉蛋?王廷赞如坐针毡。

压在王廷赞心底，此刻还不能说的，便是日后震惊天下的甘肃冒赈案。勒尔谨走了，新来的陕甘总督会不会翻旧账?真要将甘肃官员欺君冒赈的事扯出来，后果不堪设想!当然，这些话只能闷在心里，即便对于“交情不错”的和珅，王廷赞也不能透出一丝口风。

和珅与王廷赞究竟谈了什么，外人无从得知。但分析事件后续发展以及各家史料，可以大概还原出这场密谈的场景——

和珅心里清楚，官场内哪有什么朋友，不过相互利用而已。王廷赞摆出情深义重的模样来送行，无非想利用自己，回京后在皇帝跟前美言几句，以求平安过关。和珅也不是善茬，趁机让王廷赞出一笔银子“破财消灾”，只要王廷赞拿出真金白银来，自己便能在朝中帮忙周旋。

不要误会，和珅让王廷赞拿钱出来并非索贿，王廷赞的钱，和珅分文不取，将悉数充公。

写到这里，就不能不提和珅的一项发明——议罪银制度。和珅执掌户部后，尝够了巧妇难为无米之炊的苦头，整日想的便是如何开源节流。乾隆皇帝是出了名的大手笔，节流没什么指望了，只能从开源上想法子。灵光乍现的和珅，从古已有之的“罚俸”中获得灵感，推出一套议罪银制度。通俗理解，就是官员认为自己办差不力，犯下错误时，赶紧交一笔银子，算是自罚三杯。

朝廷出台了新政策，最怕地方纹丝不动。和珅发明的议罪银制正在推广阶段，迫切需要地方大员响应。说服王廷赞“破财消灾”，既卖给对方人情，还为议罪银制打了一出“活广告”。和珅千里迢迢来西北，虽在战场上吃了亏，却为推广议罪银制度树立起一个典型，也算将功补过吧。

对于和珅的话，王廷赞自然言听计从。很快，他就向乾隆皇帝上奏：“臣甘愿将历年积存廉俸银四万两，缴贮甘肃藩库，以资兵饷。”闯了祸的王廷赞出手倒是大方，知道西北兵祸自己难辞其咎，一下子捐出四万两银子，说是充作甘肃平叛的军饷。

见王廷赞如此听话，和珅自然开心，但要将自己在西北前线折掉的面子找补回来，仅靠王廷赞的四万两银子显然不够。身为年轻的官场老手，和珅既会为成功找方法，更懂得为失败找借口。于是，在悻悻然回京路上，和珅绞尽脑汁，为自己的失败又找来了一个看似合情合理的借口：雨太大。和珅向皇帝上奏，西北用兵时，雨势不断，道路泥泞，严重影响了自己排兵布阵。瞧这意思，不是我军无能，也不是敌军狡猾，而是老天爷这雨下得不是时候。

对于甘肃的贪官墨吏，这场雨当真下得不是时候。一场骇人听闻的贪污大案，即将被这场雨浇出原形。和珅原本只是为自己开脱的奏折，无意间成为甘肃官员的催命符。

三

爱新觉罗·弘历，清朝定都北京后的第四任皇帝，也是中国历史上实际执掌最高权力时间最久的君主（在位六十年，当太上皇三年）。乾隆皇帝亲手缔造了中国封建历史上最后一个盛世，与此同时，他也是所谓“康乾盛世”的终结者，自乾隆皇帝以后，大清江河日下，再无回天之力。

对于乾隆皇帝的负面评价不少，比如好大喜功、穷奢极欲、狂妄自大、刻薄寡恩……然而，在各式各样的指责中，绝不包括软弱、昏聩、愚昧等词。由此可见，这实在是一个精明到骄狂、自信到自负的政治动物。

连日来，西北战报一直牵动着乾隆皇帝的思绪。当收到和珅的奏报后，他的心思却更进了一层。

作为深谙统治之道的君王，乾隆皇帝对和珅在战场上的失败并不在意。在乾隆皇帝心中，和珅是真正的心腹，与名将兆惠或大学士纪晓岚这些专业技术型干部的评判标准，是大不一样的。专业技术型干部看重业绩，如果兆惠不能在前线打胜仗，纪晓岚不能按时编纂出《四库全书》，皇帝自然要翻脸。对于和珅这种心腹，忠心比业绩重要得多。恰恰在忠心耿耿这一点上，和珅几乎没犯过错。

精明过人的乾隆皇帝，此时对和珅有关失败原因的总结，产生了浓厚兴趣，进而引发高度警觉。和珅说兰州连续阴雨，这话听着总觉着哪里不对劲。哦，想起来了。这些年甘肃方面不是一直上奏，说当地旱灾严重，请求朝廷速速拨款赈灾吗？怎么到了和珅嘴里，甘肃竟雨水连绵？莫不是和珅这小子为求开脱，竟敢胡编乱造？和珅若敢欺君，那便是不忠，是比战场上打几场败仗严重太多的罪行！

所幸，现任西北大军统帅阿桂的奏报也来了，帮助和珅洗清了嫌疑。阿桂的奏报提到，甘肃近来多雨，对于战场态势造成了影响。乾隆皇帝心里清楚，阿桂与和珅是死对头，绝不可能串通一气。两人都说甘肃雨水不停，必是实情无疑。

清朝时没有气象资料，但乾隆皇帝心里犯起嘀咕，真是怪了，甘肃一连干旱了好几年，怎么一打起仗来，雨却下个不停？莫非老天爷存心跟大清过不去？

生性多疑的乾隆皇帝又想到，不久前王廷赞捐出四万两银子。搁平时，像王廷赞这样级别的官员，捐出几万两银子，他都懒得去管。现在不同了，他猛然觉得，这中间或许有什么蹊跷之处。

恰在此时，又有一人浮现在乾隆皇帝脑海中，那便是王廷赞的前任，曾任甘肃布政使，后升任浙江巡抚的王亶望。一年前，乾隆皇帝第五次南巡，王亶望接驾，过于铺张奢侈，令素来喜好大场面的乾隆皇帝都有些“消化不良”。后来，乾隆皇帝板起脸来，教训了王亶望一番：“南巡只是体察民情风俗，不是游玩观景，今添建屋宇，张灯结彩，铺张浪费，朕实所不取。”

按说甘肃是贫瘠之地，甘肃布政使更不是肥缺，比起之前提到的什么两淮巡盐御史、江宁织造，实在差了不少。可从王亶望到王廷赞，两任甘肃布政使，为何出手都如此豪奢？不得不说，此刻在乾隆皇帝眼中，甘肃隐然有了些“庙小妖风大”的意思。

满腹疑窦的乾隆皇帝向甘肃掷下严旨，要新任陕甘总督翻一翻当地的旧案，看其中是否有贪墨之事。前面说过，因为处置苏四十三起义不力，原陕甘总督勒尔谨被罢官，那么新来的陕甘总督又是谁呢？正是“大名鼎鼎”的李侍尧。

封建王朝的官场实在充满滑稽与黑色幽默。一年多前，云南贪腐案爆发，和珅奉旨赴云南查办，几番斗智斗勇，把李侍尧这只“大老虎”打落。李侍尧被押回京城，判斩监候。可一眨眼工夫，李侍尧又成为权势熏天的封疆大吏，从云贵总督到如今的陕甘总督，级别一模一样。

乾隆皇帝这一套“用贪官查贪官”的统治权术，真是玩得炉火纯青。当初在云南，用和珅查李侍尧，让李侍尧脱了几层皮，如今在甘肃，又让李侍尧披挂上阵，当一回反腐英雄。或许，贪官最了解贪官，贪官的天敌正是同类。

李侍尧摩拳擦掌，甘肃冒赈案的真相即将大白于天下……

四

揭开甘肃冒赈案的层层迷雾前，让我们先把时光回溯到七年前。那时的王亶望正值盛年，意气风发，坐在西子湖畔的官衙内，想起自己离封疆大吏仅半步之遥，一时心潮澎湃。

王亶望来自官宦世家，其父王师曾担任江苏巡抚，还是一个颇有名气的清官。可惜家风这种东西，并不能教化所有人。王亶望日后做到父亲那样的官职，贵为一省巡抚、封疆大吏，可这对父子巡抚的操守是云泥之别。

王亶望是山西人，其父王师多年在直隶、江苏为官，他自己的仕途起步于甘肃。王亶望年轻时在甘肃历任知县、知府，算得上一员干吏。后来，他从甘肃调任浙江，成为浙江布政使。

王亶望的官运确实不错，不仅官居布政使，当上省内“二把手”，还从贫瘠的西北来到钱塘自古繁华的三吴都会。别急，好事还没完。不久浙江巡抚出缺，朝廷命王亶望署理巡抚一职。在许多人看来，由“二把手”代理“一把手”职务，接下来扶正应是顺理成章的事。

在这种重要时刻，深谙官场之道的王亶望不会闲着。对京城里那些个王公贵族、六部九卿，王亶望是很懂“规矩”的，不会慢待一人。尤其对位高权重的军机大臣于敏中，王亶望更是下足了功夫。

就在所有人等着王亶望将署理的帽子摘掉时，变故发生了。京城旨意传来，调王亶望任甘肃布政使。

地域差距古已有之，谁都愿意在经济富庶、交通发达的江南为官，不愿去贫瘠荒凉的大西北。更何况，王亶望本就是从甘肃出来的，在浙江做了几年布政使，还署理过巡抚，如今“平调”回甘肃继续做布政使，换谁都要火冒三丈。

为了仕途升迁，王亶望可是花了大价钱的，最后竟落到这般结局？一番打听之后才明白，这都是乾隆皇帝的决断。陛下认为在此刻的甘肃，有一件非常重要的事，非王亶望前去不可。

这件事，就是在甘肃办理捐监。

清代有捐监制度，就是一般人可以出钱或出粮，购买国子监监生资格。国子监是国家最高学府，也是官员的培训基地。对家资丰厚却屡试不第的人来说，花钱买个文凭，无异于步入仕途的捷径。明眼人都知道，所谓捐监就是公开且制度化的卖官鬻爵。乾隆皇帝心里也清楚，捐监虽能开辟财源，却有损朝廷脸面，属于没办法的办法。因此，在乾隆三十年（1765年）左右，见朝廷财政状况尚可，乾隆皇帝亲自叫停了捐监。

然而就在前不久，陕甘总督勒尔谨上奏，说甘肃实在太穷，没了捐监收入，财政越发艰困，希望朝廷考虑甘肃的特殊性，在政策上开一个口子。乾隆皇帝思虑再三，同意勒尔谨所请，在其他各省大多停止捐监的背景下，允许甘肃重开捐监。

政策决定后，寻找到执行政策的人就是关键。恰在这时，朝中不少大臣在帮王亶望说好话，这些人拿钱办事，把王亶望夸成一朵花，似乎浙江巡抚这个位置，非王亶望莫属。殊不知，说者有心，听者更有意。众人如此夸赞王亶望，倒给乾隆皇帝提了个醒——最适合去甘肃办捐监的，不正是此人吗！

捐监和钱粮打交道，需要一个干练且有操守的人主持。你们不是众口一词，说王亶望久经历练，政绩斐然？还说他老子就是大清官，儿子绝对差不到哪儿去？更何况，王亶望在甘肃为官多年，熟悉那里的情况，起码抓工作不会手生。

乾隆皇帝拍板的事，不会有人再发杂音。王亶望再是不甘心，也只能打上铺盖卷，踏上漫漫西行路。曾经近在咫尺的浙江巡抚宝座，竟隔着关山万千重。

不过，王亶望是个舍得花银子的主，在朝中人缘不错。西行路上，不断有京师大佬鸿雁传书，除了安慰鼓励，也传达出一层意思：你这次不是被贬，而是被皇帝委以重任，朝廷三年一次考绩，只要你把甘肃捐监的差事办漂亮，三年后浙江巡抚的位置还是你的，届时大家都会帮你说话。

写到这里，也算澄清了一个甘肃冒赈案中流传甚广却是以讹传讹的说法——王亶望到了甘肃后，为了敛财决定重开捐监。这完全是倒果为因。真实的历史是，朝廷决定重开捐监，王亶望才被派往甘肃。

五

王亶望来到甘肃后，摆出了大干一场的架势。他与陕甘总督勒尔谨有过一场长谈，提出一揽子意见，希望得到“一把手”支持。

王亶望开出的条件主要有三。其一，自己一个光杆司令可不成，希望调浙江旧部蒋全迪来甘肃，担任兰州知府，辅佐办理捐监；其二，朝廷的意思是在肃州、安西开捐监，可甘肃太穷了，区区两地收不上多少钱，只好把捐监范围扩大至全省；其三，朝廷让搞本色捐监，并不符合甘肃实际，咱们还得搞折色捐监。

解释一下，本色捐监是让认捐者捐粮食，官府将粮食收储在仓库；折色捐监不收粮食，只按粮价收现银。王亶望认为，收来粮食后，官府还得付保管成本，不如直接收银子。客观地说，王亶望提出的意见很有针对性，更显示出他对甘肃省情的熟悉。尽管对朝廷大政方针搞了点变通，但对办好差事确有助益。正因如此，勒尔谨满口答应，两人展现出合作无间的态势。

王亶望当初提出这些条件，究竟是出于公心还是为自己敛财创造机会，外人无从知晓。所幸，衡量一个人是干臣还是贪官，动机不重要，关键看结果。其中最重要的一条红线，就是你有没有把钱揣进自己腰包。从结果来看，王亶望越过红线太多！

有了“一把手”支持，王亶望要人有人，要政策有政策，终于可以放开手脚了。但真干下去，仍不免心灰意懒。理想很丰满，现实太骨感。买官卖官这生意，也是需要购买力的。甘肃实在太穷，大多数人连饭都吃不饱，哪来的闲钱去买功名？

然而，局面再困难，也不妨碍王亶望交出一份亮丽的成绩单。据王亶望奏报，甘肃开捐监半年来，共得捐生员一万九千零一十七人，收监粮约八十二万石。

这样的数字确实厉害，厉害就厉害在，它是假的！

此后查证的真实数据，甘肃全省的捐生员只有七千四百五十五人，所收监粮约三十万石。也就是说，王亶望将数字浮夸了近两倍。

王亶望虚报政绩，动机显而易见。他可不想在甘肃久居，心中念兹在兹的仍是西子湖畔的浙江巡抚宝座。之前花了那么多银子，结交那么多当朝权贵，人家也答应了，只要把捐监差事办好，就能重返浙江，成为真正的封疆大吏。

王亶望亮出自己的政绩后，立刻震动朝野。假如一切都是真的，王亶望简直是不世出的能臣，当初那么多人夸他，果真所言非虚。乾隆皇帝欣喜之余，并不敢轻信，随后，他向甘肃传旨，提出了“四不解”：“甘肃民贫地瘠，安得有二万人捐监？又安得有如许余粮？今半年已得八十二万，年复一年，经久陈红，又将安用？即云每岁借给民间，何如留于闾阎，听其自为流转？”

乾隆皇帝实则提出了四个问题：甘肃素来贫穷，为何有这么多家有余粮之人出来捐监？多年来甘肃产粮尚不够百姓果腹，怎么能捐出这么多余粮？甘肃粮仓不多，你们半年就收了八十二万石粮食，将来准备怎么存放？既然甘肃本地产粮够吃，又为何非得收归官仓，而不留在民间自行流转？乾隆皇帝要求陕甘总督勒尔谨立刻查实回奏。

王亶望最初虚报政绩时，勒尔谨是何态度，历史上没有明确记载。但自从乾隆皇帝提出“四不解”后，勒尔谨与王亶望彻底成为一个战壕里的战友，甘肃最具实权的两个人串通起来，一起欺君罔上。有种说法认为，王亶望胁迫了勒尔谨。其实，以勒尔谨的处境，压根儿就不需要人胁迫。重开捐监是他提议的，王亶望上任之初开出的条件是他答应的，从头到尾他才是“一把手”……真查出王亶望虚报政绩，勒尔谨难逃失察之罪。

拿着乾隆皇帝的“四不解”，勒尔谨急得像热锅上的蚂蚁，在与王亶望商量之后，他最终“饰辞具复”，以图粉饰问题，蒙混过关。那么，勒尔谨与王亶望究竟如何“饰辞具复”呢？不得不说，他们的回答将封建官僚的狡黠、世故与虚伪，展现得淋漓尽致，完全可以作为下级蒙骗上级的“范文”。

仔细看一看乾隆皇帝的“四不解”，后两个属于微观层面的技术细节，即粮食多了你们如何储存、流转？这类细节问题回答并不难。难的是前面的问题：甘肃素来穷苦，为何一下冒出那么多有余粮的富户？

勒尔谨与王亶望的回答是：这都是陛下的功劳。甘肃从前穷苦不假，可如今不同了，陛下指挥大军平定了新疆，甘肃瞬间从边陲之地变身内地前往新疆的通道。许多富商从内地前往新疆的途中，得知甘肃正在实施捐监政策，便踊跃认捐。如此一来，那些富商得到了梦寐以求的功名，甘肃也增加了地方收入，可谓一举两得。

说谎不难，拍马屁也不难，可要在一句话里，兼容弥天大谎与彩虹屁，只能说勒尔谨与王亶望道行够深。乾隆皇帝拿到这样的解释，没准真会顾盼自雄一番：多亏我天纵英明，平定了新疆，才让黎民百姓有了好日子。想着如今西北道上，商贾络绎于途，百姓生活安康，那是怎样一番盛世景象！

被这一通吹捧灌得五迷三道的乾隆皇帝，这般回复道："尔等既身任其事，勉力妥为之可也。"翻译成白话文就是："不错，接下来还得好好干！"

乾隆皇帝被暂时糊弄过去了，但王亶望面临的考验还有许多。毕竟，假的东西真不了，全省上下那么多双眼睛盯着，户部也会不定时派人来清点库存。到时候，去哪儿变出那么多粮食？

或许是阴差阳错，或许是被逼无奈，面对几乎无解的难题，王亶望终究展现出了一名超级巨贪的"素质"与"手腕"。许多人都说，王亶望是千古巨贪，足以令同时代的和珅相形见绌。其实，论贪腐金额，王亶望远不能望和珅项背，也无法与历史上那些巨贪比肩。他之所以贪名太盛，是因为他的"贪技"实在令人眼花缭乱，叹为观止。

王亶望清楚，撒出去的谎好比泼出去的水，无论如何收不回来。可是，甘肃的粮仓里并没有那么多粮食，长此以往，总有一天会露馅儿。唯一的办法，就是制造一个新谎言，来遮掩从前的谎言。这个新谎言也是现成的——赈灾。当初朝廷同意在甘肃重开捐监，就是考虑当地太穷，仓库里没有赈灾粮，一旦遭遇灾荒，无法及时自救。

顺着这个思路，只要虚报几场灾荒，官府就能顺理成章地开仓放粮，赈济灾民。几场"灾荒"之后，那些之前"捐监"而来的粮食，自然就消耗一空。任谁追问起来，只说粮食到了灾民肚子里。面对成千上万的灾民，神仙来了也查不出头绪。之前编织的那个弥天大谎，就此圆满收官，不留一丝破绽！

六

在贪腐方面，说王亶望是个“天才”毫不为过。别人贪污是做减法，他却做起加法，而且硬生生打造出一条贪腐产业链。

王亶望一上任，就将旧部蒋全迪调来当兰州知府，再把全省的捐监都放到兰州府衙门办理。在朝廷规定的捐监额度外，王亶望多征收了一两的“杂费银”。这笔钱专门用来安抚兰州府衙的大小官吏。

甘肃各州县的地方官，对“赈灾”更是望穿秋水。地方上原本没有灾，却凭空多出一笔赈灾的钱粮。不用说都知道，州县官员将上下其手，享受一场饕餮盛宴。

即便那些食不果腹的升斗小民，似乎也可看作贪腐的“受益者”。根据清朝制度，地方出现灾情后，朝廷不仅要拨款赈灾，还要减免当地徭役和赋税。甘肃官员不停报灾，百姓就能实打实享受到各种政策“优惠”。

此外，每次谎报灾情后，赈灾款的大头进了官员腰包，可总要摆摆样子，在地方办几座粥厂。对常年吃不饱饭的甘肃百姓来说，苍蝇再小也是肉，总比没有强。在奉行“饿死不做贼，屈死不告官”的封建社会，那些享受着灾区“福利”，还能时不时喝上几口赈灾粥的甘肃百姓，谁愿意千里迢迢去北京告御状，砸自己的碗呢？

看得出来，正是基于对人性的深刻洞察，王亶望打造出一条腐败链条。然而，也因为人性中的巨大缺陷，让这根腐败链条最终成为王亶望无法挣脱的锁链。

都知道历史没有如果，但读史至此，心中仍不免冒出一个问题——如果王亶望能及时收手，结局会如何？梳理整起冒赈案会发现，王亶望起初想的只是如何升官，因此不惜虚报政绩，给自己挖下一个大坑。紧接着，为了把这个坑填上，编造出一个新谎言，用无中生有的“灾情”来抵销虚报出的钱粮，这才有了冒赈案。王亶望懂理财，更会撒谎，几场“灾情”下来，足以将之前的谎言遮盖过去。只要见好就收，瞒天过海亦未可知。

然而，人性总是那般残酷！王亶望利用人性的弱点，打造出腐败产业链。人性的弱点反过来也吞噬了他，在巨大贪欲面前，精明如王亶望也会利令智昏。正如同许多贪官在忏悔时说的那句话——来钱太容易，收不住手了。

是啊，只要上几条奏折，报几场灾情，国库里的钱就哗啦啦流入官员腰包。从王亶望到甘肃各级官员，人人赚得盆满钵满。这种情况下，即便王亶望想收手，别人也不答应。

有一个特别有趣的现象，在王亶望任甘肃布政使期间，省会兰州出现了蔚为壮观的“坐省长随”队伍。我们知道，清代官员往往得自掏腰包，搭建一支工作“班底”。那些饱读诗书、具有较高文化素养的，即广为人知的师爷，那些文化水平较低、主要从事体力劳动的，则为奴仆、杂役。所谓长随，也是官员自己花钱雇用的人，地位介于师爷与仆人之间，主要帮官员跑腿办事。如果将师爷理解为官员的幕僚与顾问，那么长随大概就是秘书与助理。

按理说，长随应该跟随在官员身边，然而在当时的甘肃，各地官员会派出长随常驻省城兰州，故被称作“坐省长随”。这些长随驻扎在兰州，主要做一件事——与王亶望拉关系。清代是不会编制经济发展规划的，但王亶望会编造全省灾情。王亶望大笔一挥，说哪里灾情重，哪里就能得到白花花的赈灾银以及各种优惠政策。正因王亶望手握“批项目”的权力，“坐省长随”才想尽办法讨好逢迎，只盼王大人在编造灾情时别厚此薄彼。

在当时甘肃官场，还有一句顺口溜：一千见面，二千便饭，三千射箭。其意是送一千两银子只能见王亶望一面；送两千两银子，有机会和王亶望吃顿便饭；送三千两银子，王亶望一高兴会在宴席上和送礼之人拉弓射箭。

可以想见，当腐败至此，那些因腐败而生、专门负责搞腐败的“坐省长随”，也面临一场激烈乃至残酷的内卷。

七

乾隆四十二年（1777年），王亶望高升了。

王亶望多年来“烧香拜佛”，终于收获回报。那些向他封官许愿的朝中大佬，也算“言而有信”。担任甘肃布政使三年之后，王亶望凭借耀眼的“政绩”，头顶“能臣干吏”的光环，离开兰州，回到朝思暮想的西子湖畔，升任浙江巡抚。其父王师曾官至江苏巡抚，如今儿子又当上浙江巡抚，父子两代封疆大吏，一时风光无两。

王亶望的接任者，即前文提到的王廷赞。不过此时的王廷赞，并非日后那个脑满肠肥的大贪官。他起自州县，任过甘肃多地的地方官，更因清廉有为，深得百姓赞扬。甘肃定西有座王公桥，地名沿用至今，其名由来即是纪念王廷赞。

更难得的是，王廷赞虽在甘肃为官多年，却未上王亶望的贼船。在王亶望手中，“灾情”简直成了香饽饽，只有那些不遗余力攀附自己的官员，才能分配到“灾情”。偏偏王廷赞不吃这一套，也没往兰州派什么“坐省长随”。于是，别人靠“灾情”发财，没他啥事。

王廷赞新官上任，立刻将王亶望留下的账本调来查阅，结果越看越不对劲。接着，他找来兰州知府蒋全迪询问。蒋全迪虽是王亶望的心腹，对新上司却也知无不言，一股脑儿地将冒赈之事交代了。

当然，蒋全迪不是坦白从宽，而是嚣张到无所顾忌。事情我说了，看你能拿我怎么办？事实证明，混迹官场多年的蒋全迪，绝不只是个滚刀肉。人家的嚣张，是有实力做支撑的。蒋全迪“坦白”之后，上自陕甘总督勒尔谨，下至官府里的普通衙吏，还有外地的地方官，纷纷站了出来，向王廷赞施加巨大压力。王亶望打造的这根腐败链条，果然不同凡响，当初大伙有“腐”同享，共同致“腐”，如今出了事，就得一起来扛。

此时王廷赞面临的境况是显而易见的。他真想铁了心做反腐斗士，即是和整个甘肃官场为敌。他若将冒赈案的真相揭露出来，立刻会有无数人头落地。这不仅是断人财路，更是断人活路。兔子急了还咬人，那些眼看人头不保的官员真会坐以待毙？有人欲抢先一步，直接杀王廷赞灭口，绝不是天方夜谭。一些研究资料就提到，那时的王廷赞感觉有人跟踪自己，还有些陌生面孔总在府衙前晃悠，不知意欲何为。

最终的结局是，王廷赞妥协了。他不仅对冒赈之事视而不见，甚至加入这个贪腐集团，成为这条腐败产业链里新的重要成员。从王亶望到王廷赞，布政使衙门里都是王藩台，贪腐手段也一切照旧。

至此，修建在河道上的王公桥仍在，人心中的王公桥已然崩塌。

俗话说干一行钻一行，当了贪官的王廷赞，也得有个当贪官的样子。除了放手敛财，贪官还得攀附权贵，给自己找一把保护伞。王廷赞费尽心机去攀附的，正是近年来在朝中飞速蹿起的政治明星和珅。尽管论年纪，王廷赞可以给和珅做爹，但官大不在年高，和大人手中那炙手可热的权力，足以令老朽王廷赞心甘情愿地匍匐在脚下。

小贪官王廷赞投靠了大贪官和珅，还有甘肃那些大大小小的贪官，依旧发着冒赈的财，谁都没有收手的意思。然而，贪腐这门生意，从来没有垄断者。贪官也有门派之分，在贪官的江湖里，更不缺各种内斗。王廷赞交给和珅的投名状，在别人眼中，没准儿就是战帖。

譬如，与和珅前后脚来到甘肃的阿桂与李侍尧，与和珅既是“贪友”，也是政敌。他们一面在贪腐路上结伴而行，另一面又在官场里斗得死去活来。

现在，来聊聊阿桂与李侍尧，以及他们同和珅之间的纠葛。不得不说，日后甘肃冒赈案能在阿桂与李侍尧手中真相大白，与这些官场旧事关联甚深。

阿桂来自满洲勋贵之家，父亲阿克敦曾历任两广总督、刑部尚书。不过，阿桂能在朝中飞黄腾达，绝不是靠父亲的关系，而是实打实的军功。这位贵族子弟早年间舍弃了京师优渥的生活，主动前往军前效力。此后几十年间，阿桂南征北战，乾隆年间的重大军事行动，如平定新疆、征讨缅甸、大小金川之战，他无役不予，逐渐成长为独当一面的军事统帅。

历史评价，阿桂为巩固多民族统一国家立下了重大功勋，他四次被绘像于紫光阁，两次名列第一。后来，在王亶望的大靠山、领班军机大臣于敏中死后，阿桂接替于敏中任领班军机，地位一人之下万人之上，书写出一段出将入相的佳话。

像阿桂这种人，生来不缺钱，平生对钱也没有太大兴趣。不过，阿桂能管住自己，却未必能管住身边人。阿桂的儿子阿迪斯，还有他的义子黄枚，都是如假包换的巨贪。

和珅心思缜密，长袖善舞，深谙官场之道，可不知为什么，当他在朝堂初露峥嵘时，矛头对准了位高权重的阿桂家族。

乾隆四十三年（1778年），和珅弹劾阿桂之子阿迪斯贪赃枉法，逮解京城审问。和珅逮住了阿迪斯贪腐的铁证——八箱金银。乾隆皇帝大怒之下，将阿迪斯发配伊犁充军，阿桂降二级留任。此后，和珅又把矛头对准在浙江平阳任知县的阿桂义子黄枚。和珅称黄枚贪污，并说阿桂有意包庇。乾隆皇帝下令彻查，黄枚一个知县，家财竟高达十二万两。

看着和珅铁腕反腐又屡屡得胜的架势，或许不排除一种可能，不是和珅存心当恶人，而是乾隆皇帝要和珅做一条咬人的恶狗。乾隆皇帝向来“疑人要用，用人要疑”，他一面重用阿桂，另一面又让和珅去找阿桂的不痛快，倒不值得奇怪。

无论和珅是真心反腐还是受人指使，总归将阿桂得罪了。《清史稿》里说：“阿桂遇之不稍假借。不与同直庐，朝夕入直，必离立数十武。”两人同朝为官，见面都几乎不打招呼了。

乾隆四十六年（1781年），甘肃苏四十三起义，乾隆皇帝先派和珅来到兰州，对排兵布阵一窍不通的他连吃败仗。不得已，乾隆皇帝祭出真正的战刀，令阿桂星夜赶赴兰州，统率西北各路大军。

阿桂既是来平叛的，也是来看和珅笑话的。当初，和珅将失利归因诸将不听调遣。阿桂一本正经地说：“是宜诛！”意思是说，真若这样，就该杀几个人头。接着，他与和珅一同升帐，召集将领部署作战方略，结果众将对阿桂的部署“辄应如响”。见部将令行禁止，阿桂转头问和珅：“诸将殊不见其慢，当谁诛？”阿桂这是赤裸裸地嘲笑和珅，我来了没见谁不听指挥嘛，你看该杀谁？大敌当前仍不忘揶揄同僚，只能说，阿桂与和珅结下的梁子，实在太深。

聊完阿桂，再来说李侍尧。李侍尧的先祖是降将李永芳，李永芳原为明军游击，万历四十六年（1618年）投降努尔哈赤，是明朝第一个投降后金的边将，被授为三等副将，并娶贝勒阿巴泰之女。尽管第一个投降并非什么光彩纪录，却不影响日后李氏一门在大清朝享尽荣华富贵。李侍尧的父亲官至户部尚书，李侍尧更是乾隆朝有名的“能臣”。清代常设的总督有八个，分别为直隶总督、两江总督、湖广总督、陕甘总督、四川总督、闽浙总督、两广总督、云贵总督。李侍尧宦海沉浮几十载，先后担任两广总督、云贵总督、陕甘总督、湖广总督、闽浙总督。天下八大总督，李侍尧一人就干过五个。

李侍尧是“能臣”，亦是大贪官。他到哪里任职，哪里就会出现贪腐弊案，无一例外。他任云贵总督时，就被下属举报，乾隆皇帝便派和珅前往查办。和珅很快查清，李侍尧到任后，多次向下属索贿。

像李侍尧这样的贪官，乾隆皇帝该查的时候查，该保的时候也会保。

九卿议政原本判了李侍尧“斩决”，乾隆皇帝却玩了一招“复下各省督抚议”。督抚们当然明白皇上的心思，上奏力保李侍尧，最终乾隆皇帝“采纳”了督抚们的意见，改判李侍尧斩监候。

等到甘肃苏四十三起义爆发，乾隆皇帝立刻想到了在西南屡建军功的李侍尧，令他接替勒尔谨，担任陕甘总督。

西北前线有了阿桂与李侍尧两员大将坐镇，战场形势果然逆转。恰在这时，乾隆皇帝又传来旨意，要阿桂与李侍尧查一查王廷赞与甘肃官场。要知道，王廷赞走的是和珅的门路，让阿桂与李侍尧来查和珅党羽，那才叫冤家路窄。阿桂的儿子如今还在伊犁充军，父子难得见上一面；李侍尧不仅被摘了乌纱帽，还在鬼门关走了一遭。这一切，都是拜和珅所赐。从前总被别人反腐，现在，老子也要反别人的腐了！

除了工作热情，“业务水平”也至关重要。《清史稿》这样记载李侍尧：“短小精敏，过目成诵。见属僚，数语即辨其才否。拥几高坐，语所治肥瘠利害，或及其阴事，若亲见。”这是说他很会驾驭下属，对他们的长短处尤其“阴事”了解得清清楚楚，故属下都怕他。

想来也是，李侍尧很喜欢索贿，若对下属的短处以及各种职位的“含金量”搞不清楚，索贿岂不成了抓瞎？像李侍尧这种贪了一辈子的家伙，一定对各种贪腐伎俩了如指掌。让他去查王廷赞等人，就如同让和珅去查阿桂家族与李侍尧，保证一查一个准。

李侍尧凭借惊人的直觉与判断力，很快就获得巨大的突破。首先，他调阅了布政使衙门历年来的账目，当时交到李侍尧手中的，都是经过处理的假账，但从这些假账里，他依旧瞧出了破绽。李侍尧发觉，数年来甘肃有个怪现象，哪里的捐监多，哪里的灾情就多。难道老天爷长眼了，知道这里捐监多出一笔银子，紧接着就来一场灾，把银子花出去？

李侍尧派出大量亲信实地调研。过于久远的事查不清楚了，就查最近几个月，通过实地走访，了解当地是否发生了灾情。这一来，假报灾情的事再也藏不住了。

最后，李侍尧又放出大招，将甘肃多地衙门的户房书吏抓起来，严刑拷问。李侍尧不愧为贪腐老手，且对清代官场的各种潜规则了然于胸，这个突破口，他又选对了。清代各级衙门大概有两本账，一本明账却是假的，另一本暗账才是真的。真账本通常由户房书吏掌管，也会定期销毁。不过，一些“心眼活泛”的户房书吏，会悄悄保存下几本暗账，用以自保或在关键时刻要挟上司。

不久，皋兰县一名户房书吏禁不住酷刑折磨，交出了一本自己偷藏的账本。在清代，皋兰乃甘肃首县，经济发达，地位特殊。皋兰的账本被查出后，终于有了一刀毙命的铁证。甘肃那张曾经密不透风的腐败大网，被撕开一条巨大裂缝。众官员见大势已去，纷纷抛弃了从前的攻守同盟，开始了竹筒倒豆子般的交代……

八

李侍尧贪了一辈子，却在甘肃当了一回反腐斗士，还在自己手上查出了一场中国封建历史上罕见的集体贪污案。不知这是将功补过，还是历史开的一场玩笑？

以皋兰县的账本为突破口，李侍尧一鼓作气，很快将甘肃冒赈案的真相查清。整起案件涉及甘肃官员二百余人，从陕甘总督勒尔谨，两任布政使王亶望、王廷赞，直至各地知府、县令，通省官员几乎被一网打尽。这些读四书五经、将礼义廉耻挂在嘴边的朝廷命官，争先恐后加入贪腐集团，案前有计划、有预谋，案中有组织、有配合，案后更绑定成一个统一利益体。七年时间，大约三百万两赈灾银被这些官员侵贪。

李侍尧可以查案，断案的权力却在乾隆皇帝手中。面对如此骇人听闻的大案，这位自信到自负的天子，究竟会如何决断？

乾隆皇帝对于腐败的态度，常令外界捉摸不定，一头雾水。他的爷爷康熙皇帝，是一位自诩“宽仁”，对贪官极尽宽纵的皇帝。他的父亲雍正皇帝，发起了一场暴风骤雨的反腐运动，因严刑峻法被称为冷面天子。乾隆皇帝不像父亲，也不像祖父，他的反腐忽宽忽严，充满了巨大的不确定性。

先摆出一个数据：乾隆一朝是清代诛杀大臣最多的时期。乾隆朝查处的二品以上大员贪污案三十多起，杀头的二十多人。大约平均每两年，就有二品大员因贪污案被杀。风霜之严酷，甚至超过了雍正年间。在乾隆六年（1741年），甚至发生过九门提督受贿一千两，被乾隆皇帝赐令自尽的“典型案件”，似乎展现出乾隆皇帝与腐败势不两立的态势。

然而另一面，众多“有口皆碑”甚至已经“验明正身”的超级巨贪，又在乾隆皇帝手下混得风生水起。乾隆皇帝对这些贪官的斑斑劣迹，完全一副漠视的态度。众所周知的和珅，就是乾隆皇帝一手栽培起来的巨贪。要说乾隆皇帝对和珅的贪腐之事浑然不知，当真连鬼都不信。还有李侍尧，不仅贪得无厌，还被抓了现行，打入大牢。可当朝廷“用人之际”，李侍尧很快东山再起，从囚犯变身封疆大吏。此后，李侍尧并无半点收敛，走一路贪一路。每当他贪到天怒人怨时，乾隆皇帝对他的惩罚，则是换个地方当总督。

还有两广总督富勒浑也是大贪官，不仅盘剥广东百姓，还敲诈外商。劣迹暴露后，乾隆皇帝给判了个斩监候。在清代，斩监候通常是不会死的。李侍尧被判斩监候，半年后就走出大牢，上任陕甘总督。富勒浑没有李侍尧那般好命，未能复出重掌权柄，但好歹保住了小命。

正因为乾隆皇帝这种对腐败飘忽不定、因人而异的态度，许多人评价乾隆皇帝搞的是忽宽忽严的情绪化反腐。当然，在天纵英明且自信心爆棚的乾隆皇帝看来，这一切都没什么问题。忽宽忽严不正是宽严相济吗？运用之妙存乎一心，要的就是别人猜不透，这才是臣下不能测之威仪！

其实，情绪这种东西也是有规律可循。起码乾隆皇帝的情绪化反腐，并非完全随心所欲，杂乱无章。在笔者看来，乾隆皇帝情绪化反腐所遵循的规律，即可以容忍腐败，但绝不容忍欺骗与背叛。

梳理乾隆朝的几桩大案，莫不如是。当年震惊朝野的九门提督鄂善受贿一千两被赐死案，起因是京城一名靠给皇家建造宫廷发家致富的俞姓富商过世，家人想让老爷子最后风光一把。俞家人出手阔气，前来吊唁的官员不仅不收丧仪，反而另赠一份厚礼。如此一来，朝中重臣乃至王公贵族纷纷前去，把一场丧礼搞得无比热闹。乾隆皇帝看不下去了，心想这么多朝廷命官去给一个“包工头”送葬，还要不要脸？乾隆皇帝命九门提督鄂善暗中调查此事，却不知鄂善与俞家关系不错，这一回还收了人家一千两银子。鄂善吃人嘴软，所谓调查难免敷衍，最终事情败露，乾隆皇帝勃然大怒。

九门提督是何等重要的职位，在忠诚问题上岂能有半点含糊？贪几十万两、几百万两的和珅、李侍尧照旧官运亨通，受贿一千两的鄂善却落了个自尽结局。

从李侍尧、富勒浑、鄂善等人的命运不难看出，身为朝廷命官，纵然盘剥百姓、索贿下属，或者敲诈外商，在乾隆皇帝那里都罪不至死，一个斩监候算是“顶格处罚”了。然而，谁胆敢欺瞒朕，把朕当傻子玩，那便是不忠，纵然长一万个脑袋也不够砍。

明白了这些，勒尔谨、王亶望、王廷赞等甘肃大小官员的命运也就注定了。富有四海的乾隆皇帝不在乎几两银子，但绝不能吞咽下被人愚弄的屈辱。从乾隆皇帝的各种诏旨、诗词中都能看出，这是一个迷之自信的人物，秦皇汉武、唐宗宋祖尚且不在话下。一个原本应当玩弄天下人于股掌之上的君主，居然被一帮臣下串通一气，在长达七年的时间里给玩得团团转。不杀个血流成河，难出胸中恶气。

乾隆四十六年（1781年）秋，皇帝降旨，将总督勒尔谨，两任布政使王亶望、王廷赞等五十六名官员正法，免死发遣四十六人，革职、杖流、病故、畏罪自杀数十人。

当然，如果严格执行大清律，要掉脑袋的官员绝不止五十六人。正因为甘肃官场的“集体沦陷”，乾隆皇帝不得已临时画出一条两万两白银的死罪线：贪污超过两万两的，人头落地；两万两以下者，还可以酌情处理。

这里我们倒不必苛责乾隆皇帝不依法办事。首先，依法办事从来不是封建帝国的治理传统，天子一怒永远比律法更具有权威与震慑力。其次，以乾隆皇帝的性格，何尝不想把欺骗自己的人全部碎尸万段？但他毕竟是一位成熟的政治家，深知将一省官员集体屠杀后将遭遇的危机。从某种程度来说，乾隆皇帝的刀下留人，也算好汉打掉牙和血吞。

九

甘肃冒赈案——这个大清帝国以及中国封建历史中规模最大、最骇人听闻的集体贪污案——就此落下帷幕。有两人并非案中人，却因此案而命运逆转，在此或可提上一笔。

第一个是陈辉祖。他与王亶望一样，父亲曾官至两广总督，自己也做到了闽浙总督。甘肃冒赈案爆发时，王亶望离开甘肃多年，在浙江担任巡抚。乾隆皇帝传来谕旨，让陈辉祖率兵去抄王亶望的家。

王亶望果然是个大贪官，史书记载“籍其家，得金银逾百万”。面对王亶望家的金山银山，陈辉祖怦然心动，干了一件既愚蠢更与自己身份不相符的龌龊事——通过调包将王亶望家的珍宝据为己有。陈辉祖调包的手段很低劣，甚至连抄家底册也没来得及修改，一来二去便被人发现了。

在清代，抄家的兵丁借机发财不是什么新鲜事，甚至成为一种陋规。然而，陈辉祖这样的封疆大吏、堂堂总督，居然也像兵丁一般贪婪与猥琐，干出偷鸡摸狗的勾当，实在令人匪夷所思。

事情败露后，陈辉祖被判斩监候。前面说过，斩监候通常不会死，乾隆皇帝也的确没打算置陈辉祖于死地。他帮陈辉祖开脱："辉祖罪固无可逭，然与亶望较，终不同。"此外，还把陈辉祖定义为"盗臣"。

看得出来，乾隆皇帝对王亶望是真恨，恨得咬牙切齿。陈辉祖就不同了，他并没有挑战皇帝的智商，只是一时利欲熏心，干了些小偷小摸的勾当，算个盗贼而已。如同一个人被骗与被偷，其心态是截然不同的。被偷不过一时不小心，被骗则是在一场智力较量中一败涂地，不仅钱财受损，更丢人现眼。

眼看陈辉祖能捡回一条命，可惜这家伙平素人缘太差，落马之后，闽浙总督富勒浑、浙江巡抚福崧、福建水师提督黄仕简等诸多昔日同僚不断上奏揭发。反正是个瞧不上眼的"盗臣"，乾隆皇帝懒得再保，顺水推舟改判陈辉祖自尽。

第二个是吴卿怜，是个明眸皓齿、色艺兼胜的女子。《梼杌近志》一书中这样记载吴卿怜："先为平阳王中丞亶望妾，王坐事伏法吴门，戟门侍郎蒋锡棨得之，以献于珅。珅败，卿怜没入官。"吴卿怜本是苏州的一名歌姬，十五岁时被王亶望纳为小妾，跟随王亶望十年。以此时间推算，王亶望当年在浙江任布政使时，吴卿怜已是枕边人。王亶望赴甘肃为官，制造出震惊天下的冒赈案时，吴卿怜应当跟随在情郎身旁。

王亶望伏法，吴卿怜顿时名花无主了。此后，一名姓蒋的侍郎将吴卿怜转送给了和珅。吴卿怜果真天生丽质，不久便令万花丛中过的和珅为之倾倒。吴卿怜成为和珅最宠爱的小妾，和府中的"长二姑""二夫人"。待和珅倒台，吴卿怜自尽而亡。

吴卿怜颇有文采，写过不少诗，将自己与王亶望、和珅两代巨贪的情事，引入了诗的港湾。"晓妆惊落玉搔头，宛在湖边十二楼"，这是回首当年与王亶望的缠绵悱恻。王亶望任浙江巡抚时，在湖边为爱妾修建一座宝楼，名曰“十二楼”。“白云深处老亲存，十五年前笑语温”，这是追忆与权倾天下的和珅十多年来夜半无人时的热情与温存。

当然，吴卿怜也会感叹自家身世，“三十六年秦女恨，卿怜犹是浅尝人”，“回首可怜歌舞地，两番俱是个中人”。

有人因为这些诗，感叹雨打浮萍，甚至惋惜吴卿怜，说她是一个无助的弱女子。吴卿怜的诗固然写得不错，她却绝非什么弱女子。如果说她是可怜之人，那也是可怜之人必有可恨之处。真正的弱女子，岂能两入贪门，二十多年里享尽人世间第一等的荣华富贵？她的命运多舛，不过是留给贪官们的又一个荒唐镜头。

甘肃冒赈案落幕，王亶望走上黄泉路。他留下的钱，令陈辉祖贪心再起；他留下的女人，令和珅意乱情迷。乾隆盛世里的贪官，就这样“生生不息”“前腐后继”。

第十章

福建大狱案

乾隆盛世的“压轴大戏”

尽管乾隆皇帝足够优秀与努力，但史学界对乾隆皇帝的评价，始终赶不上秦皇汉武、唐宗宋祖。这或许不是个人的缺陷，而是时代的无解题。乾隆皇帝本是一位出类拔萃的皇帝，可惜生活在一个无论东西方，皇帝都即将大规模下岗的时代。整个封建制度已病入膏肓，绝非乾隆皇帝一己之力能改变的。

一

公元1795年，大清乾隆六十年，这是漫长的中国封建历史中一个极其特殊乃至绝无仅有的年份。

封建王朝的最高统治者是九五之尊的皇帝，皇帝又是终身制，从没有退休一说。因此，任何一次王朝更替，都带有极大的不可预测性——谁都不是神仙，无法精准预测出老皇帝的大限之日，无论他是老病而亡、被外敌暴力推翻，抑或惨死于周遭亲信之手。

唯独乾隆，成为例外。普天之下所有人都知道，御宇六十载的乾隆皇帝将要退位，成为太上皇，新皇帝是乾隆皇帝的第十五子——爱新觉罗·永琰。

在乾隆皇帝之前，中国历史上出现过好几位太上皇，有名的如唐高祖李渊、唐玄宗李隆基。这些太上皇，没一个是自愿退位的，无不晚景凄凉。熟读史书的乾隆皇帝，当然清楚太上皇这个尊贵身份背后的尴尬处境，但曾经许下的诺言，总不能翻脸不认账吧？

遥忆六十年前，刚登基的乾隆皇帝去祭拜祖父康熙皇帝时，发誓道：“蒙眷佑，得在位六十年，即当传位嗣子，不敢上同皇祖纪元六十一载之数。”乾隆皇帝的意思是说，祖父康熙皇帝是古往今来最伟大的皇帝，他的诸多纪录都是无法超越的。自己若在位六十年，一定会传位给后代，绝不敢超越康熙皇帝在位六十一年的纪录。

乾隆皇帝的这个“宏愿”，起初只被当笑话看。康熙皇帝八岁登基，六十九岁去世，在人生七十古来稀的古代社会，已是罕见高龄。乾隆皇帝登基时二十五岁，真能在位六十年，可就八十五岁了！

没想到，乾隆皇帝真就这么长寿。六十年弹指一挥间，八十五岁的“十全老人”虽已白发苍苍，依然身体康健、精神矍铄。乾隆皇帝有十七个儿子，到乾隆六十年（1795年）时，十三个儿子都已先父亲而去。白发人送黑发人，送了十三回，白发人依旧岿然不动，足见他的命有多硬。

君无戏言，何况乾隆皇帝还是一个极爱面子的人。经过认真权衡与激烈的思想斗争，在乾隆六十年九月初三这一天，乾隆皇帝于圆明园勤政殿召见皇子皇孙、王公大臣，宣示立皇十五子嘉亲王永琰为太子，以明年为嗣皇帝嘉庆元年，届期归政。

乾隆皇帝兑现了自己的诺言，顿时让乾隆六十年成为一个独特而敏感，甚至在中国封建王朝历史中空前绝后的年份。

此刻，正在南方担任闽浙总督的伍拉纳，是一位深谙官场之道的满人权贵。他十分清楚，在这个节骨眼上，不出事就是本事。于是，他先隐瞒了福建全省大面积饥荒的消息，接着又渡海赴台湾（乾隆年间，台湾尚未建省，隶属福建），指挥镇压台湾的民变。伍拉纳东奔西走，为的就是不给即将禅位的乾隆皇帝添任何堵。

经过一番努力，台湾的民变被官军镇压，福建的饥荒也出现好转迹象。身在酷热潮湿的台湾岛上，伍拉纳的心情放轻松了些，甚至开始琢磨，再隔几天就打道回府，回到福州的官署内，过几天舒坦日子。

就在这时，远在京城的乾隆皇帝传来谕旨。这道谕旨从北京一路南下，马不停蹄抵达福州，接着又乘船渡海送来台湾。在谕旨里，乾隆皇帝将伍拉纳痛骂了一顿，甚至说出了“不知羞耻，可笑之至”八个字。

究竟怎么回事？台湾岛上的伍拉纳，一下彻底蒙了！

二

觉罗·伍拉纳，满洲正黄旗人，宗室成员，亦是本文所要讲述的福建大狱案的主角。在某些资料中，也将伍拉纳的全名写作爱新觉罗·伍拉纳。

说明一下，伍拉纳的全名只能是觉罗·伍拉纳，所谓爱新觉罗·伍拉纳的表述，是错误的。在大清王朝，绝不是所有觉罗都能叫爱新觉罗。

澄清一个概念，在耳熟能详的爱新觉罗中，觉罗是姓氏，爱新是族名。类比一下吧，张是姓氏，桐城张氏就单指某个家族了。天下姓李的人很多，人家问你贵姓，你说免贵姓李不打紧，但非说自己出自陇西李氏，就属于胡诌了。

当年的满洲，觉罗是一个大姓，爱新在满语中是金子的意思。如今史学界大多认为，爱新觉罗是清朝皇室特别创造出来的一个“族名+姓氏”——如金子般尊贵的觉罗——用以彰显自身地位。也就是说，起码在努尔哈赤这一代，他的本名并不叫爱新觉罗·努尔哈赤，而是觉罗·努尔哈赤，只不过日后发达了，在觉罗这个姓氏前加上“黄金”。这也解释了另一个现象，为何民国建立后，许多爱新觉罗氏后裔改姓金。

随着清朝建立以及入主中原，他们对于皇族宗室的认定，有了更严格的标准。具体来说，就是以努尔哈赤之父塔克世为分界线。塔克世的子孙是近支宗族，可以称爱新觉罗。这些爱新觉罗，能够在腰间系一条黄色带子，故而被人称作“黄带子”。塔克世兄弟的子孙则为远支宗族，不能称爱新觉罗，只能叫觉罗。这些觉罗依旧属于宗室成员，可以在腰间系红色带子，被人称为“红带子”。

再说简单一点，那些“黄带子”的爱新觉罗，是皇帝的近亲，东北话也叫“实在亲戚”。“红带子”的觉罗，就是远房亲戚。

身为“红带子”的觉罗·伍拉纳，一度在乾隆朝的官场里混得风生水起。同时，他还在无意之间，为中国戏剧发展做出了重大贡献。

乾隆五十五年（1790年），为庆贺乾隆皇帝八十大寿，身在江南的闽浙总督伍拉纳征选了徽班中的三庆班，专门前往京城演出。这就是京剧形成和发展历史中的一个里程碑事件——徽班进京。从此，京剧这一国粹登上历史舞台。

既是宗室成员，又懂得投皇帝所好，一手促成徽班进京的封疆大吏伍拉纳，近来一直想的就是如何“平稳过渡”，别在乾隆皇帝禅位前弄出任何岔子。看上去他的努力没有白费，尽管福建全省饿殍遍地，但绝大部分饥民被成功安抚或者震慑住。

这也是此刻孤悬于台湾岛上的伍拉纳想不通的地方，一番忙活，没有功劳也有苦劳吧？怎么老皇帝一句褒奖没有，反而千里迢迢传旨，把自己骂了个狗血淋头？

真实原因是，当伍拉纳“夙夜在公”之时，有人却在身后狠狠捅了刀子。捅刀子的不是别人，正是他的老熟人、老冤家，此时担任福州将军的魁伦。

都说清承明制，可清代官制比起明代，还是有许多不同。清朝入关后，在全国设立了十四个驻防将军，诸如西安将军、广州将军、成都将军等，成为统辖各地八旗军的最高将领。清代总督负责所辖地区的民政、财政，也能调动绿营官军，但驻扎当地的满蒙八旗的指挥大权，却在驻防将军手中。

清朝入关之初，便有汉人出任各省督抚。但有清一代，担任驻防将军的始终是旗人。许多叱咤风云的满人权贵，都担任过驻防将军。如道光年间的名臣，鸦片战争中的主和派代表琦善，曾担任成都将军，之后转任四川总督；晚清风云人物，最受慈禧信任的荣禄，担任西安将军多年后被召回京，接替李鸿章统领北洋。

写到这里，有人或许会提出反证：谁说担任驻防将军的必须是旗人？

雍正年间的年羹尧，乾隆年间的李侍尧都是汉人，他们都担任过驻防将军。年羹尧任过杭州将军，李侍尧任过广州将军。

既然是漫聊历史，不妨多说几句。读清代历史，区分满人、旗人、汉人的身份十分关键。年羹尧、李侍尧都是汉人，但他们不是普通汉人，而是旗人。类似的还有曹雪芹家族，虽是汉人，但早在山海关外便归顺大清，全家入旗籍，成为旗人。我们知道，八旗制度中，不仅有满八旗，还有蒙八旗、汉八旗，因此，一部分蒙古人、汉人成为旗人，是顺理成章的事。不过，满人与蒙古人、汉人又不一样，他们是全体入旗。可以这样说，满人全部都是旗人，但旗人未必都是满人。

所以，年羹尧、李侍尧等旗人，与晚清的曾国藩、李鸿章等汉臣，在清朝皇帝眼中是截然不同的。旗人可以自称奴才，汉臣只能称臣。旗人可以当驻防将军，汉臣却不行。

说回驻防将军。外界普遍认为，驻防将军的实权不及总督，驻防将军若调任总督，大多属于提拔重用。同时，按照朝廷制度，驻防将军的地位又比总督高。驻防将军与总督同驻一省者，若会同奏事，以将军领衔。

从一系列的制度安排就能看出，驻防将军与所在地的督抚是一种互为牵制、互相监督的关系。因此，要说闽浙总督伍拉纳与福州将军魁伦之间亲密无间，那是绝无可能。

然而，矛盾也有大小之分。有时面和心不和，也能假装一团和气，有时“一团心结”四个字，还可以缩写成“团结”。奈何伍拉纳与魁伦之间矛盾太大，心结打成了死结，装都装不出和气来。

细究起来，先朝对方下死手的，竟是伍拉纳。伍拉纳知道魁伦好色，经过一番细致谋划，拿到了魁伦狎妓的黑材料。《大清律例》中有明确规定：“凡官吏宿娼者，杖六十，媒合人减一等。”也就是说，只要伍拉纳出手，魁伦的乌纱帽几乎不保。

偏偏在此时，伍拉纳迟疑了，将魁伦狎妓的相关证据存放起来，没有立刻上奏乾隆皇帝。伍拉纳费尽心机去搜集政敌的黑材料，为何不用？其中的来龙去脉，实在是一团迷雾，外人难以知晓。我们只能猜测，像伍拉纳这样的官场老油条，不会心慈手软，大概觉得在这样一个敏感时刻，掀起一场官场内斗，时机不知是否妥当，会不会反噬到自身。要收拾魁伦，有的是机会，不妨等到禅位大典之后，待政治形势稍微明朗……

伍拉纳一心求稳，不愿在敏感时刻生出事端，按说这种想法也没错，但他的保密工作实在太差。伍拉纳的府上，早有魁伦安插的眼线，一来二去，魁伦知道了伍拉纳手握自己的黑材料，同时又引而不发之事。

这一下，魁伦坐不住了。他深知，对手握有大杀器，一旦率先进攻，自己招架不住。唯一的机会，只能先下手为强。作为落后一方，魁伦不能像伍拉纳那般，瞻前顾后去考虑如今的政治气氛如何，时机是否合适等。他已被逼到墙角，只能采取搏命的打法。只要先动手，就是好时机，一旦慢人一拍，无异于坐以待毙。

于是，魁伦开始疯狂收集对手的各种污点，打算来个将军先告状。魁伦的运气确实不错，恰在此时，福建进入多事之秋，先是蔓延全省的大饥荒，接着台湾饥民起义，攻占彰化，把知县都杀了。在魁伦看来，这绝不是什么天灾，而是伍拉纳一手酿成的人祸。同时，为了赈灾、平乱，伍拉纳与自己的死党，时任福建巡抚浦霖，整日跨山渡海，奔波于全省各地，好几个月不在省城福州。如此一来，魁伦稳坐在全省的政治中心，大可以谋定后动，好整以暇。

伍拉纳也是政坛老手，能爬到总督高位，不知经历了多少官场倾轧与内斗。要说一点察觉没有，或许不尽然。当年三月左右，台湾饥民暴动，攻占彰化县的军报传至北京，乾隆皇帝立刻传旨，要伍拉纳渡海前往台湾，指挥平乱。伍拉纳没有奉旨而行，而是留在泉州，同时上奏请示，说台湾的叛乱并非大患，只要派兵登岛，很快就能镇压。

可以合理怀疑，伍拉纳是否预感到了什么，所以才壮着胆子跟皇帝讨价还价，不愿意离开老巢。可远在北京的乾隆皇帝放心不下，接连发来旨意，让伍拉纳渡海前往台湾，务必将叛军悉数“剿灭”，同时安排部署战后的恢复工作。

就这样，伍拉纳动身去了台湾，福建巡抚浦霖继续在全省各地赈灾，全省的政治中心福州，继续成为魁伦一个人的舞台。魁伦的弹药已准备充分，敌人却后院空虚，此时再不动手，更待何时！

三

乾隆六十年（1795年）三月，魁伦趁着伍拉纳与浦霖不在省城的时机，发动了第一波攻击，上奏弹劾福建各州县亏空严重，沿海有海盗袭扰，同时米价疯涨，省内饥荒蔓延。堂堂福州将军，上书检举同省的总督、巡抚，一上来就火力全开。

乾隆皇帝收到奏章后，很快做出一个决定，让浦霖卸任福建巡抚，进京候旨。请注意，浦霖并非被革职问罪，而是“进京候旨”，几乎可以看成一场正常的人事调整。

魁伦自然不干了。他知道这回已经撕破脸，如果不把对手干掉，将来后患无穷。再说了，只把浦霖弄走，很快伍拉纳就会从台湾回来，到时能有自己的好果子吃？

很快，魁伦发动了第二波攻势。他再次上奏，检举伍拉纳与浦霖在赈灾过程中，挪用甚至贪污救灾款。

魁伦的锲而不舍终于收到回报，不久，乾隆皇帝向伍拉纳掷下严旨。这就有了前文所描述的那一幕，远在台湾岛上，信息闭塞的伍拉纳，被从北京来的上谕骂得不知所措。甚至，乾隆皇帝还将伍拉纳“立即革职，交福州将军魁伦严加审讯”。

伍拉纳被革职，被交到老对头魁伦手中“严加审讯”，意味着福建大狱案正式拉开序幕。

翻阅福建大狱案的各种史料，有关案情经过的记载不可谓不详尽，然而有一点，却历来被人忽视——促使乾隆皇帝将伍拉纳革职的，真是魁伦那几封告状信吗？

要知道，伍拉纳不是一般人，是堂堂封疆大吏。若没有皇帝信任，官场内的奥援，以及多年来苦心经营，能爬上这个高位？别的不说，就说伍拉纳的亲家吧，可是在朝堂上如日中天的和珅。

按照政治常识，伍拉纳这种级别的官员，即便遭遇举报，皇帝也会派出大臣，专门南下进行调查，而非听信举报者的一面之词。在本案中，乾隆皇帝连这种最基本也合乎常理的“常规调查”都省了，没给伍拉纳任何解释机会，直接革职。

更加不可思议的是，乾隆皇帝既没派出钦差大臣南下，也没有将伍拉纳立刻押解进京，反而留在福州，交由福州将军魁伦审讯。魁伦与伍拉纳是老冤家，还是举报者，怎么说也该避嫌，天底下哪有让举报者来审讯被举报者的道理？若魁伦不能审出一桩铁案来，自己就成了诬告者，你说他会怎么对待伍拉纳？

乾隆皇帝这一连串违背政治常识的举动，让人感觉他不是审案，而是存心整人。那么，以乾隆皇帝之尊，为何要去整区区一个伍拉纳呢？

在此，且容卖个关子，待咱们把整桩案件梳理完毕，再将笔者一家之言奉上。另外，也只有看清福建大狱的全貌，才能更接近乾隆皇帝的真实心理。

被革职的伍拉纳，从台湾返回福州。这一边，魁伦早已摩拳擦掌，要痛打落水狗。在审讯中，魁伦选择的第一个突破口是亏空问题。此前他在弹劾奏章中提到，福建各州县亏空严重。魁伦只是福州将军，并不管理财政，所谓当地亏空严重，大概是听到一些风声，却没有真凭实据。魁伦或是以为，亏空问题涉及真金白银，皇上历来重视，只要把亏空查清，就坐实了伍拉纳贪赃枉法，自己这个反腐英雄也当稳了。

事实很快证明，魁伦这个突破口，选得十分精准也无比糟糕。

魁伦会同新到任的福建布政使田凤仪，对福建全省库银进行清查。不查不知道，一查吓一跳。且不论州县一级，仅福建省一级的藩库与省会福州，初步调查的亏空就高达二百五十万两。

如此骇人听闻的亏空，总督伍拉纳难辞其咎。可麻烦的是，伍拉纳这个巨贪下面，还牵着无数或大或小的贪官。前任福建巡抚浦霖、福建布政使伊辙布、福建按察使钱受椿，全被牵连进来。除了这几位“省级高官”，地方的知府、知县也难逃干系。台湾道杨廷理、候补知府徐梦龄、福州知府邓廷辑、泉州知府张大干，以及十多个知县，全都被卷了进来。

最倒霉的要数新任福建巡抚姚棻。前任巡抚浦霖被解职后，姚棻由云南巡抚平调而来。刚来福建不久，也被卷入亏空案。原来，姚棻十多年前曾在福建做过地方官，如今也被人举报任内有亏空。正因牵涉官员众多，后世遂将此案称作“福建大狱”。

望着堆积如山的案卷，魁伦心里却是一波三折。一开始，他自然开心，与自己斗法多年的伍拉纳，终于被打成巨贪，再无翻身之日。接着，他大概会感觉惊讶，没想到福建亏空问题如此严重，涉案官员如此之多，连山跨海的八闽之地，几无一寸净土。到后来，魁伦又变得忧心忡忡，甚至不寒而栗。对魁伦来说，反腐只是手段，斗垮伍拉纳才是目的。只要目的达到，自己可不想真当什么反腐英雄。魁伦的敌人只是伍拉纳，绝不想与整个福建官场为敌。奈何眼下的局势，亏空案这把火越烧越大，魁伦已然成为整个福建官场的公敌。行走官场多年的魁伦深知，一个人即便官阶再高，一旦同整个官僚队伍反目，下场也会凄惨无比。

有一个故事，说垂钓者在船上守候多时，忽然手一抖，发觉鱼上钩，心里一阵狂喜。往上提鱼竿，居然提不动，垂钓者愈加兴奋，看来这是一条大鱼。又提了几回，还是收不上竿，垂钓者心里开始犯怵，底下是个什么家伙？最终，当垂钓者发现自己钓到一条鲨鱼时，吓得魂飞魄散，唯恐落个船翻人亡的结局。

魁伦的处境，与故事中的垂钓者何其相似！

眼看亏空案的火越烧越大，魁伦胆战心惊，乾隆皇帝也有些坐不住。一方面，他发来圣旨，催促福建方面查清案情；另一方面，又发布了一道意味深长的人事任命。前任闽浙总督伍拉纳、福建巡抚浦霖被革职后，乾隆皇帝曾有谕旨，让魁伦署理闽浙总督，调姚棻任福建巡抚。如今，姚棻一到任就因为牵涉旧案被解职。乾隆皇帝相应做出人事调整：让魁伦署理福建巡抚，同时调两广总督长麟，赴福建署理闽浙总督。

这样的人事安排，体现出乾隆皇帝对魁伦的不满。魁伦从原本的“一把手”，降格为“二把手”。至于乾隆皇帝对魁伦不满，是觉得魁伦查案力度不够，没能一查到底，还是认为魁伦在福建兴起大狱，过于草率，就只有臣子自己去揣度了。

四

新任闽浙总督长麟走马上任，接过魁伦留下的烂摊子。

长麟来到福州后，很快亮明了自己的态度——亏空案牵涉官员太多，不能再深挖下去了，必须想方设法，大事化小。

写到这里，有人或许会疑惑，乾隆皇帝的谕旨，不是要“一查到底”吗？前不久，京城还传来圣旨，要求“将该省各处仓储何处亏缺若干，是否系州县任意侵挪舞弊抑或上司通同弊混之处，逐一查明，据实联衔具奏”。好你个长麟，吃了豹子胆，竟敢抗旨欺君？

长麟的确是在抗旨，至于是否欺君，倒不一定。毕竟，煌煌圣谕中所写，与君王的真实内心世界，并不全然画上等号。所谓高处不胜寒，那些封建王朝的统治者，往往也会干出身不由己之事，说出言不由衷之语。比如，皇帝登基时都要“三辞三让”，表示自己功薄德寡，不能登帝位。对这些话，臣子千万信不得，必须反着听。还有曹操的“鸡肋”，明代嘉靖皇帝故弄玄虚的字谜，臣子若只看字面，一定会吃大亏。

在长麟看来，乾隆皇帝那一道道催促查明案情的谕旨，依旧是灯谜，谜面是“一查到底”，谜底却是相反的意思。要知道，乾隆皇帝贵为九五之尊，还是一位极好面子的君王，他总不能在圣旨里公开说，禅位大典在即，你们不要整这些破事来扫兴！富丽堂皇的乾隆盛世，非得以一场大狱来收尾吗？如此，君臣颜面何在？

这些话，乾隆皇帝是绝不能说出口的。一旦说了，或是白纸黑字写在圣旨里，无异于让后世逮到了骂自己是昏君的把柄。因此，除了将严惩贪腐之类的话再三重复，乾隆皇帝还能说什么、做什么呢？

哦，对了，他还干了一件事，就是将捅出亏空案的魁伦降职，改派长麟负责查案。这样的人事安排，不知臣子能否解出个中三昧？

以上这些，大概就是长麟绞尽脑汁所揣度出来的上意吧。否则，任谁都无法解释，被乾隆皇帝钦点来的长麟，为何新官上任的第一件事，就是同圣旨对着干。

长麟是否猜中了乾隆皇帝的心思？从事件的后续发展来看，似乎很难给出一个标准答案。但毕竟，人家押上自己的官运乃至身家性命，在这张官场考卷上写下了自己的解题答案。

新来乍到的长麟打定了大事化小的主意，还得与魁伦通气。魁伦虽不再是闽浙总督，却署理福建巡抚，是福建官场的“二把手”。魁伦本是此案举报人，此刻却对大事化小的思路十分赞成。只要扳倒伍拉纳即可，自己绝不想与整个福建官场为敌。

两人一拍即合后，长麟拿出更细致的方案——调整办案方向。亏空案牵涉面太大，不能再查下去。魁伦曾举报伍拉纳与福建巡抚浦霖在赈灾过程中存在挪用问题，正好将此作为“主攻”方向。

长麟是乾隆、嘉庆时期的名臣，收获了两代帝王的信任，屡膺封疆重任，最终官至翰林院掌院学士。在乾隆、嘉庆朝官场中，他还是出了名的不倒翁。福建大狱案中的相关官员，最终能得善终者，长麟是屈指可数的几人之一。从长麟拿出的方案，即可看出此人道行之深，以及他对官场、人性的老练洞察。将挪用赈灾款作为调查的主要方向，一方面确保了魁伦的利益——死对头伍拉纳必定垮台，魁伦照样举报有功；另一方面，打击面将大大缩小，长麟与魁伦都用不着得罪那么多人。

统一意见后，办案人员立刻开始深挖挪用赈灾款的事情。很快，前任闽浙总督伍拉纳、前任福建巡抚浦霖、前任福建布政使伊辙布等人挪用赈灾款，且在里头上下其手之事，便被翻了出来。

当初，福建遍地饥荒，灾情严重。伍拉纳与浦霖、伊辙布商议，将漳州赈灾专款六万两挪到泉州。应当说，这不是什么大问题，伍拉纳身为封疆大吏，有临机专断之权。可是，被挪到泉州的六万两赈灾银，却被人动了手脚——这些库银都被换成了铜钱。

清朝的货币体制大体上是银铜并用，市面上银两与铜钱同时流通，两者之间有一定的兑换比例。官方兑换标准长期维持在一两白银兑换一千文铜钱，但在现实经济活动中，白银的购买力更强，一两白银可以兑换的铜钱远不止一千文。官价和实价的差额，给不少人提供了巨大的牟利空间。

经过调查发现，这批被挪用的赈灾款，被人从中吃了“差价”。有人按照一千四百文铜钱兑换一两银子的“实价”提取官银，却以一千文铜钱折合一两银子的“官价”发放赈灾款。其中的差额部分，被人揩了油。

直到此时，事情还是按照长麟的预估在发展。既抓出了腐败分子，又将腐败分子的范围控制在一个可以接受的程度。魁伦没准儿也会想，长麟不愧在官场里打滚多年，比自己这个大老粗有手腕，该整的人往死里整，能不得罪的人也不去得罪。

但很快，剧情将再度反转。精于算计的长麟只能摇头叹息，千算万算，终究百密一疏。刚舒了一口气的魁伦重新紧张起来，并在心里嘀咕，长麟老兄呀，你也未见得比我高明。

让剧情反转的关键，是一个名叫周经的福州富商。

调查中发现，被挪用的六万两白银中，真正被人利用银铜之间的兑换标准动了手脚的，只有两万两。剩下的四万两呢，是否原封不动用到了灾民身上？当然不是。剩下的四万两，压根儿没用于赈灾，而是借给了一个叫周经的富商。十万火急的赈灾款，居然借给了一个商人，实在让人惊掉下巴。

五

让我们聊一聊周经其人以及他的生意，看一看究竟是何方神圣，竟能从赈灾款中借走真金白银。

周经在成为富甲一方的人物之前，是福建藩库的一名书吏。在甘肃冒赈案中，我们提到过书吏。简单来说，书吏是地方政府里的“临时工”，主要工作是掌管衙门的文件档案。书吏的地位并不高，能做书吏的大多是科举落第或没有官职的知识分子。不过，比起那些在全国各地调来调去的官员，书吏多是本地人，熟悉当地政情，久而久之竟成为清代政治体系中独特而重要的角色，以至出现“本朝与胥吏共天下”的说法。

清代官员的俸禄很低，雍正皇帝改革后，官员有了养廉银，经济状况有所好转。书吏的工资比官员更低，且没有养廉银，要维持一家人生计十分困难。然而实际上，书吏是一份令人羡慕乃至趋之若骛的职业。不用说都知道，书吏的主要收入是灰色的。除了贪赃枉法，书吏还利用权力制造出各种陋规。比如，下级要来上级处调阅某个文档，或是下级的卷宗要归入上级衙门的档案库，凡经书吏之手，就得收规费。雍正皇帝登基后，曾连发十一道谕旨，力图整治“书吏之害”。可惜，砍一两个贪官的头容易，要整治成千上万只蛀虫，却比登天还难。一阵风过后，书吏依旧“逍遥自在”。

周经守着这样一份吃香喝辣的书吏工作，足够令许多人羡慕。然而令人诧异的是，他居然主动辞职，下海经商去了。周经下海后所做的生意，与之前当书吏的工作联系紧密。福建省内通过不同渠道汇聚到藩库的银子，多是散碎银两，需要熔铸成标准的官银。这时，主管藩库的布政司衙门会找市面上的银店进行熔铸。周经之前在藩库做书吏，辞职下海后，开起一间银店，专门接布政司衙门白银熔铸的活儿。

开银店的套路可不少。除了正常利润，另一大进项就是耗损。一千两散碎银两，到银店熔铸之后，或许只有九百多两，中间差额部分，即是耗损。耗损有合理的，也有不合理的，究竟合不合理，作为“甲方”的布政司衙门具有最大话语权。只要官府认可，即便不合理的耗损也能作为合理部分一笔勾销。在清代，白银可是正式流通货币。只要在耗损率上做一点文章，足以让银店赚得盆满钵满。

在周经的关系网中，前任总督伍拉纳是重要一环。福州当地一直流传，伍拉纳是周经的大靠山。

深挖周经发家史，确和坊间传言相吻合。周经在福建藩库任书吏时，福建布政使正是伍拉纳。布政使手握一省财政大权，掌管藩库，被称为藩台大人。在当时，周经是藩台伍拉纳手下的红人。

此后，伍拉纳离开福建，调任河南巡抚。昔日的大红人周经，似乎有些受冷落。不久，伍拉纳杀个回马枪，从河南回到福建，升任闽浙总督，成为福建官场说一不二的“一把手”。恰在这时，周经不再当书吏，下海开起银店，让外人一阵羡慕。

像周经这样靠银吃银、坐地吸金的人，实在不应差钱，最后怎么会和那些饥肠辘辘的灾民抢食，从赈灾款里借钱应急？只能怪周经此人太聪明，商业头脑太发达。别人仗着有关系开银店，无外乎赚点加工费，或在耗损上做手脚，周经再进一步，居然使用金融手段，打时间差，做起了买空卖空的生意。

普通的银店生意，是从藩库领出银子，熔铸之后再交回藩库。可周经的关系太硬，与藩库建立了长期合作关系，经常是熔铸好的银子还没拖走，又运来一批新银子。长此以往，相当于周经长期占用藩库一笔银子。周经从中发现商机，若将占用的银子拿出去放贷，用钱生钱，岂不是无本万利？

其实，只要藩库那边监管严格，周经这套操作模式很难持续，偏偏福州官场早已污浊不堪，周经拿钱开路，将所有环节打通。有时，分明这个月底就该运回藩库的银子，周经打个招呼，就拖到下个月。对官府来说，不过晚半个月收银子，但对于周经，又多了半个月时间放贷获利。

靠着这套空手套白狼的手段，周经很快成为福州城里的金融大鳄。但谁都清楚，这条金融大鳄，本质上是在吃官府肉，吸百姓血。藩库里的库银，既是朝廷命脉，更是民脂民膏，最终却被周经玩弄于手中。后来统计，最高峰时，周经占用福建藩库五十万两白银。

六

玩金融、加杠杆——这种事情有几多销魂，就有几多伤人。古往今来的商场，莫不是如此。

平时买空卖空惯了，遇到风吹草动，资金链会骤然绷紧。就在几个月前，福建布政司的人心急火燎地找到周经，让他赶紧将占用藩库的银子归还。原来，福州将军魁伦举报闽浙总督伍拉纳一事，震撼了福建官场。眼看闽浙总督、福建巡抚等人被革职，下面的官员紧急行动起来。这些官场里的老朋友告诉周经，魁伦举报牵出亏空案，新来的长官必然重新核验藩库。你占用这么多库银，无论如何也说不过去，得赶紧还回来。

周经也是场面上混的人，知道这场官场地震非同小可，朋友的话并非夸大其词。于是，他想尽办法归还银子，填补窟窿。可是，周经占用的银子，全都放出去投资了，岂是一时半会儿能全收回来的？周经与他的官场朋友，一度为此焦头烂额。

情急之下，有人把主意打到了赈灾银上。当初，伍拉纳决定，将赈灾银挪用，至今也没有归还，仍旧“挂在账外”。更关键的是六万两赈灾银只花了两万两，剩余了四万两。这四万两白银，简直是及时雨！

随即，周经以田契、房契作抵押，借出了四万两赈灾银。此后，他把四处筹集来的银子归还给藩库。

看得出来，周经与官场的朋友，真是使出吃奶的劲儿，才把欠藩库的窟窿给填上。可谁知道，新来的闽浙总督长麟大人居然调整了办案方向，摆着几百万两的库银亏空不查，却紧揪几万两赈灾银不放。周经一伙人，为了补亏空，动了赈灾银，这就叫聪明反被聪明误，搬起石头砸自己的脚。

眼看周经一案高潮迭起，“渐入佳境”，其始作俑者，目前福建官场的头两号人物长麟与魁伦，却是目瞪口呆，哭笑不得。这哥儿俩放着几百万两亏空不深挖下去，反而盯着几万两的赈灾银，本就存着声东击西、大事化小的心思。哪晓得按下葫芦浮起瓢，又捅出一个惊天大案来！

看似几万两赈灾银被挪用的小事，背后竟扯出几十万两库银长期被周经占用的大案。国库里的银子，可是王朝命脉，就这样被一名商人支来挪去？以往只知道伍拉纳是周经的靠山，现在看来，周经的靠山岂止伍拉纳一人？从闽浙总督府到福建巡抚衙门，从福建布政司到福州府衙，大小官吏数百，哪怕有一人秉公而为，区区周经也不敢如此肆无忌惮。现实却是，上下左右的官员，全都倒在周经的银圆攻势下，要么沆瀣一气、监守自盗，要么睁一只眼闭一只眼，装作没事人一样。

长麟与魁伦这哥儿俩，在官场里打滚一辈子，此时无比清楚，若将周经案深查下去，不知又有多少人头落地，其杀伤力或许并不逊于亏空案。

长麟与魁伦面临的尴尬，实在太过讽刺。好比一个医生，因为担心切开一个大脓包，造成不可预料的后果，只好换个地方来下手。岂料一刀下去，脓液喷涌而出，居然撞见另一个更大的脓包。医生束手无策，可这样遍体都是硕大脓包的病人，当真还有救吗？

就在这时，京城又传来一道谕旨，将已经革职，正在福州接受审讯的前任福建布政使伊辙布押往京城。押伊辙布进京，看上去顺理成章。无论亏空案或周经案，都同藩库中的库银有关。身为“三把手”的布政使，掌管财政大权，才是直接和银子打交道的人。因此，伊辙布无疑是知道“秘密”最多的人。只要把伊辙布的嘴撬开，亏空案与周经案都能真相大白。

福建方面只能遵旨而行。然而很快，福建大狱案中最离奇、最惊悚的一幕出现了——伊辙布在被押解进京途中，行至闽浙赣三省交界处的浦城县，眼看要离开福建省境时，突然“染受风寒”，接着“由疟变痢”，几日之后一命呜呼。

关于伊辙布之死，史学界历来众说纷纭，但官方的调查结果，认定“并无畏罪自尽情弊”。当年即扑朔迷离的悬案，几百年后我们更无力还原真相。只能说，伊辙布若真是病死，只怪他命数该尽，若是被谋杀，更不足为奇，毕竟从北京到福建，想要伊辙布死的人太多太多！

七

伊辙布死了，长麟与魁伦终于可以松口气，不是他们不愿意一查到底，实在是客观条件不允许。身为福建藩库的负责人，伊辙布这一死，许多线索彻底断了。还有周经等人，坚称与福建官员只是正常工作关系，并无行贿受贿，还说一些去向不明的库银，全是自己经营不善亏掉了，他“屡受严刑夹炼，仍坚执原供”。

面对如此“严峻”的形势，长麟与魁伦拥有充足理由，再次调整办案方向。有了前两次的“失败”经验，这一次他们选择的突破口，当真恰到好处。经过一番调查，福建方面查出了福建盐务衙门长期向闽浙总督与福建巡抚馈送之陋规。伍拉纳任内共收过盐务衙门十五万两银子，浦霖则在乾隆五十七年（1792年）向盐商索取贿赂两万两白银。此外，伍拉纳、浦霖分两次各接受厦门同知黄奠邦白银九千二百两。

如此一来，案情简单多了，基本就是伍拉纳、浦霖身居高位不知洁身自好，收受盐商与下属的贿赂。伍拉纳、浦霖更是抢着认罪，说自己一时鬼迷心窍，收受了贿款，辜负圣恩，悔之晚矣。当然，伍拉纳与浦霖所认之罪，仅限于收盐商与下属的这点银子，其他什么亏空案、周经案，他们从来是不认的。

当伍拉纳、浦霖等人在福州受审时，乾隆皇帝下令抄了他们的家。从抄家情况来看，伍拉纳与浦霖均是巨贪无疑，他们的家产都在上百万两。可是，面对如此巨额财产来源不明，伍拉纳、浦霖依旧嘴硬，只认收受盐商与下属的十多万两银子，其他钱全是继承祖产或自己省吃俭用、理财有道。

其实，无论案卷怎么写，百姓对于伍拉纳等人，心中早有一杆秤。当年在福建，有一首民谣：“五老冠不正，双狮死要钱。两台乌暗暗，唯有烛光明。”其中“五老”指的是伍拉纳，“双狮”指布政使、按察使，“两台”指的是督抚二人（清朝称总督为“制台”，称巡抚为“抚台”）。

长麟与魁伦忙活了许久，总算给伍拉纳找到了一个“合适”罪名，更难得的是，伍拉纳本人也觉得这罪名“不错”，欣然接受。

福建出了如此大案，牵涉官员如此之多，决断之权只能操在乾隆皇帝手中。面对臣下的奏报，乾隆皇帝大笔一挥，下令把伍拉纳、浦霖押解进京。像伍拉纳这种级别的官员，进京接受最后裁决，也是符合惯例的。

前不久，伊辙布死在了进京途中，如今，伍拉纳与浦霖又踏上这段旅程。伍拉纳与浦霖身体大概不错，没有像伊辙布那般暴毙，但他俩走得实在慢了些。从福州出发好些时日，居然连长江都没过，距离京师更是路途漫漫，不知归期。

让伍拉纳蜗牛般缓慢北上的，正是当朝军机大臣和珅。

自打福建大狱案爆发以来，案情一波三折，无数人登台亮相，作为乾隆末年政治舞台上举足轻重的人物，和珅却似乎隐身了。于公于私，这都令人费解。于公，和珅主持军机处，对于一桩震惊天下的大案，理应有自己的态度；于私，伍拉纳可是自己的姻戚与政治盟友，哪有眼看亲戚遭难袖手旁观的道理？

所以，当伍拉纳一行从福州启程时，和珅总算出手了。他故意拖延行程，就是想让伍拉纳晚点到北京。再隔几个月，即是禅位大典，到时新皇登基，大赦天下，伍拉纳或可逃过一死。

然而，已然老态龙钟的乾隆皇帝，却对福建一案十分上心，多次催问伍拉纳何时抵京。后来，他干脆直接派出御前侍卫半路拿人，将伍拉纳等一干人犯星夜押解进京。

福建大狱案中，和珅唯一一次出手，就这样草草收场，无果而终。

看到这里，或许有人会问，号称在乾隆晚年权力场中呼风唤雨的和珅，怎么如此无力乃至无用，想帮姻亲捡回一条小命，亦不可得？如果说在乾隆四十六年（1781年）甘肃冒赈案被掀起一角时，三十一岁的和珅还是刚进入帝国政治中枢的新贵，到了乾隆六十年（1795年），福建大狱案震惊朝野之时，四十五岁的和珅已是大权在握的朝廷柱石，甚至有了“二皇帝”之说。

许多人有一种先入为主的观念，认为乾隆皇帝宠信和珅，几乎到了言听计从的地步。真实的历史并非如此。一个长期被人忽视的事实是——乾隆皇帝可以给和珅加官晋爵，可以宽纵和珅的贪腐，但也一直防范、戒备与制衡着和珅。

因此，和珅在福建大狱案中的尴尬，才是他多年来在朝中的真实处境。貌似风光无限，实则战战兢兢；看上去能一手遮天，实则天子借和珅之手，来遮蔽那些自己不想看的东西；所有的威风凛凛，只是被默许的狐假虎威。

自打雍正皇帝设立军机处，这里就成为整个帝国的最高权力机构。首席军机大臣的地位，类似明代的内阁首辅，是真正一人之下万人之上的角色。那么，和珅是何时成为首席军机大臣的？答案会让许多人吃惊。

和珅荣升首席军机大臣的时间，居然在嘉庆二年（1797年）。是的，整个乾隆一朝，先后有八位首席军机大臣，其中并不包含和珅。和珅真正成为军机处的老大，还得等到乾隆皇帝禅位之后。

那么，为何会有“二皇帝”的说法？为什么许多人觉得，早在乾隆时期，和珅就是仅次于皇帝的帝国二号人物？这得从乾隆晚年特殊的权力结构说起。从乾隆四十四年（1779年）开始，出将入相的阿桂成为首席军机大臣。阿桂年长和珅三十三岁，当阿桂已是朝廷的卿贰大臣，官居礼部侍郎时，和珅还在牙牙学语。此外，阿桂一生南征北战，乾隆朝的“十全武功”，他参与了大半，其赫赫军功与威望是和珅远不能比的。

乾隆五十一年（1786年），军机处进行了一次大调整。阿桂依旧坐在首席军机大臣的位置，和珅成为“二把手”。按说以阿桂的资历，加之手握首席军机大臣的大权，压制和珅是顺理成章、名正言顺的事情。然而，乾隆皇帝的出手，让军机处的权力格局发生了一种心照不宣的变化——此后十年间，阿桂要么不停被外派，奔赴各地当救火队员，要么回到京城后，又被皇上悉心关照，叮嘱安心休养、保重身体。至于军机处那一大担子，就朝和珅这个年轻人身上多压一压吧。

也就是说，从乾隆五十一年（1786年）到嘉庆二年（1797年）阿桂病逝，军机处名义上的首席大臣是阿桂，但与此同时，主持军机处实际工作的人是和珅，以至朝鲜使臣在观察大清帝国的政治格局时，总结说：

“户部尚书和珅，贵幸用事。阁老阿桂之属，充位而已。”阿桂有首席之名，无首席之权；和珅有首席之权，无首席之名。

前文介绍过，阿桂与和珅之间，可是解不开的深仇大恨，两人同朝为官，见面连话都不会说。见老阿桂靠边站，甚至被和珅架空，有人愤愤不平，劝阿桂挂冠求去。以阿桂的功绩，早该颐养天年，何苦受一个和珅的鸟气？阿桂却说自己并不留恋权力，不过“忍死以待”，瞧那意思，哪怕觍着一张老脸死赖在此也不走。不为其他，就是不给和珅腾位置。

其实，阿桂走与不走，和珅能否扶正，都不是各自能决定的，这一切全操在乾隆皇帝之手。长达十多年的时间里，乾隆皇帝将老阿桂摆在首席的位置，又让和珅主持实际工作，使得这对死敌彼此制衡，互相牵制的意图，实在再明显不过。

深谙帝王之道的乾隆皇帝，对于权术的运用早已炉火纯青。尤其到了晚年，随着年龄的增长与身体的衰弱，还有那张虽不情愿但不能不坐上去的太上皇宝座，都令他的猜忌之心越来越重。

乾隆皇帝用来制衡和珅的，远不止一个阿桂。乾隆晚年的军机处，掌实权的有四人，分别是和珅、王杰、董诰、福长安。其中，福长安与和珅关系亲密，和珅倒台后，福长安以依附和珅之罪，被下狱夺爵。另外王杰、董诰二人，同阿桂走得近，他们与和珅关系紧张，是满朝上下都知道的事。当阿桂长期不在军机处时，王杰经常站出来，与和珅针锋相对。和珅当然想扳倒王杰，但他做不到，就像阿桂、王杰扳不倒和珅一样。

这才是真正的历史。能称得上和珅对头的，就是阿桂、王杰等两三人。什么刘墉、纪晓岚，官阶实在太低，想同和珅斗，都找不着人家，只能在影视剧中戏说一番。

不难看出，自负的乾隆皇帝不相信任何人，他只相信，让臣下彼此制衡，自己方能高枕无忧。甚至对亲生儿子，都难说绝对信任。嘉庆皇帝登基后，号称要“归政退闲”的乾隆皇帝反而把权力抓得更紧。任何兵马的调动，二品以上官员的任免，必须由他决定。乾隆皇帝不是中国唯一的太上皇，嘉庆皇帝却是历史上名副其实的儿皇帝。嘉庆二年（1797年），和珅成为首席军机大臣，与其说是乾隆皇帝信任和珅，倒不如说他还不完全信任自己儿子，要和珅在一旁监视着。

正因如此，和珅的结局大概早就注定。换作谁是嘉庆皇帝，掌权后的第一件事都是杀和珅，一吐多年来的胸中恶气。甚至，和珅贪与不贪，都不影响他的倒台。比如另一位军机大臣福长安，并没有什么贪名，可因为同和珅走得近，照样被收拾了。

总体来说，乾隆晚年的政坛上，以阿桂与和珅为首的两派人马，斗得不可开交。表面上看，和珅更得乾隆皇帝信赖，在权力斗争中稍占上风。阿桂一派则把希望寄托在未来的嘉庆皇帝身上，阿桂说过一句话："我年八十，可死；位将相，恩遇无比，可死；子若孙皆佐部务，无所不足，可死；忍死以待者，实欲俟皇上亲政，犬马之意得以上达。如是死，乃不恨。"（《更生斋文集》）细究起来，阿桂这话简直是大不敬，他整日所盼，就是嘉庆皇帝亲政，言外之意是要乾隆皇帝早早归西。一旦嘉庆皇帝亲政，阿桂才能"不恨"。

也许有人会问，乾隆皇帝让和珅来制衡阿桂也就罢了，最后竟让和珅来监视嘉庆皇帝，那不是把和珅架火上烤吗？一旦他撒手西去，和珅的小命还能保？其实，乾隆皇帝所要的，只是自身权力的稳固，和珅的生死并不是他的优先事项。至于和珅嘛，以他的聪明不会看不出局势凶险，奈何君要臣死，臣不得不死！

聊了这么多乾隆皇帝晚年的权力格局，实则是在阐述福建大狱案的政治背景。一般来说，朝廷出现两股水火不容的政治势力，地方大员就会选边站队。以当时的东南为例，闽浙总督伍拉纳与和珅沾亲带故，福建巡抚浦霖又是伍拉纳的死党。在军机处，阿桂、王杰、董诰与和珅不对付，他们当然不会允许东南半壁江山全被和珅党羽把持。那么，谁是阿桂安插在东南的钉子呢？答案是福崧。此人曾担任浙江巡抚，却在两年前，被乾隆皇帝赐死。

福崧案比福建大狱案早了两年，两桩案子本身没有任何联系，但夹杂其中的恩怨情仇，却又连绵不绝。福崧是阿桂的爱将，早年跟随阿桂南征北战。当年甘肃的苏四十三起义，无意中揭开甘肃冒赈案的黑幕，阿桂赴西北镇压苏四十三时，福崧追随左右，且身先士卒，打了不少漂亮仗。当阿桂翊赞中枢，成为首席军机大臣时，少不了关照旧部。福崧屡获提拔，成为封疆大吏。

清代督抚之间的关系原本微妙，当福崧巡抚浙江，伍拉纳又成为闽浙总督时，这种矛盾就越发尖锐。福崧是阿桂爱将，伍拉纳是和珅姻戚，两人怎么看对方都不顺眼。京城军机处的争斗，在闽浙两省如法炮制了一遍。

到了乾隆五十七年（1792年），因为一桩涉及盐务的贪腐案，伍拉纳逮住了福崧的小辫子。于是，伍拉纳在地方发难，和珅在朝廷呼应，把福崧往死里整。乾隆皇帝先是下旨押解福崧回京候审，接着又下令，在进京途中将其赐死。

后世人多评价，福崧死得冤，和珅在乾隆皇帝面前进谗言，是福崧之死的主要原因。可仔细想一想，和珅进谗言害死了福崧，但两年后，谗言却救不了伍拉纳。由此看来，和珅的谗言，并不总是那么管用。

是否可以这样解释：乾隆皇帝两年前不问青红皂白杀福崧，两年后又火冒三丈地拿伍拉纳开刀，除了具体案件的因素，也有另一层考虑——乾隆皇帝这位政治艺术大师，在以一种铁血手段，维持朝中各派势力的大体均衡？

为了维持平衡，乾隆皇帝必须时而做加法，时而做减法。当阿桂一派的势力太盛时，他要打击福崧，可怜福崧堂堂一省巡抚，曾为大清王朝出生入死，最后连为自己辩驳几句的机会都没有，直接被赐死在进京途中。两年后，当乾隆皇帝因为福崧之死而懊悔，或是决心敲打一下和珅时，伍拉纳就只能重复福崧的命运。

如果这番分析成立，还能解释前文提出的一个疑惑——以伍拉纳的级别，为何魁伦的一封检举信，就将其扳倒？乾隆皇帝收到弹劾奏章后，没有听伍拉纳的解释，没有派出大臣实地调查，直接将伍拉纳革职并交由举报者魁伦审讯。这种情势下，别说伍拉纳本身是个贪官，就算他白璧无瑕，魁伦也不会让他逃出生天。

照这个逻辑，乾隆皇帝只是一个大号的魁伦，两人的共同点在于：一定要收拾伍拉纳，罪名倒在其次。然而，大清帝国本身的腐败又超出了乾隆皇帝与魁伦的估计，在为伍拉纳找罪名的过程中，哪怕他们小心翼翼，可随便一伸手，总能歪打正着，整出一桩惊天大案。

八

和珅营救伍拉纳的努力，刚一开始就宣告失败。原本在路上拖拖沓沓的伍拉纳等人，被御前侍卫星夜押解进京。是呵，奴才只能平时逗主人开心，关键时刻想要主人回心转意却不可能。

皇宫大内，乾隆皇帝亲自审问了伍拉纳——这个被他一手提拔起来，如今又镣铐加身的前任总督。伍拉纳痛哭流涕，但一口咬定，只收过厦门同知黄奠邦的贿赂，其他什么亏空案、周经案，一概不知。

乾隆皇帝毕竟是年近九旬的老人，哪有精力同伍拉纳多费唇舌？再说了，如今已是十月，再等两个月，万众瞩目的禅位大典就将举行。无论是自己还是整个帝国，都不应该继续笼罩在一桩贪腐案的阴霾中。乾隆皇帝不再亲自上阵，只让军机处严审此案，同时下旨：“此时续行查出，于其罪亦无可加，即使一时未能得实，其罪亦无可减。”（《清实录》）

这又是一道意味深长的圣旨。既可以看成乾隆皇帝对于腐败分子的义愤，认为此案无论查不查实，伍拉纳等人都罪责难逃，又可以解读为对军机大臣的暗示与催促，既然查不查实已不重要，那你们还查个什么劲？何况禅让大典在即，别再横生枝节。

于是，军机处放弃了继续“得实”的任何努力，仅凭目前所掌握的证据，很快做出了判决：身在北京的首犯伍拉纳、浦霖立即处斩，子孙发遣至伊犁。按察使钱受椿与督抚串通，贪污妄为，公开斩首，并传集福州的所有官员观斩。福建藩库前任库吏周经以微末员吏，侵亏帑项，处斩……此外，还有数十名官员被处斩，数百名官员遭到惩处。

长麟与魁伦的结局也很有意思。乾隆皇帝斥责长麟查办此案时有“化大为小，沽名取巧”之意，免去总督一职，发遣新疆效力。长麟在新疆颇有政绩，嘉庆皇帝掌权后，重新担任总督，后来奉调入京，相继担任兵部尚书、翰林院掌院学士，成为嘉庆朝的名臣。对于魁伦，乾隆皇帝认为他“思做好人”，本应治罪，但念在案件是他揭发，免予处罚。因为此案的关系，魁伦与和珅反目，到了嘉庆皇帝亲政，除掉和珅，魁伦立刻受到重用。白莲教起义席卷数省时，魁伦更被委以重任，派往前线成为军事统帅。可惜魁伦的军事才能实在不行，几场败仗下来，嘉庆皇帝都忍不下去，直接将魁伦“逮京赐死”。

乾隆皇帝对此案的总结性陈词是：“福建地方近年以来，自督抚司道以及各府州县通同一气，分肥饱橐，玩法营私，以致通省仓库钱粮亏空累累，盗风日炽，甚至人命重案，藐法徇情，殊出情理之外。”（《清实录》）

福建大狱案中被杀头、革职的官员太多，以至福建官场人心惶惶。然而，讽刺之处亦在于此。要知道，所谓大狱，是在长麟、魁伦等人多次大事化小的努力之下，最后时刻又被乾隆皇帝草率结案，才取得的。其中的亏空案、周经案，全都半途而废，没有深挖下去。遮遮掩掩、半推半就尚且弄出个大狱，真要一查到底，整个福建官场又是怎样一番光景？

乾隆六十年（1795年）十二月十日，福建大狱案赶在乾隆末年的最后时刻收场，成为乾隆时期的最后一桩贪腐案件。二十天后，乾隆盛世正式谢幕。

最后，再来聊几句乾隆皇帝吧。从甘肃冒赈案到福建大狱案，我们见识了乾隆盛世的金玉其外与败絮其中。但无论怎样，这个“饥饿的盛世”又是中国封建王朝最后的余晖。

尽管自身有各种缺点，但谁也不可否认，乾隆皇帝是一位果敢、聪慧、坚韧、励精图治的君王。乾隆皇帝从不讳言自己的雄心——要当历代皇帝中的翘楚。他有这个本钱与底气，从某种程度来说，确实也做到了。

然而，尽管乾隆皇帝足够优秀与努力，但史学界对于乾隆皇帝的评价，却始终赶不上秦皇汉武、唐宗宋祖。这或许不是个人的缺陷，而是时代的无解题。

乾隆皇帝本是一位出类拔萃的皇帝，可惜却生活在一个无论东西方，皇帝都即将大规模下岗的时代。整个封建制度已病入膏肓，绝非乾隆皇帝一己之力能改变的。

时代抛弃你时，连一声再见都不会说。乾隆五十七年（1792年），清帝国用尽洪荒之力，编纂完成《四库全书》。借此机会，乾隆皇帝收集整理了大量书籍，也销毁了不少书籍。这一年，也是公元1792年，在遥远的欧罗巴，法国大革命如火如荼，法国国王路易十六即将被送上断头台，人们正疯狂追捧着卢梭的《社会契约论》，孟德斯鸠的《论法的精神》……紧接着，拿破仑横空出世，凭借卓越的军事天才，将象征自由平等博爱的蓝白红三色旗插遍全欧洲。再过二十年，伟大的马克思也将出生，并从思想启蒙运动与法国大革命的文献著作中汲取充分营养。

太平洋的另一边，在乾隆皇帝禅位后一年，华盛顿卸任美国总统。此后，在公元1799年，华盛顿与乾隆皇帝相继辞世。两个曾拥有巨大权力的政治强人，都死在了18世纪末尾，没能看到新世纪的曙光。

第十一章

李毓昌案

向皇帝说真话的代价

立国一百余年的大清王朝，正遭遇严重的中年危机，各种病灶缠身，虽还不致命，却是痛苦不堪。于是，腐败在这里成为常态，是理所应当的，清廉反而成为异类，无法为大多数人所接纳。只要进入官僚队伍，就应识时务地被同化为贪腐者，否则你就会被这个队伍清除，正如李毓昌的悲剧。

一

步入晚年的乾隆皇帝，骄暮之气日重，更不乏老还小的俏皮性格。于是，一场亘古罕见的君臣赌局就这样上演了。

事情的起因，是帝国一位高级官员尹壮图写了一篇“返乡笔记”。尹壮图，云南蒙自人，乾隆三十一年（1766年）进士，此后二十多年宦海沉浮，官至内阁学士兼礼部侍郎，是位于帝国官场金字塔尖的卿贰。

因为父亲去世，尹壮图回到云南老家丁忧三年，守孝期满后，从云南回京任职。这趟返乡之旅，让尹壮图见识了所谓“乾隆盛世”的真实景象，于是连上几道奏折，将自己的所见所闻一吐为快。

在尹壮图笔下，大清帝国官场风气实在污浊不堪，百姓更生活在水深火热之中。“各督抚声名狼藉，吏治废弛。臣经过地方，体察官吏贤否，商民半皆蹙额兴叹，各省风气，大抵皆然。”（《清史稿》）

面对这样的奏折，乾隆皇帝勃然大怒，下达长篇谕旨进行反击。“自御极以来，迄今已五十五年”，“自谓勤政爱民，可告无愧于天下，而天下万民亦断无泯良怨朕者”，“如若尹壮图所奏，则大小臣工等皆系虚词贡谀，面为欺罔，而朕五十余年以来，竟系被人蒙蔽，于外间一切情形，全无照察，终于不知者。”（《清实录》）

从谕旨里的遣词用语就能窥出，晚年的乾隆皇帝排斥、拒绝任何批评或建议，所有“怨朕者”，皆是“泯良”。他的双耳，只能听到形势一片大好的赞歌。即便偶尔出现几个贪官，也不会是主流。乾隆皇帝起码嘴上永远坚称：绝大多数官员都是好的！

痛批尹壮图之后，乾隆皇帝仍不解气，抛出了一场赌局。好你个尹壮图，你说遍地贪官，那就去给朕抓几个。你说国库里亏空严重，就派你去盘查。如果真实情况如你所言，你就是大忠臣，如若不然，就是“居心巧诈”。

按说以乾隆晚年的官场状况，真要揪出几个贪官或查出亏空，不算什么难事。可乾隆皇帝认为，“密往查访”不大妥当，因为“无此政体”。他命令尹壮图正大光明行事，每到一处，朝廷先五百里通知地方官。

乾隆皇帝派出户部侍郎庆成与尹壮图同行，一同完成这场“全国大检查”。不过，庆成是出公差，所有费用由朝廷报销，尹壮图属于主动申请前往，吃喝拉撒睡全部自掏腰包。

不得不说，乾隆这样的处事方式，既刻薄又搞笑。

写到这里，所有人都明白，这场赌局已经失去公平性。刚坐上赌桌的尹壮图，注定输得一塌糊涂。尹壮图或在给大清帝国预警，可朝廷先五百里通知地方官，又在给所有贪官预警。任何贪官都有时间来给尹壮图摆下迷魂阵。

果不其然，尹壮图一路走来，没抓出一个贪官，倒出现不少廉政典型。另外，庆成率领公费旅游团游山玩水，尹壮图却要自费穷游，荷包也吃不消。于是，他上书承认错误，说自己用道听途说来的东西“冒渎圣听”。

尹壮图不想再赌下去，乾隆皇帝却不依不饶，下旨说“一省查无亏缺，恐不足以服其心，尚当前赴山东及直隶正定、保定等处”(《清实录》)。

可以想见，尹壮图走再多地方，结局也没什么不同。兜兜转转一圈后，尹壮图深刻认识到自己的错误，恳请皇帝处罚。面对朝中百官义愤填膺的喊打喊杀之声，最后倒是乾隆皇帝出手保下尹壮图，只进行降职处理。后来，尹壮图自知无法在官场立足，递交辞呈。乾隆皇帝顺水推舟，打发尹壮图回云南老家去了。

这场赌局，尹壮图似乎输了个精光，但真正的输家，当真是尹壮图吗？当世人都在嘲笑尹壮图这个认死理的书呆子、糊涂蛋，但煌煌后世史书，又会嘲笑谁？

赌局结束九年后，八十九岁的乾隆皇帝寿终正寝，嘉庆皇帝真正独揽大权。很快，嘉庆皇帝诛杀和珅，罢黜其党羽，同时“诏求直言，广开言路”，摆出一副中兴君主的模样。这时，又有一个呆头呆脑的读书人站出来，积极响应号召，向皇帝进“直言”。

这位读书人叫洪亮吉，曾在翰林院为官多年。嘉庆四年（1799年），他写出了著名的《乞假将归留别成亲王极言时政启》。嘉庆皇帝要广开言路，洪亮吉也就真敢说。“人才至今日消磨殆尽矣。数十年来，以模棱为晓事，以软弱为良图，以钻营为进取之阶，以苟且为服官之计……士大夫渐不顾廉耻……”总之，在洪亮吉看来，尽管杀了和珅，但官场风气并不比从前好多少。如果将洪亮吉的文字与尹壮图的奏折进行对比，无疑能得出一个结论：腐败“原封不动”。

“诏求直言”的嘉庆皇帝面对这样的文字，竟是忍无可忍，先将洪亮吉下狱并定死罪，后来改为流放伊犁。

尹壮图与洪亮吉并无什么交情，但他俩都有一个“毛病”：爱说大实话。后世将他们尊为帝国的预警者，但预警者生前注定要受尽折磨与颠沛流离。

乾隆皇帝与嘉庆皇帝这对父子也有一个毛病：无力解决或者压根儿不愿承认问题，却善于解决掉提出问题的人。

转眼来到嘉庆十四年（1809年），万马齐喑的帝国里又出现一位直愣愣的预警者。这一次，他不再是用文字，而是血淋淋的生命给大清帝国预警。

二

新出现的预警者名叫李毓昌，山东即墨人，生于乾隆三十六年（1771

年），嘉庆十三年（1808年）高中进士后，被分发到江苏做候补知县。

从这段简单的履历即可知，李毓昌大概率为了读书考试，可以头悬梁、锥刺股，也取得了一定成绩，但算不上天赋异禀，甚至书读多了，于人情世故反而有些生疏。

为什么这样说？先来看李毓昌中进士的年纪，已经三十七岁。比起范进五十多岁中举，李毓昌当然算佼佼者，但比起张居正、李鸿章、翁同龢、张之洞这些明清两朝的名臣以及真正的科场得意者，李毓昌还差太远。张居正二十三岁中进士，李鸿章二十四岁中进士，张之洞二十六岁中进士，翁同龢更在二十六岁时高中魁元，成为令天下读书人羡慕的状元公。因此，三十七岁的进士，难说是顶级学霸。

封建科举考试分为多个等级，最高等级为殿试，通过殿试者即为中进士，也就是人们口中的天子门生。孔子门下七十二贤尚且有排名，天子门生也无法一视同仁。每一榜数百名进士，在安排工作时多会区别对待。

清朝时期，所有进士按照殿试成绩，分为三甲。一甲有三名，分别是状元、榜眼和探花，赐进士及第；二甲有若干名，赐进士出身；三甲有若干名，赐同进士出身。一甲直接进入翰林院，其他人则要“竞争上岗”。确实成绩优秀，或者有关系、有门路的，可以进翰林院，与一甲成员一同点翰林。另有一部分人，被分配到各部院，大多从主事做起，好歹算个京官，日后提拔较快。最次的则被派往地方任职，从七品芝麻官干起，再一步步往上爬。

李毓昌被分发到江苏做候补知县，比起那些获得实缺的同年，无疑差了一截。所谓“候补知县”，空有级别而无实权，需等到有人腾位置，自己才能补缺。由此看来，李毓昌的殿试成绩并不出众。当然，能够走进殿试考场，已经是优生，只是够不上顶尖而已。

多年以后，也有一位新科进士，面临与李毓昌相似的处境。道光年间，湖南学子曾国藩参加殿试，发挥并不好，只考到三甲第四十二名，排名比较靠后。正常情况下，这种成绩连分到各部院当主事的机会都很渺茫，只能打上铺盖卷去地方任职。

曾国藩是农家子弟，当时并无后台与靠山，但人家的综合素质过硬，而且敢闯敢拼。曾国藩想方设法前去拜访军机大臣穆彰阿，一番交谈后，穆彰阿觉得这个年轻人有些名堂，竟然愿意出手帮助一把。后来，在穆彰阿的亲自关照下，曾国藩进入翰林院。

很显然，李毓昌没有张居正等神童的考试成绩，也没有曾国藩的临机应变能力与处事手腕。所有这些，或许与李毓昌的早年经历有关——因为热衷读书，都到了闭门谢客的程度，连当地人都很少能见到他。

你可以说他执拗甚至死板，但心眼活泛、通达人情世故之人，大概也不会像尹壮图、洪亮吉、李毓昌那样，做个吃力不讨好的预警者。

李毓昌离开京城来到江苏，恰好赶上当地一场大洪灾，淮河和洪泽湖泛滥，百姓死伤无数。朝廷拨款赈灾，接下来还会依照惯例，派官员前往受灾地进行审计核实，看赈灾款是否钱尽其用。

时任两江总督铁保是位大名士，号称清代四大书法家之一，相比于当官，更喜欢练字。派遣查赈官这种事，懒得多管，全权交给江苏巡抚汪日章去办。汪日章随即安排了几名候补官员，前往各地检查赈灾情况，李毓昌便是其中之一。从汪日章的安排可以看出，在巡抚大人眼中，所谓查赈不过走走过场，顶多再锻炼一下年轻人。要真是什么不得了的大事，绝不可能打发几个候补官员去办。

就这样，李毓昌来到了山阳县。山阳县为淮安府首县，知县与淮安知府同城办公。时任山阳知县王伸汉是陕西人，监生出身，早年捐了个从九品，后来又捐升知县。当洪灾袭来时，王伸汉欣喜异常，不为其他，就为一次发财机会到了。

王伸汉一定熟知早年间的甘肃冒赈案，分明风调雨顺的年景，甘肃布政使王亶望都能凭空变出灾荒来，如今山阳正儿八经遭了灾，难道就不能多报些灾民，让朝廷多拨些赈灾款吗？人家都能无中生有了，我还不能顺手牵羊？

于是，王伸汉一面谎报受灾人数，冒领救灾款，一面缩减实发数目，克扣救灾款。山阳县共领到救灾款白银九万余两，真正用于赈灾的六万余两，剩余两万多两，被王伸汉揣进了腰包。

当然，贪官从不吃独食，两万多两银子，王伸汉一个人吃不下。那些从省城里派来的查赈官，来来去去好几拨，全都好吃好喝伺候着，临走时还要送一千两银子的“路费”。说明一下，在当时官场，这一千两银子还不能算行贿或者王伸汉给的封口费，只算一种“礼尚往来”的陋规——上官远道而来，旅途劳累，下属孝敬一点“出差补助”。那些拿了钱的查赈官，也会认认真真走过场，晃悠一圈后就告辞作别。准确来说，他们压根儿就不知晓山阳县冒赈的内情，还用不着去封谁的口。

直到李毓昌到来，一切似乎变得不一样了。这位新科进士，刚踏足江苏官场的候补知县，工作态度与方法跟别人明显不同。他白天去灾区询问灾民，晚上挑灯夜战查阅账册，坚持让仆人烧火做饭，不接受当地提供的食宿，更不接受宴请。来山阳好几天，居然还没跟知县王伸汉打过照面。

李毓昌的行事风格，完全符合圣人的教诲以及大清朝的典章制度，却不符合官场里的各种规则乃至一般人情世故。这也不奇怪，过去几十年，李毓昌两耳不闻窗外事，埋头苦学的，以及在各种考试中所考的，就是这些东西。至于其他，没说要考，他也就没学。

然而另一边，山阳知县王伸汉是完全相反的一类人，他不是科举正途出身，背不得那么多圣人教诲。王伸汉能在官场游刃有余，在山阳一手遮天，靠的就是熟稔官场里的明暗规则与各种人情世故。

世上的事就怕认真，偏偏李毓昌是个认真的人。来到山阳后，他挨个儿前往受灾村庄给灾民登记造册，详查每个村落的受灾情况和受灾人数。如此一来，山阳县冒赈之事便再也包不住。

获悉真相的李毓昌惊愕无比，第一时间向淮安府知府王毂报告此事，并希望王毂与自己一起向两江总督铁保、江苏巡抚汪日章上奏，将王伸汉等一干贪官绳之以法。

淮安知府王毂是山阳知县王伸汉的顶头上司，李毓昌发现问题线索后，主动向王毂通报，自然符合朝廷的办事流程。但正如前面所说，李毓昌寒窗苦读多年，把朝廷的典章制度背得滚瓜烂熟，却对官场潜规则浑然不知。山阳是淮安首县，若没有王毂的信任与支持，王伸汉岂能稳坐官位？山阳县若曝出冒赈案，王毂势必会受到牵连。

果不其然，王毂与王伸汉平常就沆瀣一气，多有利益勾连，冒赈案中，王伸汉也没忘给知府大人王毂分一杯羹。王毂听到李毓昌的报告后，一面故作惊讶，说要仔细核查，另一面赶紧给王伸汉通风报信，让王伸汉无论如何把李毓昌摆平。

王伸汉得令而动，硬着头皮来拜访李毓昌，据说两人之间爆发了激烈争吵。有关对话细节已不可考，但李毓昌案大白于天下后，立刻成为当时一个大IP，许多戏曲节目争相演绎。李毓昌与王伸汉的这场直接交锋，无疑是戏曲的高潮部分，剧作家下足功夫，创作出了精彩的台词。

在剧作家笔下，王伸汉软硬兼施地对李毓昌说："公初为官，不知做官的诀窍，日赴茅舍，访贫问苦，天寒地冻，过于劳累，可谓慕虚名而失实惠，实非为官道，望公三思。"李毓昌勃然大怒，驳斥道："为官之道贵在清廉，攫取饥民之口食非民之父母之所为。对克扣赈银之事任公自为之，在下实不敢自污以欺天也，然我必呈之上台，以救生民于水火，以正朝廷之律令！"

艺术加工而成的台词，纵然并非事实，却具有高度提炼性，尤其让李毓昌与王伸汉的人物形象跃然纸上，活灵活现。

总之，李毓昌与王伸汉谈崩了。李毓昌表达出整肃腐败的坚定决心，王伸汉也很清楚，一旦冒赈的事被人捅出去，自己就是死路一条。

三

李毓昌的斗争精神无比坚决，却缺乏斗争经验。客观地说，他过早暴露了自身意图。要知道，此刻自己还在山阳县，这里是人家地盘，早早摊牌无异于给了对手铤而走险的机会。

王伸汉被逼到了绝境。当他无法解决问题时，只能去解决掉提出问题的人。既然真金白银无法让李毓昌闭嘴，王伸汉端出了另一样东西——毒药。

李毓昌从不参加当地官员的宴请，投毒一时没有机会，但深谙人情世故的王伸汉坚信，绝不是所有人都像李毓昌这样视金钱如粪土。很快，王伸汉找到了突破口，那就是李毓昌身旁的仆人。李毓昌此行带了三个仆人：李祥、顾祥、马连升。李毓昌与仆人的关系并不太好。见到王伸汉的银子后，仆人们竟一致答应王伸汉的要求，毒死了自己的主人。

嘉庆十三年（1808年）十一月初六夜，一个罪恶且粗暴的阴谋上演了。仆人李祥将毒药放入李毓昌的茶碗中，由于是头一回下毒，剂量没把握好，李毓昌喝完茶，脸色铁青，口鼻出血，却没有断气。三个仆人又拿出丝带将李毓昌勒死，再悬挂在房梁之上，造成自杀的假象。第二天，三人前往县衙报案，说李毓昌近来心神不宁，自缢身亡。

三人前来报官，而端坐在官椅上的正是王伸汉。他当然知道是怎么回事，立刻派人前往现场，经过一番“鉴定”，确认李毓昌“自杀”无误。李毓昌毕竟是省里派来的查赈官，山阳县无法就此结案，还得向上汇报。淮安知府王毂心知肚明，经过“认真调查”后，再一次确认了“自杀”结论。接着，案件层层上报，江苏巡抚汪日章与两江总督铁保均未提出疑义。看来这些封疆大吏都太忙，汪日章忙着听戏，铁保忙着练字，没工夫来关心一个候补知县的生死。

反腐败是一场你死我活的斗争，这绝非虚言。清官不除贪官，贪官就要杀清官！

新科进士就这样“被自杀”了，山阳县依惯例通知李毓昌的家人前来迎丧。前不久还在为家族出了位进士而欢欣不已的李家人，顿时如遭晴天霹雳。经过商量，李家决定派李泰清前往山阳，将李毓昌的棺椁迎回即墨老家。

关于李泰清，史料多认为他是李毓昌的堂叔。在读书科举方面，他比侄儿李毓昌差太多，并无任何功名。然而，在处理实际事务上，李泰清又比李毓昌强出不少。李家人派李泰清前往山阳，真是选对了人。

李泰清来到山阳后，即对李毓昌的死因产生疑问，尤其对山阳知县王伸汉的态度，心中疑窦重重。李泰清觉得，王伸汉太过热情，堂堂县太爷，放着那么多公务不办，整日就陪着李家人料理后事。此外，谈及李毓昌的死，王伸汉长吁短叹，泪流满面。要知道，李毓昌与王伸汉相识不久，且只是工作关系，情谊不至于这般深厚吧？

更难得的是，李泰清颇有谋略，纵然心中有再多疑问，此刻也只能忍住。对于官方给出的“自杀”结论，李泰清虽不以为然，却没有提出反对意见，甚至对王伸汉所表现出的极不正常的热情，李泰清也给予了“装傻充愣”式的回应——再三感谢王伸汉在此事中给予的帮助，说了不少客套话。看起来，李泰清完全被糊弄住了，只想早日将李毓昌的棺椁运回即墨老家，让这位苦命的新科进士入土为安。

当李毓昌的遗体运回即墨老家后，李泰清依旧在故布疑阵，瞒天过海。对外，李泰清说时值冬日，天气严寒，不必急着下葬，要挑选良辰吉日，并将遗体放在祠堂之中；对内，李泰清暗中请人来进行尸检，并初步判定李毓昌乃中毒而亡。

在部分资料中，还有李毓昌的遗孀整理遗物时，发觉李毓昌的衣服上有个补丁，下面藏着字条的相关记载。据说李毓昌的遗孀翻出字条，上面写着："山阳冒赈，以利啖毓昌。毓昌不敢受，恐上负天子。"

笔者倒觉得，这大概是戏曲的桥段，未见于正史。王伸汉为了制造李毓昌自杀的假象，花费了很多心思，且有充足时间"善后"。最后交给李家人的遗物，必是经过他仔细筛选的，不至于留下如此破绽。

顺便说一句，查阅李毓昌案相关资料时，笔者一直面临着幸福的烦恼。一来是各种资料太多，令人应接不暇；二来则是正规史料与戏曲演绎混杂在一起，难以分辨。由此亦可见，清代戏曲的繁荣以及李毓昌案在民间的巨大影响。

李家人得知家族荣光、新科进士死于非命，自然不会善罢甘休。这时，李泰清又做出了一个关键且无比正确的抉择——带着相关证据，去找即墨的大乡贤，曾担任安徽巡抚，如今丁忧在家的初彭龄。

一个人最大的聪明莫过于有自知之明，李泰清是个有自知之明的人。当初在山阳，他明白时与势皆不在我，除了隐忍别无他法，如今他更清楚，这天大的冤情，绝不是自己这样的山野村夫能够洗刷的，必须寻找强有力的外援。

像李泰清这样的好亲戚，当真是可遇不可求。

四

初彭龄登场了。他可是帝国官场中赫赫有名的"初老虎"，老虎下山，是要吃人的。

初彭龄是乾隆四十五年（1780年）进士，在嘉庆、道光两朝屡获重用，最终官至兵部尚书。《清史稿》评价他"为人刚方，嫉恶甚严，弹劾无所瞻徇"。从这段评价就能看出，初彭龄被人称为"初老虎"，主要原因就在于他"弹劾无所瞻徇"，一路走来，被他弹劾参奏的同僚、上司不胜枚举。

乾隆五十四年（1789年），初彭龄离开京城翰林院，外放江西道御史，甫一到任，就参奏江西巡抚陈淮一本。嘉庆四年（1799年），初彭龄出任云南巡抚后，参奏自己前任，害得前任云南巡抚江兰被免职。此后，初彭龄愈战愈勇，先后上疏参劾贵州巡抚伊桑阿、陕西巡抚秦承恩等封疆大吏，被参劾的官员要么撤职，要么降级，狼狈不堪。

当然，初彭龄也有参错人的时候。嘉庆九年（1804年），初彭龄上疏参劾湖广总督吴熊光，因疏中所列罪状不实，初彭龄被撤职，皇帝命他回家闭门思过。

不难想见，初彭龄这种性格，与同僚间的关系是不大融洽的，甚至在回乡丁忧前，初彭龄还和两江总督铁保等人结下一个大梁子。

当时，初彭龄任安徽巡抚。按照清朝官制，总督与巡抚虽没有直接隶属关系，但两江总督总管江苏、江西、安徽的军民事务，可以节制三省巡抚。在一般人看来，两江总督铁保的地位在初彭龄之上。不过因为“寿州三命案”，初彭龄却向总督大人发起了挑战。

“寿州三命案”是指嘉庆八年（1803年）时，安徽寿州怀宁县张家大户张大有，因与弟媳胡氏通奸被他人发现，遂行杀人灭口之计。案件先在安徽审理，后转至苏州重审，再转安徽复审，一波三折。

“寿州三命案”属于典型的刑事案件，死者均为普通百姓，行凶者也是因为家族内部矛盾才痛下杀手。这与李毓昌被贪官灭口，性质截然不同。像这类案子，按说与高高在上的总督大人扯不上关系，但初彭龄通过一出戏曲，让时任两江总督铁保栽了个大跟头。

初彭龄向嘉庆皇帝报告，在“寿州三命案”审理过程中，苏州城出现一出新编戏文——《寿椿园》，此戏看似在说明代的事，实则以“寿州三命案”为故事原型。戏文中含有明初苏州知府况钟断案的情节，还有一位大慈大悲的弥勒佛，每到关键时刻就会显灵。

初彭龄举报，苏州知府周锷在审办“寿州三命案”后，即令苏州戏班编造《寿椿园》传奇二十四出，借助戏曲宣传，以期在苏州百姓中产生此案审理公正严明的舆论。对于这种借助戏曲来收买人心，为官员涂脂抹粉的行为，初彭龄很看不上，认为“竭尽夸饰自吹、哗众取宠之能事”。

对戏文中的诸多细节，有心人士专门推敲过，戏中苏州知府况钟清廉公正，断案如神，暗指如今的知府大人周锷。那位救苦救难的弥勒佛，暗指铁保。正因为有铁保、周锷这样的活菩萨、大清官，“寿州三命案”最终沉冤昭雪。

嘉庆皇帝收到初彭龄的奏报后，怒不可遏，下令苏州织造舒明阿调查此事。后来，嘉庆皇帝又掷下严旨：“苏州戏班所演《寿椿园》一戏，为铁保、周锷粉饰张扬，更属胆大妄为，坏朕朝纲。”铁保被降级留任，虽勉强保住了总督官位，却是颜面尽失。

很多人或许不解，《寿椿园》这出戏看上去只是给官员拍马屁、唱赞歌而已，并无任何狂悖之语，为何惹得天子一怒，不惜动用苏州织造这样的御用情报机构介入调查，最后还让堂堂两江总督吃不了兜着走呢？

写到这里，不妨岔出去多聊几句。

清代影响力最大的娱乐方式，非戏曲莫属，许多皇帝妃嫔也是大戏迷。比如乾隆皇帝以及后来的慈禧太后，都对戏曲情有独钟。《清稗类抄》曾记载：“高宗精音律，《拾金》一出，御制曲也。”能为《拾金》这样一出小戏设计唱腔，可见乾隆皇帝功力之深。

尽管统治者爱戏、懂戏，但并不妨碍大清王朝成为禁戏最为严厉的时代。朝廷规定，戏台上不许出现历代帝王、孔孟圣贤及忠臣烈士。《大清律例》有条文，凡乐人搬做杂剧戏文，不许妆扮历代帝王后妃忠臣烈士先圣先贤神像，违者杖一百；官民之家，容令妆扮者与之同罪；其神仙道扮及义夫节妇孝子顺孙劝人为善者，不在禁限……

禁戏工程在乾隆一朝达到巅峰，据统计，乾隆皇帝一生禁了三百多出戏，其中就包括《桃花扇》《西厢记》《牡丹亭》这样的名作。当然，所谓禁戏主要是在民间，统治者以及达官显贵，还是可以借由各式各样的“内部演出”，欣赏到这些被禁的戏曲。

每到此刻，总要感恩那些“特权”。若没有统治阶级的特权，而是官民平等，一禁了之，那么，《桃花扇》《西厢记》《牡丹亭》等中华民族文化中的瑰宝，或许早就湮灭在历史尘埃中，无法传之后世。

统治阶级为何要大费周章地和一群戏子过不去？其中自然有一套逻辑。

首先，古代并没有新闻机构，更没有报纸、杂志。大众化的信息传播所依赖的正是戏曲。以经济发达的江南地区为例，各种戏班林立，彼此竞争激烈。戏班为了自家生意，不仅要下功夫打磨“历史剧”，还会根据新近发生事件，推出各种“新剧”。“寿州三命案”尚在审理中，《寿椿园》就被搬上舞台，就是典型的“新剧”。众所周知，晚清有四大奇案，分别是杨乃武与小白菜案、名伶杨月楼冤案、太原奇案、张汶祥刺马案。细究起来，四大奇案并非历史学家在书斋里总结出来的，而是借由一场场戏曲演出被戏子唱火的。

既然戏曲已经承载了新闻传播职能，事关重大，统治阶级挥出重拳，就不意外了。

此外，还有更重要的一点。清代文字狱的惨烈残酷，可谓历朝之最，在钳制思想方面，大清皇帝绝不手软。但请注意，综合各种统计，清朝的整体文盲率从没有低于百分之九十。也就是说，超过九成的人，其实是看不懂文字的。很讽刺吧，无论统治者如何大搞文字狱，哪怕直接焚书坑儒，对于大多数人的思想影响并不大，因为“刘项原本不读书”。

普罗大众看不懂文字，却对戏曲如痴如醉。因此，无论是要管制人民思想还是塑造整体国民性，舞台的重要性都远超过书本。文字狱顶多让广大知识分子揣着明白装糊涂，大伙不说话而已，再了不起出几个斯文败类，但“戏曲狱”能制造出成千上万个虔诚无比的人血馒头。

是否可以这样说，要推行愚民政治，文字狱只是蜻蜓点水，“戏曲狱”才是切中肯綮？

在清代，不仅文字狱迎来了高峰，更出现前朝罕见的“戏曲狱”，看来清朝统治者才是愚民政治的高手，一上来就抓住了“牛鼻子”。更令人不寒而栗的是，后世对于文字狱的解构与批判很多，对于“戏曲狱”却鲜有提及，这难道就是杀人不见血？

既然戏曲如此重要，那么透过戏曲来弘扬什么、批判什么，在舞台上应该吹捧谁、贬低谁，就得由最高统治者决定。区区一个两江总督、苏州知府，也想用戏曲收买人心？你们也配！紫禁城倒是富丽堂皇，那是你们住的地方吗？所以，初彭龄借由《寿椿园》发难，参劾同僚，算是打蛇打在了七寸。

身负奇冤的李毓昌家人，找到初彭龄，真是找对了人，这是一个敢参劾、能参劾，更善于参劾的官场异类。

初彭龄了解案情后，告诉李家人，事情发生在江苏，自然不能在山东老家报官，去江苏报官也不行，因为担心那里官官相护。唯一办法，就是进京告御状。初彭龄还给李家人打气撑腰，我正好有事去京城，你们随我一同去！有一种说法，李家人进京递交的状纸，实则出自初彭龄手笔。这位封疆大吏模仿李毓昌叔父的口吻，激动悲愤地写道：“泣思身任，初受国恩，竭力查赈，被逆仆谋害，天理何在？”

李家人来到京城，在都察院门口喊冤叫屈。左都御史特克慎出面见了李家人，听了他们讲述，也接下状纸。然而，过了好几日，特克慎一直将状纸压在手里，没有转交给任何人。或许事关重大，御史大人必须谨慎吧。这时，初彭龄再次发挥了重大作用，亲自登门拜见了特克慎。两人看起来沟通得不错，特克慎最终决定将状纸送到嘉庆皇帝案头。

至此，李毓昌案成为一桩通天大案。

五

龙颜大怒的嘉庆皇帝，将重审此案的谕旨同时发往山东与江苏。他在谕旨中语气严厉地指出："若不细心研究，致凶手落网，朕断不容汝辈无能之督抚，唯执法重臣，绝不轻恕。"

接到谕旨的山东巡抚吉伦不敢怠慢，立刻派出精干人马前往即墨，将李毓昌的尸首运来省城济南。据后来的戏曲演绎，听到风声的山阳知县王伸汉急得像热锅上的蚂蚁，花重金请绿林好汉前往即墨，打算把李毓昌的尸体抢出来毁尸灭迹。几方人马围绕着李毓昌尸首，又是一番斗智斗勇。最终，正义战胜了邪恶，李毓昌的尸首被运到了济南城南校场。

紧接着，山东巡抚吉伦拿出了当时的"黑科技"——使用"蒸骨法"，进行蒸骨验尸。蒸完一看，骨头全是黑的，证明李毓昌是中毒而亡。山东方面飞报京城：李毓昌应是身中剧毒后，再被人用绳子勒紧脖子，挂到房梁之上。

几乎同一时间，江苏方面的消息也来了。两江总督铁保与江苏巡抚汪日章居然回奏道，李毓昌就是自杀的。

山东分明已验出李毓昌是中毒身亡，铁保等人居然还在睁眼说瞎话，简直匪夷所思。嘉庆皇帝气恼不已，把铁保痛骂一顿，甚至说他是"草菅人命"。

铁保确实该骂，说他"草菅人命"并不为过。但在李毓昌案中，铁保又与淮安知府王毂、山阳知县王伸汉等人不一样。铁保是个板上钉钉的糊涂官，也是个如假包换的"大清官"，他从未同流合污，却实实在在地玩忽职守。

其实，铁保也是个蛮值得一聊的人物。铁保这个糊涂官，和《红楼梦》中的贾雨村还不一样。贾雨村装糊涂判案，只为自己能飞黄腾达，铁保满口胡说，可是真糊涂。李毓昌案已经通天，嘉庆皇帝连发多道谕旨，邻省山东的侦破工作取得突破性进展。此时，铁保再说什么自杀，完全是掩耳盗铃，自找没趣。

铁保的强项的确不是当官，而是书法。身为清代书法“四大家”之一，铁保的书法功力有目共睹。铁保对书法已到痴迷地步，曾写诗道：“半生涂抹习难除，一任旁人笑墨楮。他日儿孙搜画箧，不留金币但留书。”在许多人看来，铁保是在以诗明志：写自己的字，让别人说去吧！

像铁保这种人，不在艺术上取得一番造诣，便是老天不公。但他若能当个好官，便是痴人说梦。管他李毓昌怎么死的，铁保的兴趣始终在笔墨纸砚上。

除了挥毫泼墨，铁保一生中还干了一件令人哭笑不得的事——研究家谱。经过一番考据，出身正黄旗的满洲贵族董鄂·铁保对外宣称，自己祖先是北宋神宗之子越王赵偲。一个满洲人，祖上怎么成了北宋皇族？据铁保说，北宋末年靖康之难，赵偲随同皇室成员被金兵押至北方，明朝时期，赵偲后人建立了董鄂部落。经过一番考据，铁保似乎还解释通了另一件事：为什么我的书法那么好？我家祖上就有一位惊世骇俗的书法大家——宋徽宗赵佶。

不妨设想一下，清军刚入关时，一位满洲上三旗的贵族，去认汉人做祖先，结局会如何？会不会被所有旗人鄙视，甚至被多尔衮叫去，直接扇几个大耳光？可到了嘉庆年间，身居高位的铁保认祖归宗，只被当成了人们茶余饭后的谈资。

嘉庆皇帝看着一心扑在宣纸上的铁保，真是恨铁不成钢，气不打一处来。面对山东与江苏传来的结论迥异的奏报，嘉庆皇帝决定派出军机大臣坐镇督查，又命令从刑部、吏部、礼部、都察院抽调精干人员，合办此案。

淮安知府王毂、山阳知县王伸汉，以及李毓昌的仆人等，先后被押往京城，由军机大臣亲自主持审讯。在强大的国家机器与确凿证据面前，王伸汉等人没有招架之力，很快供出了私吞赈灾款、行贿官员，以及谋害李毓昌的整个案情。

案情水落石出，等待行凶者的自然是帝国最严苛的刑罚。淮安知府王毂被处以绞刑，山阳知县王伸汉斩立决，没收全部家产，李祥等三人弑主，被判凌迟。亲手勒死李毓昌的李祥，更被押解到李毓昌墓前，剖心挖腹，祭奠亡灵。

江苏官场也迎来一场大地震。两江总督铁保革职发配边疆，江苏巡抚汪日章撤职永不叙用，还有江苏布政使、按察使等大员，全部撤职。

现实中的李毓昌案，终于落幕。舞台上的李毓昌案，好戏刚开锣。此后多年，李毓昌案成为一个大IP，被戏子名伶不断演绎，台下观众看得津津有味。

六

尹壮图、洪亮吉与李毓昌，三位素无交集且地位悬殊的官员，后世经常将他们并列在一起。或许是因为他们拥有相同的性格特质——充满正义感，善良且迂直；又或许，他们都做了同一件事，给整个帝国的贪腐拉响警报。

三人之中，李毓昌付出了生命的代价，无疑最为惨烈。同时，朝廷也给予了他最高褒奖：追赠李毓昌为知府，事迹写入《循吏传》；李毓昌膝下无子，在家族里收了一个继子，被嘉庆皇帝钦赐为举人……所有这些，又是尹壮图与洪亮吉望尘不及的。

帝国统治者总是这样充满黑色幽默。对于已经永远闭口的预警者，他们不吝给予高度颂扬，对于那些还能说话的预警者，又极尽打压之能事。

李毓昌死后最风光的一件事，应当是嘉庆皇帝亲手写了一首《悯忠诗》，刻成石碑，立在李毓昌墓前。“孤忠天必鉴，五贼罪难偿。”“毒甚王伸汉，哀哉李毓昌。”无论其诗文采如何，情感倒是充沛。况且，君王为臣子写诗，古来能有几人？

比起自己的父亲，一生写诗四万余首的乾隆皇帝，嘉庆皇帝没有那样高产，但质量似乎要好得多。更为引人瞩目的是，嘉庆皇帝开创了一个新门类——反贪诗。除了悼念李毓昌的《悯忠诗》，还有好几首，都是鞭挞贪官，呼唤正气。“玉杯饮尽千家血，银烛烧残百姓膏。”“平时漫说君恩重，辜负君恩是尔曹。”这些出自帝王之手的诗词，居然有些“朱门酒肉臭，路有冻死骨”的味道。

然而，嘉庆皇帝毕竟不是失意文人，一个帝王来写反贪诗，总不免令人唏嘘。

如果说，雍正皇帝是暴风骤雨式的反腐，乾隆皇帝是情绪型反腐，那么又该如何总结嘉庆皇帝的反腐？答案正是令人忍俊不禁的诗歌反腐。

公允地说，在上台之初诛杀和珅后，嘉庆皇帝在反腐问题上几乎不再有任何大动作。何况我们还专门探讨过，杀和珅这个举动本身，是否真是为了反腐其实有待商榷。雍正、乾隆年间，因贪污大案而伏诛的一二品大臣不胜枚举，可在嘉庆皇帝执掌天下的二十多年间，刑不上大夫成为常态。除了和珅，嘉庆皇帝几乎就没再杀过“大老虎”。

反腐败从来不是请客吃饭。以雍正皇帝、乾隆皇帝那样的雷霆万钧之势，尚且不能遏制腐败蔓延之势，像嘉庆皇帝这样搞文质彬彬的诗歌反腐，进行温情说教，效果可想而知。

笔者对于嘉庆朝出现的腐败案件还有一个评价：和珅之外已无大案，奇案却接二连三，层出不穷。

以李毓昌案为例，涉案金额不算大，涉案人员的官阶也不算高，但是，一个知县竟敢对省里派来的审核官员杀人灭口，事后还弄出一个自杀假象险些瞒天过海，实在过于惊悚。

嘉庆年间，各种奇案还有很多，以至舞台上从不会缺乏素材。登基之后，因为忙于镇压白莲教起义，嘉庆皇帝多年没有举行“木兰秋狝”。待白莲教起义平息，嘉庆皇帝决定前往承德的木兰围场，通过一场狩猎来追忆先祖荣光。

到了木兰围场一看，嘉庆皇帝大吃一惊：“百余年秋狝围场，竟与盛京、高丽沟私置木厂无异。”（《清实录》）威严气派的皇家猎场，竟然成了盗木贩子横行之地。围猎过程，嘉庆皇帝的“体验感”差到极点。康熙皇帝、乾隆皇帝在木兰围场，一天之内射杀几只老虎与熊是家常便饭，射杀麋鹿、獐子等小动物更是数以百计。而嘉庆皇帝吃苦受累一天，只打到两只狍子。并非嘉庆皇帝射术太差，而是在木兰围场周围，不仅有盗木者，更有不计其数的盗猎者，皇家猎场里的野兽，早成了盗猎者餐桌上的美味。

嘉庆皇帝无法抑制怒火，下令追查内务府管理失责之罪。不用说，这里头又有不少监守自盗的官员。连皇家猎场里也有人里应外合、上下其手，当真奇案一桩。

还有一桩案子，竟是嘉庆皇帝亲手树立的廉政典型，也跌进腐败泥淖。当初率先揭发和珅的谏官广兴，深得嘉庆皇帝信任，被委以掌管四川军需之重任，嘉庆皇帝还号召全国官员向他学习。然而，广兴不久也堕落了，让嘉庆皇帝颜面扫地。

嘉庆皇帝晚年去祭扫东陵，途中得到奏报，兵部尚书的大印居然不见了。此事非同小可，皇帝不在京城，谁要是用兵部大印调动部队，图谋不轨，怎么办？嘉庆皇帝表态将一查到底，结果又牵出一桩奇案：大印早在三年前就丢了，一直被司员隐瞒。

尤其当嘉庆十八年（1813年），紫禁城之变发生，已经不是奇案，而是奇耻大辱。月黑风高之夜，一伙天理教教徒攻入皇宫，在一群太监指引下，逼近皇后寝宫。当时正在避暑山庄的嘉庆皇帝，听闻消息，一夜未眠，悲愤难抑。最终他只能又一次躲进诗歌之中，提笔写出这样的句子："从来未有事，竟出大清朝。"

嘉庆一朝极少出现贪腐大案，各种奇案却不胜枚举，这绝不意味着在嘉庆皇帝的统治下，巨贪都收敛了，只有小贪上蹿下跳。更符合事实的描述应当是：腐败细胞已蔓延至帝国全身，既然没有魄力动"大手术"来切除病灶，就只能忍受各种"并发症"无休止的折磨。奇案只是冰山一角，真正的大案永远隐藏在黑洞洞的历史海面之下。

也就是说，立国一百余年的大清王朝，正遭遇严重的中年危机，各种病灶缠身，虽还不致命，却是痛苦不堪。于是，腐败在这里成为常态，是理所应当的，清廉反而成为异类，无法为大多数人所接纳。只要进入官僚队伍，就应识时务地被同化为贪腐者，否则你就会被这个队伍清除，正如李毓昌的悲剧。退而求其次，你也得成为铁保那样的人，心甘情愿为腐败大开方便之门，或是撑起保护伞。

此时，腐败现象不仅彻底公开化，腐败者基于各自利益，还会互相包庇，互为奥援，谁要反腐败，他们就联合起来反谁。这种腐败同盟一旦形成，往往是难以瓦解的。哪怕九五之尊的皇帝，对抗腐败同盟也会力不从心，只能感叹政令不出紫禁城。从嘉庆朝的一系列奇案就能看出，只要符合官员自身利益，钦差是可以诛杀的，皇家园林是可以偷盗的，谕旨是可以糊弄的……

积弊已到这般田地，岂是帝王的几首诗歌所能挽救？难怪人们将清代的嘉庆、道光两朝称为"嘉道中衰"。

第十二章

五宇官号案

被洪秀全逼出来的金融改革，又成了肃顺的催命符

最终，银子归了朝廷，骂名还由商人担着。五宇官号被撤销，“革商”被抄家发配，绳之以法。普通百姓会痛恨奸商，认为是商人的贪欲与不法，使得物价飞涨、民生凋敝。可实际上，当一个人具备了现代金融知识后就会明白，商人的确坏，却只是帮凶而已。一场没有准备金的纸币发行，本质就是抢劫。不管换哪一拨人来做，结局依旧如此。

一

落日留下长长的影子，一片血红。京郊西山的晚霞像一条绸带，缠绕着大清帝国都城。星星开始发出微弱光亮，几只乌鸦正在孤独地飞翔。

紫禁城在不远处，斑驳高耸的朱红宫墙，血色般触目惊心。白日里金碧辉煌的宫殿，此刻显出寂寞凄凉，黯淡成黄昏的巍峨。

一片暮色之中，恭亲王奕䜣暂停了一天忙碌的公务，离开军机处，坐轿回到位于后海与北海之间，那座四年前才属于自己的豪奢王府。

此刻是公元1854年，清咸丰四年。奕䜣不仅贵为亲王，还有另一个身份——领班军机大臣。亲王的爵位，是父亲道光皇帝临终前赐予，那是如山一般的父爱。领班军机大臣的权力，则来自哥哥咸丰皇帝的信任。当年，身为皇六子的奕䜣，与皇四子奕詝同为皇位有力竞争者，令道光皇帝犹豫多时，难以决断。道光皇帝临终前，召十重臣公启锦匣，内有御笔两谕，一为“立皇四子奕詝为皇太子”，一为“封皇六子奕䜣为亲王”。随后，道光皇帝病逝，奕詝即位，即咸丰皇帝。

咸丰皇帝登基后，重用自己的恩师杜受田。在杜受田故去后，咸丰皇帝做出一个令人颇为惊讶的决定：打破祖制，让奕䜣担任领班军机大臣。雍正皇帝创立军机处后，经过多年演化，帝国已经形成一条不成文的规矩：爱新觉罗的宗室成员，不再进入军机处。据说，这是为了将最高权力牢牢抓在皇帝一人手中。后文还将提到，在咸丰朝权势熏天的肃顺，就因为这条规矩，始终没能进入军机处。不过，为了弟弟奕䜣，咸丰皇帝打破了祖制。

一帮乐于吹捧的文人，习惯性地热血沸腾起来。说什么古来皇子争储，难有善终者。像今上与恭亲王这般的圣君与贤王，世所罕见。兄弟同心，何愁王朝不能中兴！可惜，事实很快会证明，这些马屁拍得有多响，最终脸就被打得有多肿。

奕䜣的坐轿在前呼后拥中回到恭王府，早就等候着的仆役赶紧端茶奉水。领班军机大臣着实风光，但那种高处不胜寒的孤寂，外人是体会不来的。或许，这座府邸曾经的主人，多少能理解一点奕䜣的心境吧。当初，和珅居住于此，度过了几十年战战兢兢的所谓一人之下、万人之上的时光。舞榭楼台，风流总被雨打风吹去。昔时的和相之府，终究变成了如今的恭王府。

当年，和珅住进这里时，已经四十岁，担任领班军机大臣时，则有四十七岁。奕䜣拥有这座府邸时，时年十八岁，成为权倾天下的领班军机大臣时不过二十一岁。让一个二十出头的青年来总理纷繁朝政，真不知是幸还是不幸。

拥有炙手可热的权力，哪得一刻清闲？即便回到府中，拜访者从来络绎不绝。有时，门外车马轿子排到一里开外，马儿嘶鸣，华盖如云。奕䜣随手拿起一个求见的门牌，上面不仅写着户部堂官的名字，还有白亮、刘宏振二人。这两人可是京师巨富，家财万贯。

人家为何要登门求见，奕䜣心里一清二楚。见或不见，略显稚嫩的领班军机大臣陷入了犹豫……

二

一切还得从南方战事说起。曾经温柔富贵的江南水乡，如今正是兵连祸结，血火炼狱。

道光皇帝留给儿子咸丰皇帝的，除了金銮宝殿上那把龙椅，还有一场中国历史上规模最大的农民起义。道光三十年（1850年），是道光皇帝御宇天下的最后一年。这年夏天，落第秀才洪秀全在广西大山里发出“团营令”，号召各地拜上帝会成员变卖田产，筹集资金，向一个叫金田村的地方集中，共举大业。

谁都没有料到，这群来自边鄙之地，留着长发，自称信仰上帝的农民，果真掀起一场惊涛骇浪。咸丰二年（1852年），他们从广西大山中杀将出来，兵锋指向湖南省会长沙。咸丰三年（1853年）一月，太平军攻克武昌，天下为之震动。此后，洪秀全、杨秀清等率领号称五十万众、船一万余艘的大军，夹江东下，连克九江、安庆、芜湖等名城，势如破竹。三月，太平军攻占清王朝在江南的统治中心江宁（今南京），定为都城，改称天京。

王侯将相，宁有种乎！秦失其鹿，天下英雄共逐之。爱新觉罗的天下，洪教主为何就坐不得？

江山万里，壮美如画，有机会坐拥江山的英雄豪杰，自然都会放手一搏。清廷火速调集重兵，建立江南与江北大营，誓要剿灭太平军，荡平东南半壁。太平天国派出西征与北伐两路大军，舍得一身剐，也要把皇帝拉下马。还有曾国藩、左宗棠等人，在湖南老家兴办团练，雄心勃勃的汉人官僚集团，即将登上晚清政治舞台。

天下大乱，血雨腥风。年轻的咸丰皇帝，正遭遇清朝立国以来最大的一场危机。当年的三藩之乱，白莲教起义，虽然波及数省，但江南赋税重地，始终牢牢控制在清廷手中，长江与京杭大运河也能通行无阻。太平天国来势汹汹，直接攻占江宁，让富庶的江南顿时陷入火海。长江水道、京杭大运河等国之命脉，也被拦腰截断。

江南的税收指望不上，云南的铜料与南方各省的白银，全都无法北运，加之大军征战所耗费的天文数字般的粮饷，不待太平军兵临北京城下，清廷的中央财政先撑不下去了。

东墙没的拆，西墙补不上，朝廷简直穷得揭不开锅。好在有一句话，叫作办法总比困难多。满朝文武一起想办法，共克时艰呗。

第一个办法是铸造大钱。众所周知，中国长期使用重金属作为流通货币，银铜有多重，对应的购买力就是多少，一目了然，谁都不吃亏。所谓“大钱”，就不是那么回事了。大钱分为不同规格，有当十、当五十、当百、当千等，也就是说，原本只是一文铜钱，可朝廷的铸币机构在铜钱上面印下特殊记号，这一文铜钱流通到市面上，就相当于十文钱、五十文钱或一百文钱……

只要具备一点现代金融知识，都知道清廷的做法，实则是政府公然抢劫百姓财富。可此时的朝廷实在不争气，如此肆无忌惮地抢了一阵子，居然抢不动了。原来，铸造大钱总归还得耗费铜料，天下的铜大多产自云南，南方烽火连天，长江上舰炮轰鸣，云南的铜哪还能运抵京城？即便是铸造大钱的铜料，朝廷也入不敷出。

很快，又有人提出，铸造大钱的路子走不通，索性就印纸票。比起银铜等贵金属，纸张便宜太多。朝廷在纸上写一百两，它就是一百两银子，写一千两，它就是一千两银子。甚至有人说，民间票号不就这样干吗？山西票号在太原开出一张银票，不过一张纸而已，到了京城照样取银子，甚至能在市面流通。

清代君臣虽然不具备现代金融知识，更没听说过“国家信用体系”“发行货币准备金”之类的词汇，但毕竟不全是糊涂蛋。从严格的科举考试中选拔出来的精英，基本常识与智商还是在线的。他们很清楚，如果印一堆纸，在上面随便填几个数字，就能消弭一场几乎要将大清帝国击垮的财政危机，未免太儿戏。印纸票这种事，真那么轻松愉快，朝廷早印了，还用等到今天？就拿山西票号的银票来说吧，人家能在市面流通，凭的是实实在在的信誉。不论是谁，拿着银票就能从票号取出银子来。往后万一有人拿着朝廷印的纸票去兑银子，如何招架？再说了，过去不是没有朝廷印纸票的先例，从宋代的“交子”到朱元璋的“大明宝钞”，结局总是惨不忍睹。综合来看，印制纸票好比饮鸩止渴，“副作用”大得吓人。

正是基于各种顾虑，朝廷对于印制纸票的态度十分谨慎。咸丰皇帝命令军机大臣祁寯藻领着一帮“财经智囊”，研究了好长时间，拟出好几份章程，始终没有正式施行。

最终促使咸丰皇帝下定决心的，还是前方战事。眼看太平天国的北伐军越过黄河，进逼天津，连北京都宣布戒严，国库里却空空如也。拿不出银子，谁肯替你卖命，谁来守卫京师？满朝君臣再也顾不上什么“副作用”，赶紧发行纸票吧。

咸丰三年（1853年），户部印制出第一批价值十二万两白银的纸票，取名“官票”。官票票面以满汉文字印有“户部官票”字样，“其票上天、地、宇、宙四字号头系按奏定章程一两、五两、十两、五十两票四种，依次编列……”规定民间交纳地丁钱粮、盐课、关税等，均可用官票充抵实银，官票可同值兑换白银，其一两可充抵制钱二千文。

官票印制完成后，朝廷又马不停蹄推出宝钞。一般来说，官票的主要作用是代替白银，宝钞则是代替铜钱。不妨这样理解，官票是大额钞票，宝钞就是老百姓平常用的零钱。宝钞与官票一样均为皮纸制造，额部书写“大清宝钞”四字，满汉文平列，足部书写“此钞即代制钱行用，并准按成交纳地丁钱粮及一切税课捐项，京、外各库一概收解。每钱钞二千文抵换官票银一两”。

如今全世界说中文的人，都把钱币称为钞票，正是来源于咸丰年间印制的官票与宝钞。两者合在一起，被简称为“钞票”。

朝廷总算将官票与宝钞印制出来了，可当初担心的那些个“副作用”——物价飞涨、民生凋敝、百姓怨声载道——一概没出现。这可不是天佑大清，而是老百姓压根儿不吃你那包药。人得吃了药，才会产生“副作用”，连药都不吃，当然不会有“副作用”。

朝廷想用印制的票钞来抢劫百姓财富，百姓也不傻，根本就不用。市面上交易买卖，照旧用银子与铜钱，什么官票、宝钞，你甭给，我也不会收，咱们就不认那玩意儿。

君臣一心鼓捣出的官票、宝钞，百姓却不买账，让朝廷情何以堪！原本打着让百姓饮鸩，帮朝廷止渴的主意，无奈百姓“觉悟”太低，居然不肯为国分忧。眼看朝廷的票钞在市面上无法流通，帝国财政危机日甚一日，年轻的领班军机大臣、恭亲王奕䜣真是一筹莫展，白了少年头。

正在这时，前文提到的两名京城富商——白亮与刘宏振——粉墨登场了。白、刘二人从朝廷的困局中窥见一个巨大商机，表示愿意“承办钞务”。白亮与刘宏振自然不是来做慈善的，在他们看来，忽悠老百姓这种事，不能光靠政府意志，还得官商勾结，按“市场规律”办事。朝廷制定大政方针即可，如何在市面上推广宝钞，忽悠一般百姓接盘，就交给商人吧。至于利润，见者有份。

对商人的算盘，朝廷心知肚明。无利不起早，人家主动贴上来，当然要捞一票。可眼看票钞在市面上流通不起来，国库几乎要断炊，倘能分一杯羹给商人，帮着朝廷渡过难关，应当乐观其成才对。况且说到底，抢劫百姓这种事，原本是“空手道”生意，朝廷用不着啥成本。商人多拿一份走，无非百姓多吃点苦头而已。

不过，此等大事户部不敢自作主张，还得仰望上意。于是，白亮与刘宏振只好再走恭亲王的路子。

商人如何在恭王府里口若悬河、奴颜媚骨，现今已不可考。我们只知道，恭亲王最终认可了由商人承办钞务的方案，并且上奏咸丰皇帝。最终，《清实录》里有了这样的记载：“商人白亮、刘宏振等呈称，情愿摊借赀本，呈报户部，以备收发宝钞之用，洵属好义急公，着照所请……”

至此，官商联手发财的大门打开，百姓的梦魇开始了。

三

为了在市面上推行票钞，商人们打出一套组合拳。

首先，亮出经济手段。以白亮、刘宏振等为首，聚集京城数百家典当行、粮行、钱行，贴出布告，表示将在交易过程中接收官票、宝钞，并且鼓励百姓使用。

如此一来，相当于京城商界集体为朝廷的票钞担保。当初，民间不认可官票、宝钞，就是担心流通不便。现在那么多商号答应接收，顾虑大大消除。

接下来，还得依托“政府资源”。为了推行票钞，户部设立官钱总局，随即富商又在京城开设五家官钱铺，分别叫作宇升、宇谦、宇泰、宇恒、宇丰，合称“五宇官号”，主要承办兑换票钞业务。因为资料残缺，至今都说不清五宇官号的股东究竟有哪些，官方与商人在五宇官号内又是如何分工协作。或许，这种半官半商、亦官亦商的模糊感，才是五宇官号的最大优势。京师百姓都知道，五宇官号不是衙门，但又和山西商人的票号不同。总之，五宇官号的后台就是朝廷。

在五宇官号成立同一年，远在英国伦敦的渣打银行成立。许多人惋惜，两家同时诞生的金融机构，未来命运竟天壤之别。渣打银行成为百年大行，至今活跃在世界经济舞台，五宇官号却在短短几年后灰飞烟灭。

其实，五宇官号与同时代成立的欧美银行，从本质上说完全不是一回事，更不具有可比性。国运衰微至此，连具有众多市场化元素的山西票号，尚且不能成功转型为现代银行，遑论五宇官号这样官商勾结的“怪胎”。五宇官号存在的意义，除了抢劫百姓，大概就是夺下一桩惊天大案的“冠名权”。五宇官号早已尘埃散尽，但研究咸丰朝历史，却绕不开震惊天下的五字官号案。

经过商人一通操作，昔日无人问津的官票、宝钞竟在市面上流行开来。哎，这些普通百姓，真是既可怜又可悲。当初朝廷好言相劝，希望大伙为国分忧，你们死活不买账。好了吧，等奸商连哄带骗，设下一个套，却争先恐后往里钻。

话说明末时，崇祯皇帝让官员掏银子助饷，一个个都不肯。等李自成打进北京，一顿拳打脚踢，官员落了个人财两空的结局。斗转星移间，大清草民终于享受到了大明官员的“待遇”。

客观地说，流通货币从贵金属进化为纸钞，当然是一种巨大进步，甚至是一个国家经济现代化的重要标志。不过，这种进步必须建立在复杂且严苛的基础之上。中国最终告别贵金属货币，进入纸币时代，是在抗战爆发前的民国时期。那时，国民政府不仅砸下血本，为新货币提供准备金，更颁布了一系列政策，包括在全国范围内废除银圆，只允许纸币流通，同时让新货币与英镑、美元挂钩……

不难看出，在咸丰年间，中国完全没有发行纸币的经济基础。失败的结局早已注定，成本只能由升斗小民来承受。

当官票、宝钞在市面上渐渐流行，接下来登场的，自然是无比熟悉的“养、套、杀”三部曲。阳光底下没有新鲜事，从庞氏骗局到庄家坑散户，豪强洗劫小民，手段历来都是如此。

既没有准备金，更没有强大国家信用背书的官票、宝钞，热闹过一阵后，便开始进入崩盘阶段。市面上物价飞涨，出现了严重的通货膨胀。百姓拿着一张宝钞，昨天还能买一袋米，今天就只够买几根青菜。眼看朝廷的票钞越来越不值钱，百姓除了哭天喊地，没有任何办法。

票钞信用崩盘，百姓苦不堪言——出现这种状况，朝廷自然不意外。按照现代经济学解释，朝廷发行票钞，本就是转嫁危机。把官票、宝钞推向民间，再利用票钞把民间白银收归国库。一进一出之间，朝廷的财政危机缓解了，代价则是在民间制造了一场通货膨胀。对于目前所发生的一切，朝廷心知肚明。

那些掌握更多信息与资源的官吏、商人，当然不会大惊小怪。甚至，还会利用自己的优势地位，狠狠发一笔国难财，从本就贫苦的百姓身上再刮一层油。一些地方官员在职权范围内大搞“拒收买抵”，简言之，但凡涉及进项，他们收银子，在交易时又用票钞支付，以至出现了“官可以钞票强用于民，民不能以钞票强用于上，不得已贱价出售，受累甚多”的状况。

商人不遑多让，尤其五宇官号的巨商大富，不仅借着通货膨胀的机会，大搞囤积居奇，还利用与户部官钱总局打交道的机会，做假账制造亏空，将大笔官款化为私钱。真是朝廷与百姓两头吃！

就在官票与宝钞急剧贬值时，当初力主朝廷发行票钞，并交由商人承办钞务的恭亲王奕䜣，也遭遇了政治生涯中一次重大挫折。咸丰五年（1855年），奕䜣被解除一切职务，仅剩一个亲王爵位。一夜之间，从权倾朝野的军机之首变成了一个真正的闲王。

史学界对奕䜣的评价不低，多认为他是晚清皇族中唯一具有实干能力与国际视野的人物，并封他为洋务运动领袖。没有奕䜣坐镇中枢，曾国藩、李鸿章、张之洞等人要在地方大展拳脚，师夷长技，则绝无可能。不过，奕䜣又是一位具有浓重忧郁气质的王子，他似乎并不精于权术，一生中多次被自己的亲人玩弄于股掌之间。

关于奕䜣与哥哥奕詝争储，有一个流传甚广的故事。道光皇帝率领诸皇子前往南苑围猎，考察他们的身手。奕䜣一马当先，箭无虚发，射杀猎物最多。奕詝的骑射功夫本不如弟弟，在老师杜受田点拨下索性一箭不发。道光皇帝问其缘故，答道：“时方春，鸟兽孳育，不忍伤生以干天和。”（《清史稿》）奕詝的意思是如今春暖花开，万物孕育，儿臣不忍射生，以干天和。道光皇帝听后大悦，说：“此真帝者之言！”

杜受田一度被称为大清第一帝师，确非浪得虚名。他知道学生奕詝在才干方面远不及弟弟奕䜣，加之号准了道光皇帝的脉，决定扬长避短、另辟蹊径。果然，道光皇帝心中的天平，开始逐渐偏向奕詝。

咸丰皇帝登基后，与奕䜣有过一段蜜月期。尤其让奕䜣总理朝政，担任领班军机大臣，更成就了一段兄友弟恭的佳话。然而，到了咸丰五年（1855年）时，兄弟之间渐行渐远。

据说，兄弟反目的导火线，是关于太后的封号。奕詝的生母是钮祜禄皇后，在奕詝九岁时崩逝。此后，负责主理后宫事务，并且扮演奕詝养母角色的，就是深得道光皇帝宠爱的博尔济吉特氏。这位博尔济吉特氏是奕䜣的生母。

奕詝与养母博尔济吉特氏的关系，还算融洽。从现有资料来看，当道光皇帝在有关继承人的问题上摇摆犹豫时，博尔济吉特氏的态度是完全中立的，并未偏向亲生儿子奕䜣。对于一个女人来说，这无疑难能可贵。咸丰皇帝即位后，封养母博尔济吉特氏为皇贵太妃，请她入住绮春园，时常前来问安，侍奉如同亲母。

请注意，侍奉如同亲母，就说明还不是亲母。真要是皇帝的亲生母亲，就不会封为皇贵太妃，而是皇太后了。对于这一点，奕䜣愤愤不平，觉得母亲把咸丰皇帝当亲生儿子，咸丰皇帝却不认这个母亲。咸丰皇帝的态度也很坚决，历来成为皇太后者，要么是大行皇帝的皇后，要么是新君的生母，按照这两条硬杠杠，博尔济吉特氏够不上。

咸丰五年（1855年），博尔济吉特氏病入膏肓，身为儿子的奕䜣豁出去了，在母亲病榻前请求咸丰皇帝，立刻加封皇太后，让老人得以瞑目。看着奄奄一息且有养育之恩的博尔济吉特氏，咸丰皇帝终于让步。然而在内心深处，他对奕䜣的行为异常反感，认为这是赤裸裸的逼宫。

刚刚获得康慈皇太后封号的博尔济吉特氏撒手而去，她的治丧典结束仅仅几天，咸丰皇帝就以“于一切礼仪，多有疏略之处”，收回了奕䜣的所有权力，让他彻底赋闲。

此后多年，兄弟俩隔阂甚深。当英法联军打进北京，咸丰皇帝在承德病危，即将撒手人寰时，奕䜣想赶来避暑山庄，见皇兄最后一面，亦不可得。

客观来说，奕詝与奕䜣，或多或少都从父亲道光皇帝那里继承了温良宽厚，乃至优柔寡断的性格，尽管兄弟间有隔阂与猜忌，但比起唐朝的李世民兄弟，或是康熙皇帝的诸皇子，结局已经好太多。也有人认为，逼封皇太后一事，只是咸丰皇帝与奕䜣矛盾的爆发点，而非矛盾的全部。毕竟，皇帝与领班军机大臣之间，除了私情，更有国事。在奕䜣总理朝政的几年间，对许多问题的处理，咸丰皇帝并不满意。

如果说咸丰皇帝与奕䜣之间的矛盾错综复杂，那么我们可以合理推测，发行票钞且重用商人承办钞务，也是其中之一。或许，咸丰皇帝在埋怨弟弟，都是你的馊主意，搞得现在一地鸡毛；又或许，咸丰皇帝知道错不在某人，但事已至此，总得找人背锅，朕不能下罪己诏，那就把领班军机大臣罢黜，也算一种态度……

讲到奕䜣，再多聊几句。咸丰皇帝死后，凭借一场血雨腥风的辛酉政变，奕䜣终于成功复出，再次成为炙手可热的权臣。不过，嫂嫂慈禧太后的权术，远在兄长咸丰皇帝之上。在慈禧太后掌权的几十年间，奕䜣经历了几番起落，令人唏嘘不已。当奕䜣被逐出权力场，处境凄凉时，他经常去京西古刹戒台寺。那里有一棵“卧龙松”驰名京师，奕䜣经常在卧龙松下伫立，不知是否以“卧龙”二字隐喻自己压抑的人生。

就在户部票钞几近崩盘，民间通货膨胀空前严重，曾主持票钞发行的领班军机大臣又被罢黜时，一颗光彩照人的政治明星却在大清帝国的政治中枢冉冉升起。此人未必能中兴大清，但那些借着发行票钞大发国难财的户部官员与五宇官号的富商，实实在在撞上了煞星。

四

咸丰朝的头号权臣肃顺，终于登场了。

先说肃顺的结局。他是正儿八经的天潢贵胄，全名叫爱新觉罗·肃顺。可他也是大清立国两百多年，唯一被押往菜市口公开处斩的爱新觉罗子孙。就凭这两百多年里的独一份，便可知肃顺一生曾兴起多大的风，翻过多高的浪。

肃顺早年是个游手好闲的人物，每到冬天，牵着一条黑狗，将一件旧羊皮袄反着穿，在四九城里闲逛，有时还自称无赖，到处蹭吃蹭喝。据此，有人说了，肃顺虽是宗室子弟，但属于庶出，家境一般。

说这话的人，大概率是被肃顺哄骗了。肃顺不是一般宗室，人家的父亲是郑亲王乌尔恭阿。清初有八大铁帽子王，郑亲王乃其中之一。其他宗室每一代人继承爵位时都会降等，只有铁帽子王，因为先祖战功彪炳，朝廷特别恩准世袭罔替，且比别的亲王享有更优厚的待遇和特权。

肃顺是庶出不错，但人家可不是京郊随便一个地主老财家的庶出，而是铁帽子王的庶出。在那个年月，铁帽子王府里的一条狗，也比普通人过得好。肃顺反穿羊皮袄，绝非买不起绫罗绸缎，而是一种特立独行。他在京城里胡吃海喝，结交狐朋狗友，也是体验生活而已。正是这些早年经历，为肃顺日后纵横政坛提供了很大帮助。史书说他“习知京师五城诸坊利弊”，对底层社会有深入了解。

普通读书人，尚且可以“朝为田舍郎，暮登天子堂”，像肃顺这样的皇亲国戚，从一个京城无赖变身权臣，更是易如反掌之事。他十几岁时成为宫中侍卫，道光晚年，三十出头的肃顺已是朝廷正三品官员。等到咸丰皇帝即位，肃顺更是驶入仕途快车道，几年时间便成为肱股之臣。

咸丰皇帝偏爱肃顺，除了肃顺确有能力，应该还和性格有关。道光皇帝是个谨小慎微的皇帝，咸丰皇帝幼年时为了讨父皇欢心，不得不压抑性格，装得比道光皇帝更“小心”。十多岁的少年去猎场，谁不想纵马狂奔，好好撒一回欢？可咸丰皇帝只能压抑着，一箭不发，还编出一套不忍杀生的说辞。另一次，道光皇帝问皇子们：朕总归会老，有一天江山交到你们手上，有何治国良策？奕䜣闻言，开始夸夸其谈。咸丰皇帝却哭成了个泪人，说是想到父皇老去心中不忍。

不过，从登基后的表现来看，咸丰皇帝并非庸才，甚至有一种叛逆的性格底色。提拔奕䜣入军机处，已然打破祖制；面对来势汹汹的太平天国，他更在朝堂上放言：无论是谁，攻下江宁者，封王！如此把祖宗之法抛到一边，让满朝文武吃了一惊。

咸丰皇帝内心深处应当是渴望自由，甚至不拘小节的，无奈被父亲压抑多年，身不能至，只能心向往之。遇到肃顺这样出身贵族，多年来却放浪形骸，无拘无束，语不惊人死不休，甚至能够与贩夫走卒坐在一起，大碗喝酒，大口吃肉的，那得多对脾气！

这就叫“异性”相吸吧，肃顺快意恩仇，做了咸丰皇帝想做而没做的事。奕䜣的性格与哥哥咸丰皇帝就太相似，压抑且内敛，最后只好“同性”相斥。

肃顺这种人，注定名满天下，谤满天下。他在朝堂中崛起后，挥出的几板斧，既让人耳目一新，又实在离经叛道。肃顺是满人，却看不惯许多八旗子弟好吃懒做，他有一句口头禅：“咱们旗人混蛋多，懂得什么？”他主张重用汉臣，尤其对曾国藩、胡林翼等在前线与太平军作战的将领高看一眼，竭尽全力替他们转圜。当时朝堂上有一个奇怪现象，肃顺这样的满人亲贵力主重用汉臣，并不介意汉人执掌军权。另一帮汉人守旧大臣却哭天抢地，说大清开国以来，军权从未旁落，卧榻之侧岂容他人鼾睡？

肃顺与左宗棠之间，更有过一段佳话。当时，左宗棠在湖南巡抚衙门做师爷，与位居中枢的肃顺差着十万八千里。两人未曾谋面，更谈不上任何交情，肃顺只是听身旁幕僚说过，湖南有个叫左宗棠的读书人，见识卓绝，本事了得。

左宗棠虽有才干，脾气也古怪，有一回，因为一点事情，居然在衙门里怒骂二品总兵。此事越闹越大，加之一些人推波助澜，咸丰皇帝准备给湖广总督下旨，要严办左宗棠，甚至可以就地正法。肃顺得知情况后，出于爱才之心，使出浑身解数，救了素不相识的左宗棠。

日后，正是这个左宗棠抬棺西征，千里恶战，让新疆重归中华版图。左宗棠没有机会去感谢救命恩人肃顺一声，但后人每说到此，总会对肃顺生出敬佩之情。

为了挽救大清帝国的财政困局，肃顺想到的招数耸人听闻——直接开放鸦片烟禁，并课以重税。以肃顺的出身与经历，提出这样的主张，倒不足为奇。他不是科举出身，脑袋里没有那么多之乎者也的条条框框，算是实用主义者。此外，早年在京师结交三教九流，让他深知所谓烟禁只是掩耳盗铃。尽管朝廷三令五申，鸦片照样泛滥成灾，根本禁不住，反倒让那些不法商人赚得盆满钵满。

咸丰皇帝对开放鸦片的态度很暧昧，并未申斥肃顺，反而让群臣“自由讨论”。谁都知道，这种敏感议题，允许公开讨论，本身就是一种姿态。

朝中一帮大臣说绝不能开禁。其中，大学士翁心存上了一道奏折，说一旦开禁鸦片，“何以见先皇于地下”。在这件事上，翁心存确实占据了道德制高点。当年因为禁止鸦片，先皇不惜跟英国人大打一仗。如今，咸丰皇帝若开禁鸦片，有何面目去见父亲？禁不住群臣激烈反对，咸丰皇帝只好作罢。

因为此事，肃顺与翁心存等人结下梁子。等到五字官号案时，正好老账新账一起算。

五

咸丰八年（1858年），已在朝中一手遮天的肃顺领到一份新差事——调任户部尚书。此时的肃顺，无论官衔与地位，都在六部尚书之上。因此，他来到户部，于个人并不算升迁，倒显出皇帝对户部工作的高度重视，颇有些对户部堂官进行“高配”的意味。

清代官制，六部设有满汉两名尚书，互为制衡。但以肃顺的跋扈性格，尤其他和咸丰皇帝的亲密关系，所谓制衡是不会有的，他就是说一不二的“一把手”。当时的汉人户部尚书周祖培，此前担任过吏部尚书，资历比肃顺老。可时势如此，周祖培只能退避三舍，乖乖做个副手。

清代官场笔记里记录了一则故事。见一则公文已经画诺，肃顺佯问道：“谁之诺也？”司员答曰：“周中堂之诺也。”肃顺拍桌大骂：“若辈愦愦者流，但能多食长安米耳，乌知公事？”肃中堂不愧市井出身，骂人很直接：你们这帮王八蛋，就知道胀干饭，其他屁都不懂。他究竟在骂司员或是周祖培，没多解释。不过，周祖培听闻此事后，只能默默忍受。

以肃顺这火暴脾气，他要在户部做任何事，自然无人敢阻拦。不久，他就把矛头对准了官钱总局与五宇官号。肃顺下令，派出得力人手，严查官钱总局与五宇官号的账目。

要说肃顺拿五宇官号开刀，还真合乎民心。朝廷发行官票与宝钞已有数年，局面一日比一日糟糕，票钞严重贬值，市面物价飞涨，老百姓的愤怒像一座蠢蠢欲动的火山。咸丰皇帝让肃顺执掌户部，正有整顿之意。

将朝廷发行票钞失败的责任，全归到五宇官号身上，并不全对，但五宇官号自己不干净。说句不客气的话，在封建专制体制下，像五宇官号这样半官半商，专门跟钱打交道，负责割百姓“韭菜”的机构，里头若没有腐败，那才是天下奇闻。

正所谓前方吃紧，后方紧吃，这些年来，江南战火纷飞，朝廷财政拮据，百姓生活困苦，五宇官号里面的官员与商人，却从没忘记发国难财。他们炮制假账、买空卖空、囤积居奇，干尽了坏事。

五宇官号的问题明摆着，就看你查不查。过去没人查，如今肃顺来了，可要查个天翻地覆。

关于肃顺的个人操守与对待腐败的态度，外界历来存有争议。先说个人操守吧，多个史料都证明，身居高位的肃顺并非白璧无瑕，他也要收钱，而且数额不小。不过，肃顺收钱似乎看人下菜碟。对待满人，他狮子大开口，对待汉人却收敛很多，甚至有时真会“分文不取”。

肃顺在反腐上更有一股狠劲儿，除了五宇官号案，还有同时期的“戊午科场大案”，硬是将一品大员送上断头台；但也有人说，肃顺反腐动机不纯，从来都是反政敌的腐，抓住人家的辫子穷追猛打，对于关系亲近的人，则睁一只眼闭一只眼。

或许，肃顺是将选择性腐败与选择性反腐合二为一了。他的腐败有选择性，明知自己重用汉人，在满人中名声不佳，尤其为了国家财政，削减旗人皇粮，更让京师的八旗子弟整日痛骂肃六（肃顺的小名）。既然声名狼藉了，不在乎多个贪名，就放手敛财吧。至于汉臣嘛，多感激肃顺的提拔举荐，人家尊敬自己，自己也得注意形象，不可吃相太难看。说肃顺把反腐当成打击政敌的手段，更没冤枉他。接下来在查办五宇官号案的过程中，肃顺就将这一点演绎得淋漓尽致。

清查五宇官号的账目后，相关问题线索很快浮出水面。尤其让肃顺感到兴奋的是，曾执掌户部多年的，正是在有关鸦片开禁问题上同自己唱反调的翁心存。在鸦片这件事上，翁心存占据道德制高点，甚至把道光皇帝搬出来，狠狠扇了肃顺耳光。现在好了，反腐败这种事，正义总站在我这边了吧。

能够成为肃顺在政坛的劲敌，翁心存自然不是等闲之辈。论个人知名度，翁心存不及曾国藩、左宗棠等晚清名臣，可论整个家族实力，翁氏家族令许多人望尘莫及。

“宰相合肥天下瘦，司农常熟世间荒”，说的就是李家与翁家这两大晚清最为显赫的政治家族。李鸿章与哥哥李瀚章均担任过多年总督，位极人臣，天下人谈起合肥李家，无不艳羡。而能与李氏家族并驾齐驱的，只有常熟翁家。短短几十年间，翁氏家族出了两位帝师、两位状元、两位督抚，真是风光无两。

让翁家开始成为政治豪门的，正是翁心存。他三十一岁中进士，此后仕途顺遂，历任工部尚书、兵部尚书、户部尚书。翁心存最光彩的事，是先后教导过咸丰、同治两代皇帝，咸丰皇帝早年受教于翁心存，登基后又让翁心存教导自己的皇子，即后来的同治皇帝。在封建时代，“两朝帝师”可谓至高无上的荣耀。别人做尚书，任大学士，不过被尊称为大人或中堂，只有翁心存，被包括皇帝在内的所有人称为“翁师傅”。

翁心存有三个儿子：长子翁同书、次子翁同爵、三子翁同龢。翁同书参与镇压太平天国，官至安徽巡抚。翁同爵没有继承父亲与兄弟读书的天赋，只能以父荫进入官场，但照样官运亨通，历任几省巡抚，还当过湖广总督。翁同龢就更厉害了，二十六岁中状元，成为天下读书人的楷模，后来担任同治皇帝与光绪皇帝的老师，与父亲一样，成为“两朝帝师”。

肃顺遇上翁心存，一个是皇帝的铁杆心腹，一个是皇帝的老师，这手腕可有得扳了。

六

在查出五宇官号账目上的欠款与官钱总局所立存稿不相符，中间隐藏着重大弊案后，肃顺立刻上奏，表示要深挖彻查，同时不能依靠户部原班人马，需引入新鲜血液，组成一个跨部门的、强有力的“专案组”。咸丰皇帝随即准奏，调工部右侍郎景廉为刑部右侍郎，以都察院左副都御史成琦为工部右侍郎，又命吏部右侍郎钱宝青署户部右侍郎兼管钱法堂事务。

这些新引入的新鲜血液，有一个共同点，一切唯肃顺之命是从。原本在户部一言九鼎的肃顺，又在户部之外弄出一个直接听命于自己的“专案组”。这个“专案组”里，既有来自户部、工部的业务型官员，又有吏部与都察院的人，要摘谁的乌纱帽，完全是手到擒来之事。

手握生杀大权的肃顺，立刻兴起大狱，“波及至数百人，系狱至两三载，南北两监，囚为之满”。五宇官号案的核心在于钱，多年来，朝廷官员与商人勾结，监守自盗，上下其手。如今除了抓人，自然还要想方设法追缴银子。于是，涉及五宇官号案，被抓捕入狱的官员、商人，免不了被抄家的结局。京城掀起一场抄家风波，官场内人人自危。

肃顺的目的，除了打击腐败，还有修理政敌。把五宇官号案的火往翁心存身上烧，一直是他念兹在兹之事。肃顺的盘算，是从户部郎中王熙震、员外郎忠麟等人身上打开突破口。王熙震与忠麟因滥支经费、私换银两等情弊，已被打入大牢。肃顺命人对王、忠二人刑讯逼供，追问：“兑换之始，是否回堂请示？”那意思很明白了，你俩干这些乱七八糟的事，时任户部堂官翁心存是否知情？王熙震与忠麟熬不住，招认了一些与翁心存有关的事。

此后，咸丰皇帝派遣怡亲王载垣，严厉诘问翁心存：是否知情？明白回奏。翁心存回奏道：各部院公事，非一二人所能专政，断无立谈数语更改旧章之理。

堂堂体仁阁大学士，咸丰皇帝的老师，居然被自己的学生如此诘问，其灰头土脸，可想而知。

肃顺出手了，一副置对手于死地的架势；那么，对手没有不还击的道理。

咸丰九年（1859年）十一月，户部稿库突起大火，“三日不息，存案悉毁”（《天咫偶闻》）。在查办五宇官号的紧要关头，户部库房起火，许多重要账册被付之一炬，实在太过“巧合”。

大火之后不久，御史朱梦元又上了一道奏折：“冬令旱乾，时有火警，请修人事，以迓祥和。”（《清实录》）这道奏折很有意思，一上来就说火灾是自然原因，“冬令旱乾”，并非如一些人议论那样，是有人故意为之。朱梦元还认为，发生火灾实则是上天预警，要朝廷多行仁政。何为“仁政”呢？朱梦元进一步解释：“求治太锐，不免操之已蹙；除弊太急，不无过为已甚，凡事务以祥慈为念。”（《清实录》）意思是说，朝廷此次清除弊政，方法过激，步子太急，严酷无情，毫无仁慈之德。

户部大火怎么烧起来的？朱梦元的奏折背后，有无人指使？这些问题并无答案，始终笼罩在层层迷雾中。不过，对于身居高位的权谋高手来说，答案并不重要。都是千年狐狸，玩什么聊斋！

果然，朱梦元上奏之后，翁心存直接以身体为由请辞，亮明了不愿与肃顺同朝为官的态度。

翁心存请辞是一种态度，可肃顺的态度也很坚决：你老翁是否有贪腐之事，还没查清呢，哪能拍屁股走人那么简单？肃顺的意思，要把翁心存摘去顶戴，归案质询。

眼见肃顺对翁心存苦苦相逼，翁心存的政治盟友，曾担任领班军机大臣的祁寯藻站了出来，严厉批评肃顺的做法。祁寯藻资历更老，地位更高，他的公开表态，无疑具有指标意义。两位朝廷重臣之间的矛盾，已经公开化，时人这样记述两人的关系：“肃顺议论风发泉涌，寯藻格格然勿能难。”

肃顺不仅与祁寯藻、翁心存杠上，还和赋闲在家的恭亲王奕䜣“隔空交火”。在查办过程中发现，许多权贵都与五宇官号案有染，要么收了五宇官号的银子，要么干脆是五宇官号的股东。

权贵与五字官号有所勾结，并不令人意外。站在五字官号的角度，若没有权贵做靠山，这生意压根儿轮不到自己头上。站在权贵们的角度，江南在打仗，京师萧条得紧，市面上只有五字官号的生意能赚钱，谁不想往上凑？有些小权贵，想和五字官号勾结，恐怕还没资格。

果不其然，肃顺从五字官号里挖出了一个大权贵。先是恭亲王府的首领太监涉入此案，家被抄了。接着，奕䜣侧福晋的父亲、哥哥也被查出与五字官号的商人勾结。这一下，奕䜣的亲属与身边工作人员，全都掉入腐败泥淖。

奕䜣对于此事究竟是何态度，史料上没有记载，但是，以奕䜣的地位与处境，没有态度不正是一种态度吗？甚至有一种说法，在肃顺的主导下，五字官号案的火已经烧到了奕䜣本人身上。将侧福晋家人与首领太监扔出来，不过找替罪羊而已。

有关奕䜣本人是否涉案，至今仍有争议，但是，要说奕䜣很开心，甚至感谢肃顺帮自己挖出了身边的腐败分子，绝无可能。极大的可能是奕䜣与肃顺成了冤家，最终还上演了一场你死我活的对决。

事情到这一步，朝堂上掌握最高权力的两股势力，因为五字官号一案，已经摊牌了。一方是手握大权咄咄逼人的肃顺；另一方则是祁寯藻、翁心存等重臣，背后还有恭亲王奕䜣的身影。

七

眼见帝国官场内两派人马杀红了眼，五字官号案似乎将真相大白，外力的突然介入，又让一切陡然生变。

第一个外力来自最高统治者咸丰皇帝。咸丰皇帝的态度，总体是支持肃顺的，但也不希望赶尽杀绝。对于翁心存的处理，咸丰皇帝展现出批评从严、处理从宽的态度。起初，翁心存多次被有关人员奉旨诘问，身为帝师，颜面无存。最后，当肃顺叫嚷着要把翁心存治罪时，咸丰皇帝却下旨“革职留任”，保了翁心存一命。

尽管肃顺飞扬跋扈，权势熏天，可一旦事情被咸丰皇帝定调，则只能无条件服从。写到这里，也有必要纠正一个长期以来存在于许多人脑海中的错误印象——咸丰皇帝只是文弱之主，肃顺大权独揽。咸丰朝许多惊天动地的大事，后人把账全记到肃顺头上，咸丰皇帝仿佛只是一个背景板。这绝对大错特错。

可以这样说，咸丰皇帝才是中国历史上“真正”的末代皇帝。他是最后一个掌握实际权力的封建君主，在他之后的同治、光绪、宣统三朝，出于各种原因，皇帝只是一种摆设。从登基到驾崩，咸丰皇帝始终将最高权力牢牢抓在自己手中。肃顺这个权臣，不过是咸丰皇帝最信任的高级助理而已。

肃顺说的很多话、做的许多事，要么是揣测上意后的刻意迎合，要么根本是在与咸丰皇帝唱黑白脸。肃顺到处鼓吹重用汉人，但真正授予汉人军权的是咸丰皇帝，肃顺顶多是做舆论准备工作。肃顺铁腕反贪，打击了不少人，可从五宇官号案就能看出，究竟要查谁，查到哪一步，完全由咸丰皇帝决断。不妨这样说，肃顺只是咸丰皇帝放出去咬人的狗。

那么，分明乾纲独断的咸丰皇帝，为何成为后世人眼中的文弱之主呢？这大概是由一系列的巧合与误会造成的。

首先，咸丰皇帝在争储过程中，摆出一种“故意示弱”的姿态，登基之后也绝非喜欢杀戮的暴君。其次，也是最重要的，是有人出于特定目的，故意制造出一种错觉。在中国封建社会，向来有臣子替皇帝背锅的政治传统。一旦有什么不好的事，总是奸臣当道，皇帝被蒙蔽。咸丰皇帝驾崩后，慈禧太后与奕䜣发动政变，肃顺身首异处。出于清算政敌的需要，朝廷平反了大量咸丰时期的“冤假错案”。在官方表述中，所有罪过自然都是肃顺的，咸丰皇帝完全被蒙在鼓里。如此一来，肃顺是权臣、咸丰皇帝是弱主的印象，被刻意制造了出来。

到清朝垮台，这种固有印象被习惯性延续下来，以至于咸丰皇帝的许多“正面事迹”，也被安到肃顺头上。不得不说，肃顺这个背锅侠当得还行，坏事背锅，好事也背锅。

除了咸丰皇帝，还有一个更大外力，从遥远的海上杀气腾腾而来，最终让五宇官号案虎头蛇尾，不了了之。这个外力就是英法联军。

咸丰六年（1856年），第二次鸦片战争爆发。起初，战火主要在南方蔓延。到了咸丰十年（1860年），英法联军北上，攻占北京。咸丰皇帝以西狩为名，带着后宫嫔妃与亲近大臣等，离京逃往承德避暑山庄。恭亲王奕䜣被任命为全权大臣，留守京城，负责与列强议和。

国破至此，京师沦陷，查案的事自然得搁一边。五宇官号案这种盘根错节的贪腐大案，想要一查到底，让真相大白，原本就阻力重重。如今，在外力暴击下，帝国乱成一锅粥，对五宇官号案的查办只能草草收场。所谓真相，仿佛一块巨石，永远沉入了历史的江底。

此前，咸丰皇帝保下了翁心存，后来面对外敌入侵，京师危急的严峻局面，更没有兴起大狱的道理。周祖培、沈兆霖、基溥、宝鋆等担任过户部堂官的高级官员，只是被革职、降级或流放。在整个五宇官号案中，被处分的官员很多，被杀的官员仅数人，且全是中下级官员。随着众多涉案高官“软着陆”，所有人都明白，对五宇官号案的查办，应该到此为止了。

英法联军占领北京后，咸丰皇帝逃往承德，不久后“以美酒妇人自戕”，死在避暑山庄。此时，朝中实际形成了以肃顺与奕䜣为首的两大政治集团。在五宇官号案中被整得灰头土脸的翁心存、沈兆霖、宝鋆等人，无一例外成为奕䜣集团的骨干成员，穷尽一切手段要扳倒肃顺。

最终，辛酉政变爆发，奕䜣与两宫太后联手，肃顺集团灰飞烟灭。于是，五宇官号案中受处分的官员全都摇身一变，成为在肃顺得势时敢于站出来进行坚决斗争并遭受打击迫害的先进人物。他们有无贪墨行为不重要了，当年被肃顺整得越惨，就说明越可靠，越能在新朝获得重用。上文提到的翁心存、沈兆霖、宝鋆等人，全在同治朝焕发出政治第二春。

与很快就东山再起的涉案官员相比，那些“革商”的境遇就要凄凉许多，令人不禁唏嘘。

对五宇官号案的查办，始终处于咸丰皇帝的绝对掌控之中。咸丰皇帝未必想兴起大狱，杀多少大臣，但对于真金白银绝不放过。本来嘛，当初设立五宇官号以至于后来惹出这么多麻烦，根子还是朝廷缺钱。足球场上，防守球员有一招叫“球过人不过”，咸丰皇帝的态度是“人过钱不过”。人可以放一马，钱得留下。

肃顺一丝不苟地贯彻咸丰皇帝意图，始终捕人、抄家两手抓。关于查办五宇官号案，究竟查抄了多少银子，各种说法出入很大，取中间数字，应该在两千万两左右。清朝在康乾盛世时期，一年税收约为四千万两，到了“嘉道中落”时期，降至两千万两的水平。咸丰时期战火不断，朝廷真能收上来的银子，不过一千万两。查办一桩五宇官号案，相当于让朝廷多收了两年赋税，算是实实在在的及时雨。同时，从查抄银两数字也能看出，其中的腐败是何等触目惊心。

肃顺使出吃奶劲儿查抄的银子，一部分来自官员，大多数来自“革商”。有关五宇官号案的史料中，“革商”一词反复出现。所谓“革商”，就是指涉案的商人。清史中有这样的记载：“宇谦革商张兆麟、宇升革商韩得禄、宇恒革商顾青田、宇丰革商马锡禄，亏短官项，著追年余，或全未完交，或以钞条、现钱帖等项虚抵。实属胆玩。著派出王大臣，将该革商等京寓家产赀财并自开铺户，查封备抵……”另一段：“已革商人马锡禄，前期搬运什物并伊眷属，已赴通州，显有隐匿情弊。着顺天府严密缉拏……”(《清实录》)

从这些文字就能看出，“革商”并不老实，有过隐匿财产的行为。然而，道高一尺魔高一丈，朝廷下严旨，要各级官员打起精神，绝不让奸商跑了。从效果来看，朝廷应当达成了目标，没有一个个鬼哭狼嚎、倾家荡产的商人，朝廷也拿不走两千万两银子。

纵观整个五宇官号案，商人无疑扮演了一个悲剧的角色——被人故意养肥了再杀的猪。朝廷可以让你割韭菜，甚至在一段时间内默许你发不义之财，不过，一切只是为他人作嫁衣裳。即便日后肃顺倒台，平反“冤假错案”，官员头顶的乌纱帽，一纸上谕就能失而复得，但商人被抄走的白花花银子，朝廷绝不会还回去。

最终，银子归了朝廷，骂名还由商人担着。五宇官号被撤销，“革商”被抄家发配，绳之以法。普通百姓会痛恨奸商，认为是商人的贪欲与不法，才使物价飞涨、民生凋敝。可实际上，当一个人具备了现代金融知识后就会明白，商人的确坏，却只是帮凶而已。一场没有准备金的纸币发行，本质就是抢劫。无论换哪一拨人来做，结局都依旧如此。

还有一个有趣现象，五宇官号案中的“革商”，虽是案件中的关键角色，但对于他们的记述十分潦草。早期的白亮、刘宏振两名富商，到后期完全不见踪影，甚至遍查史料，不知两人是死是活。案发后对商人们的记载也很少，只有：“宇升革商韩得禄，系山西汾阳县人。宇恒革商顾青田，系浙江上虞县人。宇丰革商马锡禄，系直隶枣强县人。”“宇升保人樊大旺，已回山西介休县原籍。宇恒保人王廷荣，原籍浙江，于咸丰六年（1856年）三月出京，不知下落。”（《清实录》）

除了商人的籍贯，以及“不知下落”的结局，史书不愿再多费任何笔墨。他们经历了怎样的起落、有哪些喜怒哀乐，一概不知。

都说史笔如铁，史书这样记述商人倒不令人意外。在中国传统史观中，商人原本就是无足轻重的。

八

与历史上的许多贪腐大案不同，五宇官号案并未能画上一个句号。它留给人们的，只是一长串省略号与问号……

关于案件的诸多细节，比如奕䜣本人是否涉案，还有翁心存、沈兆霖等人，究竟陷得有多深，当时云遮雾罩，后世想要一探究竟，也面临各种资料残缺的窘境。要知道，五宇官号案仅仅发生在距今一百多年前，各种史料“残缺”至此，显得极不正常。

出现这种状况，大致有三个原因。

首先，正在查案关键阶段，咸丰九年户部稿库的那场大火，让很多证据付之一炬。无论这场大火是自然还是人为，都让案情越发扑朔迷离。

其次，英法联军攻入北京，一通烧杀抢掠，各种资料遗失在所难免。需要特别说明的是，英法联军占领北京期间，留守京城任全权大臣的是奕䜣，围绕在奕䜣身旁的得力干将，还有沈兆霖、宝鋆等人。此前一直对五宇官号案穷追不舍的肃顺，陪着咸丰皇帝远在承德避暑山庄。沈兆霖、宝鋆甚至奕䜣本人，都曾因为五宇官号案被整得很惨。面对如今局面，会不会起心动念销毁一些资料，再把锅甩给英法联军，实在不好说。

最后，肃顺倒台后，奕䜣政治集团携手两宫太后，来了一场真正的“班师还朝”。许多五宇官号案的涉案人员，摇身一变成为新朝权贵。对肃顺党羽进行清算时，他们会不会想方设法让一些账册永远不见天日，让一些人永远闭上嘴巴？

史书记载，肃顺被押往菜市口处决时，一直不肯下跪，甚至破口大骂，抖出不少“猛料”。以肃顺曾经的权力与地位，真要“爆料”起来，一定生猛异常。没办法，现场的行刑人员用铁柄猛敲肃顺双膝，直至其双胫碎折，方才跪地。接着，行刑人员又把肃顺的舌头割掉，防止他“胡言乱语”，待时辰一到，再手起刀落，让一代权臣以此谢幕。

翁心存得知肃顺的死讯，在笔记中写道：“所谓恶不积不足以灭身也，可悯可戒。”至于肃顺究竟在刑场上说了什么，时人只能语焉不详地记载：“其悖逆之声，皆为人臣子者所不忍闻。”

肃顺的“悖逆之声”中，是否也会抖几句五宇官号案的黑幕？对此已无从知晓，但是，包括翁心存在内的许多人可以放心了：肃顺已死，死前还被割了舌头。

虽然五宇官号案不了了之，其真相也难以完全厘清，不过，仅凭留存于世的各种线索，依然能掂出此案非同一般的分量与意义。

这是一桩典型的金融腐败大案，甚至可以称为中国历史上“金融腐败第一案”。众所周知，山西票号的出现标志着中国近代金融业的诞生。而票号出现的时间，大多认为在清代道光年间，到咸丰年间，票号发展日臻成熟。捋一捋时间线就会发现，在中国近代金融业诞生不久，五宇官号案这样的金融腐败大案就出现了。金融业的发展，无疑是生产力进步的结果，金融腐败的接踵而来则说明，腐败的手段也会随着生产力的发展而“迭代升级”。

五宇官号案对晚清政局的走向，更产生了深远影响。肃顺的重要幕僚，日后成为一代大儒的王闿运曾写诗感叹：“自喜忠国谋，五宇算锱铢。”正是五宇官号案，让肃顺登上权力巅峰，也让他结下数不清的仇怨。所有恩仇，在辛酉政变中来了一场大了结。随着肃顺落败，慈禧太后掌握大权，奠定了晚清数十年的政治格局。

五宇官号案的不同之处，还在于它是一场纸钞发行运动的衍生品。这就注定，它与一般升斗小民的关联非常直接。五宇官号案结结实实让每个市井小民都付出了惨痛代价。

当时情境下，朝廷发行票钞，原本就是通过制造通货膨胀，向民间转嫁经济危机。同治三年（1864年），曾国藩的湘军攻克江宁，太平天国运动失败。渡过了危机的清廷很快就制定纸钞停发章程，恢复原有的制钱流通。至此，朝廷发行的票钞，折腾一通后终于沦为废纸，只剩下被洗劫一空的百姓欲哭无泪。

荣耀归于君王，代价留给小民。当真是“兴，百姓苦；亡，百姓苦”。元人张养浩所填之曲，名为“怀古”，不幸又成为对后世的预言。

第十三章

丁未大参案

慈禧玩了几十年的制衡权术，头一回失灵了

如果从最高统治者制衡权术的终结与破产来解读，丁未大参案就更值得玩味。多年以来，慈禧施展权术，保持着各派政治势力的大体均衡，即便遭遇强大外力，将这种平衡暂时打破，也能迅速完成修复。然而，当丁未大参案爆发，这种艰难的平衡被击穿，且再也无法修复。

一

当历史的车轮经过工业革命的重新调校，匹配上最新式蒸汽机的动力时，立刻变得激情澎湃、虎虎生风，一路呼啸着驶入20世纪。巨大的车轮碾过东方古国的土地，一场三千年未有之变局，正在这里以激进、残酷乃至荒诞的方式演进。

四海翻腾，五洲震荡。历史的惊涛骇浪，刹那将一片原本被森林与白雪覆盖的原野，托举到国际政治舞台的中心。山海关外，邻近西伯利亚与日本海的那片黑土雪原，本是满洲人的龙兴之地，此后又被封禁两百余年。当20世纪到来后，这里不仅是千万人闯关东的热土，更成为欧亚几大帝国与民族命运铁轨交会的枢纽站。

甲午一战，清政府一败涂地。接着，沙俄牵头搞了一出三国干涉还辽，硬逼着“饿得厉害”的日本将刚吃进嘴里的肥肉吐出来，不得不放弃辽东半岛。沙俄当然不是善男信女，旋即推出野心勃勃的“黄俄罗斯”计划，要将这片黑土地收入囊中。日本岂肯善罢甘休，一场日俄战争，杀得昏天黑地，令世界为之侧目。

后世中国人，理所当然将日俄战争视为国耻，两个强盗在自己家里抢得头破血流，清政府居然宣布中立，简直荒唐到家！然而在当年，大清朝廷对此的宣传却是外交领域的一场重大胜利——清廷不费一兵一卒，不仅保住了龙兴之地，还让日俄两个强盗遍体鳞伤。

无怪乎，翻开当年报纸，日俄战争结束后，国内充斥着欢天喜地的气氛，仿佛自己打了一场大胜仗。官民们齐声颂扬，老佛爷天纵英明，唯愿她老人家洪福齐天万寿无疆。

此时，距离辛酉年那场血雨腥风的宫廷政变，已过去四十多年。也就是说，在漫长的四十多年里，慈禧老佛爷始终以一介女流，牢牢掌控着帝国权柄，大权一日也未旁落。掌国四十余载的慈禧，对于臣民的颂扬，耳朵早听出老茧，别人还在一个劲儿地唱赞歌时，她已经在认真思考东北这片土地的未来。很快，她端出了一个方案——在东北施行行省制。

长期以来，东北与关内地区实行不同的行政管理体制。关内是行省制，各省设有督抚。地广人稀的东北地区并没有行省，只有盛京、吉林和辽宁三将军辖区。简言之，这里没有正常政府，而是特殊的军管区。

如今，面对来势汹汹的日俄两大强权，还有那么多涌入东北的关内农民，原有行政体制难以为继。于是慈禧决定，把三个将军辖区改建为奉天、吉林、黑龙江三个行省，在东北正式施行行省制。如今国人耳熟能详的东三省，即由此而来。

消息一出，列强自然关注，朝堂上的衮衮诸公更按捺不住。这可是新设三个省啊，别的不说，从封疆大吏到百里侯，多少官位等着人去坐，谁也不愿错过这场权力盛宴。

光绪三十三年，农历丁未年，公元1907年，当年4月20日，东北正式改制，东三省总督与奉天、吉林、黑龙江三省巡抚名单同时公布。此前，关于督抚人选，帝国官场纷扰已久，名单正式出炉后，更仿佛引爆了一颗威力巨大的深水炸弹。

所有看过名单的人都有一种感觉——本以为一顿饕餮大餐，没想到被一家吃了独食，是可忍孰不可忍！

二

现在，就让我们摊开这份曾让无数人翘首企足，最终又捶胸顿足的东三省督抚名单——东三省总督徐世昌，奉天巡抚唐绍仪，署理吉林巡抚朱家宝，署理黑龙江巡抚段芝贵。

在普通人看来，这不就几个名字吗，同张三、李四、王二麻子，没多大区别。然而，对于那些熟悉帝国官场运作的人来说，这四个名字却大有玄机，甚至犹如晴天霹雳。

下面就盘点一下这四位督抚的来头。徐世昌走的是科举正途，中进士后在翰林院坐了十年冷板凳。直到袁世凯小站练兵，仕途总算迎来转机，他离开京师，来到小站出任营务处总办，成为北洋新军中仅次于袁世凯的二号人物。其实，袁世凯与徐世昌的渊源远不止小站，他们青年时就相识并引为知己。徐世昌早年家境贫寒，拿不出赴应天府应乡试的路费，富家子弟袁世凯赠银百两以为川资。正是那次乡试，徐世昌一举高中。

奉天巡抚唐绍仪，广东人，早年是清廷选中的留美幼童，曾求学于哥伦比亚大学，回国后被派往朝鲜，成为时任驻朝大臣袁世凯的西文翻译。当袁世凯一飞冲天，成为直隶总督兼北洋大臣后，唐绍仪水涨船高，担任手握财权的天津海关道。

署理吉林巡抚朱家宝，原是直隶一个知县，后得直隶总督袁世凯赏识，被推为“近畿循吏第一”，一路提拔为知府、按察使。

署理黑龙江巡抚段芝贵，小站练兵时即投奔袁世凯，赫赫有名的北洋六镇中，段芝贵曾任第三镇统制。

划拉一圈，大家明白了吧，东北设立行省，即将走马上任的四位督抚全是北洋的人，要么是袁世凯的铁哥们儿，要么是袁世凯的翻译……这正是舆论大哗的原因：东三省督抚，何以尽出北洋？

在中国近现代史里，“北洋”二字如雷贯耳，无法绕开。从清廷的北洋军、北洋系到民国的北洋政府、北洋军阀，不同历史时期，北洋所代表的意义不尽相同。如果把时间聚焦在东北改制的丁未年，此时的北洋可被定义为清廷内部一个实力强劲的政治集团。

这个政治集团的领袖，自然是官居直隶总督、北洋大臣的袁世凯。此外，当朝首席军机大臣、袁世凯的政治盟友——庆亲王奕劻，堪称北洋集团最大的靠山与奥援。奕劻与袁世凯无疑是晚清政坛的超级明星，且都属于那种实力大于权力的人物。

一般政治人物，实力来源于权力，所谓风光不过是被权力加持后的幻象。介绍这类人时，一定记住在名字前加上官衔，否则别人都不清楚他们究竟几斤几两。还有另一类人，名号一出即声震四野，官职什么的，反倒成为可有可无的摆设。有清一代，首席军机大臣数十人，超越奕劻者有几个？数百年间，直隶总督何其多，袁世凯却是独一无二！

奕劻与袁世凯的滔天权势、泼天富贵，后文还会讲述，此处暂不多言。总之，有二人压阵，北洋政治集团的实力明显高出一头。在东北改制的权力盛宴中，北洋会饱餐一顿，世人本有心理预期。

可是，一个人再怎么吃得脑满肠肥，同吃独食毕竟不一样。俗话说得好，你吃肉不打紧，让别人喝口汤。东北设立行省，众所瞩目的一督三抚，让北洋包圆了，那就是铁了心自己吃肉，连汤都不给别人剩一口。难怪，满朝先是目瞪口呆，旋即便群情激愤，言官弹劾，武将骂娘。

如何在官场里骂人绝对是一门学问，难度系数比一般的泼妇骂街高出好几个数量级。这不，一帮家伙饿着肚子红着眼，扯开嗓子骂半天，除了宣泄情绪，并没有实际用处。人家忙着新官上任，开衙建府，都懒得搭理你。许多人不免气馁，仿佛一顿猛拳打在海绵上，伤不了对手半分，反倒白费自家力气。

直到一封奏折的出现，情况终于改观。

在东三省督抚名单公布一个多月后，御史赵启霖上折弹劾，称新任黑龙江巡抚段芝贵曾花费重金，在天津买名伶杨翠喜献给奕劻之子载振，正因为这场“性贿赂”，段芝贵才成功上位，跃升为封疆大吏。

举报内容是否属实，一时尚难定论，但不得不说，比起那些只会空谈或“骂之无物”的言官，这封奏折犀利太多，说它是一支奇兵，扭转了整个战场形势，亦不为过。

当时正值西风东渐，中外报馆如雨后春笋般涌现。赵启霖显然是位熟悉舆论场、善于操作议题的高手，他不搞那些宏大叙事，一出手就直奔下三路。高官与名伶、权力与性，如此香艳欲滴的故事，想不火都难。果然，赵启霖上折后，媒体一拥而上，连篇累牍报道，开启了舆论场的狂欢。

据一些媒体报道，一年前，朝廷派出考察团去东北，为设立行省做准备。考察团的负责人，正是徐世昌与时任农工商部尚书载振。考察团从北京出发，先到天津，再出海前往东北。路过天津时，北洋军第三镇统制段芝贵百般殷勤，除了送钱送礼，还请载振去戏院听戏。天津戏院中有个名伶杨翠喜，善唱“淫靡哀艳之曲”，撩拨得载振春心荡漾。段芝贵把一切看在眼里，不禁陷入天人交战。原来，皓齿明眸的杨翠喜与久居津门的段芝贵早有一腿，想着将心爱女人送出去，实在不忍。可是，为了自家前程，段芝贵最终心一横，将杨翠喜送了出去，换回了封疆大吏的宝座。

必须说明，那时的报馆鱼龙混杂，既有写事实的，更有编故事的。事实本身是否如媒体所言，谁也不敢打包票；但说这是舆论场的狂欢，恰如其分。总之，读者看报纸看爽了，报馆卖报纸也卖爽了。

除了操作议题，这封奏折更懂得拿捏尺度。一个月来，骂北洋的人多了，有人说奕劻是奸相，有人说袁世凯是董卓、曹操之类的野心家。历史已一再证明，臣子之间掐架，指责对方为权奸，通常都是大忌。如此一来，你就不是骂大臣，而是骂皇帝了。奕劻若是奸相，谁是昏君？袁世凯成了董卓、曹操，谁又是汉献帝？

赵启霖的奏折聪明许多，不去上纲上线，就扭住段芝贵这个巡抚官位说事。奏折里指责那些买官鬻爵者“置时艰于不问，置大计于不顾，尤可谓无心肝，不思东三省为何等重要之地，他族逼处为何等危迫之时，改设巡抚为何等关系之事。此时交通贿赂，欺罔朝廷，明目张胆，无复顾忌，真孔子所谓是可忍，孰不可忍者矣”（《光绪朝东华录》）。字里行间流露出一层意思，老佛爷是英明的，在东北设立行省的决策是对的，可恨下面一帮人，辜负了老佛爷信任，把好事给办砸了。

这封奏折的老辣，还在于精心划定了打击范围。谁都知道，整件事的矛头是冲着奕劻、袁世凯的，偏偏奏折里不说此二人，只把打击范围限缩在载振与段芝贵身上。载振是首席军机大臣奕劻的长子，据说还是袁世凯的结拜兄弟。别人是打狗还得看主人，赵启霖却是挑着主人来打狗。

“杨翠喜案”就此爆出，立刻震动全国。从报纸舆论到街谈巷议，无处不谈无人不晓。之前一个月里，那些整日痛骂北洋却收效甚微的言官终于见到一丝曙光。他们重新振作精神，将火力集中到“杨翠喜案”。

事情闹到这一步，朝廷必须有所动作了。很快，慈禧决定派醇亲王载沣、大学士孙家鼐前往天津彻查该案。

三

醇亲王载沣，是光绪皇帝的弟弟，未来末代皇帝溥仪的生父。孙家鼐是三朝元老，当过光绪皇帝老师，朝廷设有吏、户、礼、兵、刑、工六部，孙家鼐一人先后做过五个部的尚书。孙家鼐还曾任学务大臣，筹建京师大学堂，因此被奉为北京大学开山鼻祖。

朝廷派载沣与孙家鼐赴天津查案，规格不可谓不高。然而，就在载沣、孙家鼐奉旨离京的几乎同一时间，另一位帝国重臣却千里迢迢抗旨进京。他的到来，让原本一波三折的“杨翠喜案”越发充满戏剧张力，更让云谲波诡的京师政坛似乎明了一些。

赵启霖虽写得一手锦绣文章，毕竟只是五品御史。要说他背后没有高人指路就敢一个人单挑北洋，三岁小孩都不信。当时朝中有几股势力，或可与北洋一争雄长，因此，人们不禁暗自揣测赵启霖的背后究竟是谁。

现在好了，不用你们瞎猜了，人家主动跑到京城来，好汉做事好汉当。没错，赵启霖的后台就是老子，老子就是岑春煊。

岑春煊的父亲是云贵总督岑毓英。岑毓英一生戎马倥偬，抽不出太多时间教育子女。或许是为弥补缺憾，在外征战的岑毓英专门安排，让儿子离开广西老家，远赴北京求学。

父亲对岑春煊寄予厚望，不料来到京师花花世界的岑春煊，心思压根儿不在学业上，很快成为惹是生非的纨绔子弟。有人记载年少时的岑春煊，“少跅弛，自负门第才望，不可一世，黄金结客，车马盈门，如宴也”（《新谭往杂著》）。总之，仗着自己的身份干了不少缺德事。到后来，岑春煊名声实在太坏，以至于和瑞澄、劳子乔并列，被称为“京城三恶少”。

行文至此，不禁感慨一句。“京城三恶少”中，瑞澄是道光朝名臣琦善的孙子，劳子乔的父亲劳乃宣是一代大儒。三个劣迹斑斑的恶少，后来结局却出人意料。除了劳子乔较为平庸，岑春煊与瑞澄都成为风云人物，岑春煊历任总督、尚书，是清末重臣，瑞澄也官至两江总督。三个问题少年，两个成了封疆大吏。有人说，这是浪子回头金不换，也有人说，这是出身大于努力的明证。到底谁有理呢？

岑春煊度过荒唐的少年时光后，就因其父恩荫，进入帝国官场，到工部任职。其后二十年间，他顺风顺水，三十多岁即成为从二品的布政使。虽身在官场，但岑春煊那种天不怕地不怕的公子哥脾气仍在，在广东担任布政使时，居然和两广总督杠上。最终，岑春煊不得不离开富庶的广东，调往甘肃做布政使，而被他弹劾的两广总督也被免职。时人议论说，以藩司（指布政使）弹劾制宪（指总督），几为仅有。

岑春煊到甘肃赴任不久，遭遇庚子国变。江山不幸岑家幸，国家一场大难却让低谷中的岑春煊迎来转机，由此开启了一段彪悍人生。庚子年间，八国联军攻占北京，慈禧与光绪带着亲信出逃。那时，整个国家机器已被外敌砸得稀巴烂，地方上还有义和团闹事，即便贵为帝后，出逃之路也狼狈不堪。

远在兰州的岑春煊，此时携银带兵，不远千里赶来救驾。他从大西北出发，穿越塞北沙漠，日夜疾驰，在直隶宣化迎上了慈禧。当时直隶境内的地方官作鸟兽散，慈禧一行饥一顿饱一顿，甚至窘迫到寄宿寺庙。直到遇见岑春煊，境况总算好转。当岑春煊跪在面前，大声说“臣岑春煊前来护驾，谁敢动太后、皇上一根毫毛，臣与他血战到底”时，七十岁高龄的慈禧当场感动得老泪纵横。

慈禧当即下令，任命岑春煊为督办粮台大臣，负责逃难队伍的生活日常。转瞬之间，西北贫瘠之地的布政使就成为清帝国流亡政府的大管家。

也怪八国联军来势汹汹，把帝国的大小官吏都打蒙了。直到岑春煊千里救驾，又被连升几级，众人才回过味来，慈禧虽说是落魄凤凰，可依旧奇货可居。冷灶好烧这么浅显的道理大伙居然忘了，任由岑春煊这个昔日恶少捡个大便宜。

醒悟过后的各地督抚，纷纷组织起勤王之师。这些所谓勤王之师，不会也绝不敢荷枪实弹去北京城下，同八国联军一较高下，他们只是带着各地土特产，在慈禧西行的沿途好吃好喝招待着。

不过，许多事情必须抢头彩才有用。慈禧心里感激的只有一个岑春煊，至于其他后来者，也就那么回事儿。有了慈禧宠信，岑春煊青云直上，先任陕西、山西两省的巡抚，后又南下广州，成为两广总督。

对于当时疆臣，有“三屠”之说。湖广总督张之洞，兴办洋务，花钱如流水，被称为“钱屠”；直隶总督袁世凯，镇压义和团杀人无数，被称为“民屠”；两广总督岑春煊，对待官吏严苛，动辄弹劾罢免，被称为“官屠”。

从“三屠”即可看出，此时的岑春煊已非一般封疆大吏，而是与张之洞、袁世凯并列的疆臣领袖。要知道，张之洞办了几十年洋务，有大德望于朝野，袁世凯手握新军，骄兵悍将遍布北洋。岑春煊能与张、袁并列，所恃者唯慈禧的宠幸。难怪有人评价，慈禧一生中真正的宠臣只有两人：之前是荣禄，后来就是岑春煊。

仗着慈禧宠爱，加之打小养成的暴脾气，岑春煊在官场几乎横着走。放在别人身上大逆不道的事，在他看来不过小菜一碟。比如，此番进京，就是多次抗旨后的结果，换作其他人，估计都够掉脑袋了。

一年前，云南局势紧张，朝廷调岑春煊为云贵总督，希望能稳定边境局势。岑春煊当着两广总督，哪里瞧得上云贵这种穷地方。他推说身体有恙，并不去昆明上任，而是到上海"养病"，朝廷对此毫无办法。

几个月前，朝廷又任命岑春煊为四川总督，并明令他即刻赴任，"毋庸进京请训"。岑春煊却玩儿起明修栈道暗度陈仓的把戏，他从上海登船，溯江西进，仿佛要奉旨入川。可行至武昌时，突然下船，改搭火车，风驰电掣朝京师而来。

就在一年多前，由洋务派大臣张之洞主持兴建的京汉铁路全线贯通。过去从武昌到京师，舟车劳顿近一月。如今，坐在宽敞舒适的车厢里，两三日即可抵达。因此，当岑春煊从武昌登车抗旨进京时，打了所有人一个措手不及。岑春煊不应该正航行在川江航道上吗，怎么出现在京师？

岑春煊北上途中，在保定车站稍事休息。赵启霖提前从京师动身南下，在保定车站迎候。接着，两人搭乘同一趟列车抵达京城。

专程在保定迎候岑春煊并陪同进京的赵启霖，正是那位因揭露"杨翠喜案"，弹劾载振、段芝贵而名动天下的铁面御史。看到这一幕，稍具政治常识的人都会明白究竟是怎么回事了。

这不是阴谋，而是阳谋！从御史弹劾到疆臣进京，策划于密室，点火于舆论，发难于朝堂。发生在农历丁未年的这场朝堂大参案，渐至高潮。

四

赵启霖不是一个人在战斗，更不是他和岑春煊两个人在战斗。

就在赵启霖上折弹劾，岑春煊出人意料北上之际，京城的言官之中，还有京津两地的报馆，针对“杨翠喜案”又掀起了一波舆论战的高潮。御史们上疏言事，慷慨激昂，各家报馆争相报道，推波助澜。在赵启霖之后，还有两位御史即赵炳麟与江春霖因为冲在前头，敢于言事而广获赞誉。三人名字中都有一个字读“霖”，起初被士人尊为“乌台三霖”。

所谓“乌台三霖”，自然取意自宋代乌台诗案。不过，普通老百姓并不清楚什么乌台诗案。很快，报纸给他们封了个新称呼“三霖公司”。这一下，名头叫响了，市井百姓在茶余饭后，都会议论“三霖公司”，并将其视为清流御史的典范。

从“乌台三霖”到“三霖公司”，只是丁未年大参案中的一个小插曲。不过从此处也能品读出不少有意思的细节。首先，经过多年洋务运动，“公司”等舶来概念，已在中国民间耳熟能详。其次，从传统士大夫到报馆里的报人，从经史子集到符合一般人口味的媒体，传统文化与大众通俗文化的分野此时或已出现。

言归正传，一个赵启霖或许是偶然，如今“三霖公司”齐头并进，还有媒体紧随在侧，要说没有组织、串联与部署，不管你信不信，反正奕劻与袁世凯肯定不信。岑春煊虽然地位显赫，毕竟是外臣，要在京师掀起这么大的风浪，条件并不成熟。很显然，京师还有一位重臣在与岑春煊暗通款曲。

局势到这一步，人们拿脚指头想都能知道，与岑春煊联手的重臣是谁。没错，他就是时任军机大臣瞿鸿禨。当时的军机处，庆亲王奕劻排名第一，是首席军机大臣，瞿鸿禨排名第二。

与手握枪杆子的袁世凯不同，瞿鸿禨的政治班底主要在笔杆子。瞿鸿禨是湖南善化人，同治年中进士，此后历任多省学政，仕途并不顺遂。直到庚子国变，他受到避难西安的慈禧的赏识，被越级提拔进入军机处。与那些在地方上摸爬滚打几十年，历任多省督抚的大臣不同，瞿鸿禨没有那么多盘根错节的地方关系。但因为做过学政，在清流言官中拥有不少门生故旧。如今风头正盛的"三霖公司"，就是瞿鸿禨的嫡系人马。

瞿鸿禨还有一个叫汪康年的门生，此人高中进士后，受到维新思潮影响，并未走仕途，而是立志创办媒体，以舆论影响政治。多年来，汪康年在北京、上海等地创办过多份有影响力的报纸。就在"杨翠喜案"爆发前，汪康年在北京创办《京报》，一纸风行。说汪康年是中国第一代媒体大亨，毫不为过。近来，《京报》长篇累牍报道"杨翠喜案"，成为舆论战的先锋。

从"三霖公司"到《京报》，瞿鸿禨的影响力无处不在。瞿鸿禨与岑春煊联手，要扳倒奕劻与袁世凯的政治态势，已十分明朗。

岑春煊毕竟是宠臣，抗旨进京的事没人敢追究，他抵达京城次日，得到慈禧召见。此后数日内，他多次与慈禧召对，恩宠无以复加。关于君臣之间谈话的内容，多年后岑春煊写过一本《乐斋漫笔》，算是个人回忆录，其中有较为详细的记载。

据岑春煊说，自己痛陈时局之非，官员贪污腐败，导致人心离散，两人均为之泪流。他点名弹劾庆亲王奕劻，举出诸多事证，慈禧说了句："奕劻太老实，上了别人的当。"慈禧虽未严词谴责奕劻，但仍高度评价岑春煊的忠勇。岑春煊说不愿离开京城，想留在慈禧身边做一只"看家恶犬"，慈禧欣然应允。

一般来说，对回忆录这类史料不能不信，也不能全信。通常回忆录的写作者，都会夹带私货。例如，关于岑春煊抗旨北上，还有另一个版本的解读。岑春煊心高气傲，多年来一直将两江总督视为囊中之物。东南为财赋重地，两江总督还兼任南洋大臣，被天下视为唯一可与直隶总督兼北洋大臣分庭抗礼的重要位置。岑春煊担任两广总督时，眼睛就瞄着两江。拒绝赴任云贵总督，躲去上海养病，更被许多媒体解读为对两江总督之位志在必得。然而，朝廷中枢始终有人作梗，眼看岑春煊赖在上海，就是不肯给两江总督的官位，先调云贵，接着是四川。这种形势下，岑春煊终于决定与瞿鸿禨联手，扳倒屡屡坏自家好事的奕劻。

照这种说法，岑春煊执意北上就不仅出于公心，还有泄私愤之嫌。不过，对于这种流传甚广的说法，岑春煊在回忆录中未做任何回应。他坚称只是一身正气一片忠心，看不惯那些结党揽权、政以贿成的乱象。

无论是否有给自身贴金或遇事闪躲、避而不谈之嫌，当事者的回忆录总归有重要参考价值。结合当时时势与《乐斋漫笔》的描述，可以肯定的是，岑春煊执意北上就为两件事：其一，告御状；其二，求官。告御状的矛头直指奕劻，求官则是岑春煊自己想留在京城高就。前者把别人拉下马，后者将自己扶上台，几乎无缝衔接。

按照岑春煊的回忆，有关告状部分，慈禧未展现出明确态度。一句“奕劻太老实，上了别人的当”可以有太多解读。至于求官，慈禧倒是颇为慷慨，几日后即宣旨，授岑春煊邮传部尚书之职。

清末的邮传部与如今的邮政部大不一样。邮传部在前一年的官制改革中设立，“职掌全国交通及邮电之政令，凡铁路、陆路、江海之交通及舟、车、道路，邮政、电报电话，均归其综理而利民用”。洋务运动中最受关注的铁路、电报、交通等事业，悉数归其管辖。无疑，这是一个肥得流油的差事，晚清头号红顶商人盛宣怀，念兹在兹就是当上邮传部尚书，据传后来为了获得此职，不惜花费百万两白银行贿。

岑春煊求官得官，令许多人艳羡不已。然而，人家可是大名鼎鼎的“官屠”，此番进京又是来当“看家恶犬”的，岂能是一句虚言。岑春煊接获任命后，并不去上任。他说邮传部侍郎朱宝奎“贿赂枢府，乃得此职”，自己“实羞与为伍”。

依照清代官制，尚书是正职，侍郎为副手。正职不愿赴任，理由为副手不是个东西，岑春煊这番操作，不合官场规矩，却令人大开眼界。此时，慈禧依然惯着岑春煊，你不愿与朱宝奎为伍，把朱宝奎弄走便是。旋即，朝廷下旨罢黜朱宝奎。

这个朱宝奎，并非等闲之辈，他是留美幼童，毕业于耶鲁大学，与詹天佑是同窗好友，后来游走于袁世凯与盛宣怀之间，长袖善舞。总之，官居邮传部侍郎的朱宝奎，被大多数人视为袁世凯的人马。岑春煊还未上任，就对袁世凯的亲信痛下杀手，传递出的信息不言自明。何况，岑春煊弹劾朱宝奎的奏章中，还有“贿赂枢府”之言辞，这个“枢府”所指，除了奕劻，不会有别人。

岑春煊显然是要甩开膀子大干一场。更令人感到意外的，是慈禧的态度。岑春煊几句话，没有任何实证，就把一个二品侍郎罢黜。这究竟是宠幸岑春煊到了言听计从的地步，还是老佛爷要动一动奕劻、袁世凯的先兆？

前面说过，从言官到报馆，笔杆子掌握在瞿鸿禨手里。见此情景，舆论更是推波助澜，连外媒也掺和进来。当时的《泰晤士报》报道，慈禧有意罢黜庆亲王奕劻。英国公使夫人看到报道后，还当面向慈禧求证。

此时形势，对于瞿鸿禨与岑春煊来说，自然一片大好。甚至有人觉得，奕劻、袁世凯倒台只是时间问题。不少人又把目光投向天津，朝廷派出的调查团，不是正在那里调查“杨翠喜案”吗？一旦调查结果出炉，是否会成为压垮骆驼的最后一根稻草呢？

五

京城官场已乱成一锅粥，使得人们越发关注天津方面“杨翠喜案”的调查结果。案件的真相到底如何，将影响整个帝国政局的走向。

调查团以醇亲王载沣为首，此时的载沣才二十四岁，真正主事者，无疑为载沣的副手，三朝元老孙家鼐。来到天津之后，经过一番查访，孙家鼐复奏朝廷，认为案件“查无实据”，赵启霖“劾奏不实”。

孙家鼐的复奏，成为丁未大参案中最重要的分水岭。它不仅令案情出现重大反转，更在后世史学界引发巨大争议。报告出炉前，无论你持何种立场，对于历史事实本身的描述还是一致的。比如，岑春煊进京面圣，赵启霖上奏弹劾，北洋系陷入丑闻等，全是铁板钉钉的事实，各方都认账；但在孙家鼐复奏之后，持不同观点的人连基本事实都开始各说各话。对那些不同版本的故事，信者恒信，不信者恒不信。

兼听则明，当我们无力铁口直断真相时，只能花费笔墨将不同版本的故事呈现出来。

先说调查过程吧。孙家鼐派出正红旗满洲参领恩志、内阁侍读学士润昌，在天津找到杨翠喜。此时的杨翠喜，正在盐商家中做使女。据盐商交代，自己早就买下杨翠喜，并且立下字据。杨翠喜本人也说，她先在天仙茶园唱戏，经中间人说合，父母同意将身卖与盐商充当使女。后来，相关涉案人员又被提解至北京，经过连番审讯后，与之前供述并无出入。

孙家鼐根据这一调查做出回奏，既然杨翠喜早被盐商买走，又哪来段芝贵花重金买下杨翠喜，再送给载振的事。

收到孙家鼐的奏章后，慈禧勃然大怒，下发了一道措辞激烈的上谕：“该御史于亲贵重臣名节攸关，并不详加访察，辄以毫无根据之词，率行入奏，任意污蔑，实属咎有应得。赵启霖着即行革职。以示惩儆。”“嗣后如有挟私参劾、肆意诬罔者，一经查明，定予从重惩办。”（《清实录》）

上文是说慈禧发了脾气，认为赵启霖任意污蔑，要立即革职，还说以后凡有肆意诬罔者，都要从严惩办。

关于“杨翠喜案”的第一个版本，自然是认同孙家鼐的调查报告。赵启霖与他背后的人大概想扳倒奕劻、袁世凯想疯了，以至于道听途说，以讹传讹。

然而时至今日，另一个版本流传更广，几乎占据了主流地位。这个版本的故事是这样。“杨翠喜案”被御史揭发后，载振急赴天津，与袁世凯商量对策。袁世凯坐镇天津统领北洋，且手腕过人，要在天津地面上摆平事情，不算太难。袁世凯派人接回杨翠喜，安置在盐商家中，再让盐商一口咬定自己早就买下杨翠喜做使女。同时，所有涉案人员都经过专业“培训”，他们串通一气，众口一词，编织下弥天大谎。袁世凯还操纵《大公报》与《顺天时报》等媒体，刊出更正“杨翠喜案”的文章。

袁世凯在天津将一切安排妥当后，朝廷的调查人员才姗姗来迟。这种情势下，所谓调查自然无功而返。于是，一场轰轰烈烈的反腐行动就这样扑空，黑暗战胜了光明，正义不仅迟到，更将永久缺席。

两个版本的故事或者说两种观点，彼此对立，水火不容。那么，真相到底是什么？

历史之有趣，不仅在于真相只有一个，也在于人们往往永远找寻不出真相。当年，为了一个“杨翠喜案”，帝国精英各执一词，吵翻了天，如今时过境迁，再要探究真相，何其难也。

因此，不妨换一种思路，从那些尖锐对立的观点中，找出彼此都认可的基本事实，再由这些事实反推回去，帮助我们拨开些许迷雾。

第一个事实，我们可以探究一下，两个版本的故事，出处与来源究竟何在？第一个版本，最主要的来源当然是孙家鼐的报告；第二个版本呢，出处则是当时的媒体报道与后世的各种著作。

我们知道，但凡研究历史，核心史料有两种，一种是官方档案，另一种是当事人的回忆，只有以上两种才能被称为第一手史料。孙家鼐的报告，属于官方档案性质，这是他身为一品尚书、当朝大学士，授命调查案件后给朝廷的正式回奏。至于当事人的回忆，目前还未发现。所有当事人，此后均未出版相关著作，回忆或提及此事。

当时人一直乐此不疲，写了不少书。这些书中的描述，成为第二个故事版本的主要来源。然而，他们绝非当事人，笔下所写的都不是亲身经历，只是听来的。

在“杨翠喜案”中，媒体报道发挥了巨大作用，这些报道自然也能作为参考。事件肇始，各家报馆都在兴致勃勃爆料，但后来《大公报》与《顺天时报》刊出更正文章，说“杨翠喜案”子虚乌有，公开站队第一种说法。当然，始终也有媒体热衷于“阴谋说”，认为真相刻意被遮盖。

媒体有不同观点不足为奇，但持平来说，在当时，《大公报》与《顺天时报》算得上大报，公信力比那些小报强太多。当年的《大公报》以敢言著称，多次公开批评慈禧与袁世凯，《顺天时报》因为发行量巨大，连续多年成为华北地区销量第一的报纸。

第一手史料是否就更权威，不会偶有失误吗？大报刊登一百条新闻，九十九条是真的，会不会唯独在“杨翠喜案”弄错？小报整天登八卦，却在“杨翠喜案”歪打正着？所有这些，都是可以争论的问题。但一个无可争议的事实是，支持第一个版本的，是第一手史料与公信力较强的大报；支持第二个版本的，是第三手、第四手史料，以及那些小报馆。

再说一个事实，就是孙家鼐的报告呈递后双方的反应。载振那边自然如获至宝，认为还给了自己清白。载振上奏写道：“虽水落石出，圣明无不烛之私……”赵启霖因“任意污蔑”被革职，已经失去上折的权力，但他的友人依旧不依不饶。同为“三霖公司”的御史赵炳麟上疏称，言官不宜获罪，言路不宜阻遏。另有御史上“言官不当反坐”折，认为言官有“风闻言事”特权，不能因为揭发不实就获罪。

此时再回看赵启霖的奏折，确实是一股浓重的“风闻言事”味道。开头就是“臣闻段芝贵”，中间还说“人言籍籍，道路喧传”，总之，一切都是我听来的，大家都这样说。

请注意，所有声援赵启霖的言论，立论点都在于言官拥有言论豁免权，认为严惩赵启霖将阻塞言路。换言之，即便当时反对北洋态度最激烈的言官团体，也没再纠缠“杨翠喜案”本身真相如何，而是说就此将赵启霖革职不妥。

从双方当时的态度，是否可以读出些什么呢？

陈述完以上两桩事实，笔者依旧无意也无力给出结论，要替谁翻案或给谁定案。我们只能表达一点：“杨翠喜案”至今还是一桩悬案，对于事实真相存有争议。同时，那些想借该案发难的政治势力，很可惜在当年并未拿出一刀毙命的证据。

也许有人会问，“杨翠喜案”的真假就那么重要吗？当年秦桧一句“莫须有”，不也要了岳飞人头。这话有道理，在政治斗争中，实力的强弱比起事实的真假，往往更重要。可是，瞿鸿禨与岑春煊，显然没有秦桧的手腕，而奕劻加袁世凯的组合，可是首席军机大臣加上全国最精锐的北洋新军，比岳飞强太多。

六

有句老话：人不惹老虎，老虎就不吃人吗？何况，老虎还真被惹急了。

当时政局，两大政治集团早已势同水火，奕劻与袁世凯想除掉瞿鸿禨、岑春煊，也不是一两天了。不料，对方居然抢先一步，策动了一场政治袭击，弄得自己险象环生、狼狈不堪。好不容易渡过难关，还能再忍气吞声吗？既然瞿鸿禨与岑春煊的攻势已是强弩之末，接下来就要看奕劻与袁世凯的反击了。

反击的第一步，就是将那只令人生厌的“看家恶犬”撵走。几名地方督抚接连上奏，说南方匪患难平，局势紧张。慈禧问计于奕劻时，奕劻说了一通岑春煊好话，还说岑春煊是广西人，又做过两广总督，将他调往广州坐镇，局面必将扭转。不久，朝廷明发岑春煊重新出任两广总督的上谕。

关于慈禧与奕劻的这番“独对”，后来还流传出一个精彩桥段。面对奕劻应答，慈禧颇为错愕，说岑春煊每次进宫都讲你坏话，你却说岑春煊的好？奕劻凛然回道，老佛爷问的是谁适合做两广总督，没问奴才喜欢谁。

宫中“独对”，外人恐难知之甚详，故而这段问答演绎的成分更大。再说，奕劻是否敢在老江湖慈禧面前演这么大，慈禧是否又真信了这套说辞，调岑春煊南下只为弹压两广局势，就更加存疑。不过，从这件事上足见，奕劻进行权斗的手段与岑春煊大不相同。岑春煊是急性子，希望毕其功于一役，为把奕劻、袁世凯一锅烩，不惜进京告御状，甚至声泪俱下。奕劻却深谙欲扬先抑，小火慢炖的道理，先不动声色把岑春煊调出京城，再徐徐图之，最终各个击破。

奕劻所展现出的权谋手段，与他一生的行事风格倒是颇为吻合。爱新觉罗·奕劻是乾隆皇帝的曾孙，他的爷爷永璘是嘉庆皇帝的同母弟。传到奕劻这一辈，已经不算近支皇族。众所周知，在清代除了地位尊崇的铁帽子王可以世袭罔替，其他爵位在继承时都会降低等级。奕劻的爷爷是郡王，到了奕劻这里，所继承的只是宗室爵位中等级较低的辅国将军。

说起来，按照正常的爵位继承制度，从爷爷永璘到孙子奕劻，爵位还不至于降这么快。“超速降爵”，一个重要原因是奕劻的父亲行贿宗人府的事情败露，被发配去盛京，奕劻就此成为“罪宗之后”。

闲散宗室加上“罪宗之后”的身份，令奕劻一家的生活颇为拮据。据说他年轻时，经常出入的地方是当铺，靠着不断典当器物，才能维持较为体面的生活。

奕劻年少失意时，结识了一个小老弟。此人名叫桂祥，也是旗人，两家挨得很近，算是邻居。就在奕劻与桂祥两家人相处融洽时，桂祥的姐姐却越发显贵起来。桂祥姓叶赫那拉，他的姐姐便是慈禧。久居深宫的慈禧——那时还是兰贵人与懿贵妃——只能透过书信与家人联络。桂祥读书不多，字也写得不行，住在隔壁的老大哥奕劻写得一手好字。桂祥或家人要给慈禧写信，就让奕劻代笔。有了这层关系，当慈禧垂帘听政后，困顿多年的奕劻终于时来运转。

奕劻卖官鬻爵，贪婪无度，被时人称为“庆氏公司”，还有人说他贪腐无能，窃居高位几十年毫无建树。细究起来，奕劻贪腐固然不假，无能却值得商榷。诚然，奕劻发迹靠的是裙带关系，可即便桂祥本人，在慈禧一再拔擢与偏袒之下，还因为办砸了几次差事止步于侍郎官衔。奕劻一飞冲天，在云谲波诡的朝局中屹立不倒，成为一人之下万人之上的人物，就不能仅以裙带关系来解释了。

晚清朝局，冲突剧烈，帝党与后党、守旧派与维新派之间，甚至到了你死我活的地步。晚清那些个重臣，身上都被贴上了鲜明的标签：荣禄是后党，翁同龢是帝党，刚毅是守旧派，李鸿章、袁世凯是洋务派，瞿鸿禨属于清流派……

唯独奕劻成为仅有的例外。他深得慈禧信任，却和荣禄那样的后党截然不同；他担任总理衙门大臣，与外国人打了多年交道，又和袁世凯勾肩搭背，但从没人说他是洋务派；到后来以良弼、溥伟为首的宗社党崛起，身为皇族的奕劻依旧和他们保持距离。

凭这一点，就不能再说奕劻无能。许多时候，官场里站队靠运气，不站队才是实力。人家只是不显山、不露水，不瞎掺和，绝非不清楚、不明白。在错综复杂的政局中，让奕劻这样一个绝对忠于慈禧，身上又没有显著派别标签的人坐镇中枢，是否可算一个不坏的选择？

甚至，在这样的环境下，奕劻家族的贪腐都有可能成为一种“保护色”。谁都知道奕劻爱财，可真要换一个人，那爱好更恐怖。康党爱维新，爱兵围颐和园；守旧派的刚毅整天嚷着废立皇帝，还爱同列强开战；妻妾成群的袁世凯爱美人，更爱江山……只有奕劻，那爱好虽不高雅，倒也纯粹。

这也从某种程度解释了，为何看上去贪腐无能的奕劻，不仅坐稳首席军机大臣的交椅，还成为清代最后一位铁帽子王。清代有十二位世袭罔替的“铁帽子王”，其中八位是在清朝夺天下时因功勋卓越而受封。另有四位属于“恩封”，分别是怡亲王、恭亲王、醇亲王、庆亲王。首代怡亲王胤祥是康熙之子，更是雍正无比倚重的铁杆弟兄。首代恭亲王奕䜣与醇亲王奕譞，是道光的亲儿子，咸丰的亲弟弟，对慈禧掌权发挥了举足轻重的作用。只有首代庆亲王奕劻，硬生生完成了从“罪宗之后”、落魄贵族到“铁帽子王”的逆袭。从个人来说，倒也蛮励志。

七

说回丁未年的大参案，奕劻对政敌的反击，再一次将老辣的官场手段展现得淋漓尽致。看上去四平八稳、谨小慎微，实则笑里藏刀、杀人诛心。

岑春煊被赶出京城后，接下来就要集中火力攻击形单影只的瞿鸿禨了。这一回，轮到袁世凯登场一展身手了。

袁世凯坐镇直隶，贵为疆臣之首，又手握北洋六镇的雄兵。然而，几个月来，却被京城一帮言官扭住不放，弄得颇为狼狈。说起来，还是吃了笔杆子的亏。朝廷政争毕竟不是沙场鏖战，北洋军的洋枪洋炮派不上用场，眼看被“三霖公司”牢牢掌控话语权，只能在一旁干着急。

好在袁世凯虽是武将出身，却有一大长处——善于结交读书人。从徐世昌到张謇，从詹天佑到杨度，从严复到严修，无论是科举出身还是留洋归来，无论是文科还是理科，无论是首任北大校长还是南开校父，当时中国顶尖的一帮知识分子，都被袁世凯用各种手段聚拢到身边。这些大师级人物，要么曾为袁世凯驱使，要么成为袁世凯的一生之友。

凡行伍出身，以军功起家，又能网罗当世顶尖读书人为己所用，都是些什么人？翻阅中国历史，无外乎刘邦、李世民、赵匡胤、朱元璋寥寥数人而已。袁世凯也有这样的特质，难怪日后会陷入一场帝王大梦无法自拔。

袁世凯善于同读书人打交道，表面上对读书人颇为礼遇。修铁路的、办大学的、搞外交的、弄宪政的大知识分子，都能会聚一堂，再找一个能写奏折、会骂人的读书人，想必不会太难。很快，袁世凯物色到一个合适人选——恽毓鼎。

恽毓鼎于光绪十五年（1889年）考中进士，此后历任翰林院侍讲、国史馆协修等职，始终是个闲散京官。恽毓鼎仕途并不得志，在京官圈子里，名气比起赵启霖等人差了好几个段位，颇有些既无权又无名，别人还不带自己玩儿的味道；但不得不说，袁世凯一双眼睛就是毒，居然找到了恽毓鼎。

前些日子，恽毓鼎见“三霖公司”上奏参劾，风头正劲，心中或许暗笑，你们写的那也叫文章？当真世无英雄，遂使竖子成名！有了袁世凯做靠山，恽毓鼎果然底气十足，文思泉涌。很快，他上疏弹劾瞿鸿禨暗通报馆、授意言官、阴结外援、分布党羽。

同样以笔为刀弹劾大臣，恽毓鼎这把刀显然锋利太多。“三霖公司”弹劾庆王，无外乎结党揽权、政以贿成等罪名。不客气地说，从春秋战国以来，但凡骂当朝大臣几乎都是这些话，玩不出什么新花样，属于老瓶装老酒。恽毓鼎却懂得与时俱进，给瞿鸿禨安的罪名里，有暗通报馆、阴结外援等，既是新鲜事物，又带有浓重时代特征。

恽毓鼎弹劾后不久，瞿鸿禨被开缺回籍，此后在老家长沙与一帮学者结社吟咏。

初战告捷后，奕劻与袁世凯再接再厉。对于已经出京的岑春煊，他们并不打算放过，要在政治上彻底将其击溃。于是，清末著名的“伪造相片事件”上演。

当时，流传出一张人工伪造的相片，在这张相片中，大清重臣岑春煊竟与流亡海外且深为慈禧痛恨的康有为、梁启超并排而立。很快，这张相片被呈递给慈禧。

从报馆到相片，不得不说，身处三千年未有之变局的晚清，权力斗争的手段也推陈出新，丰富多彩。

八

在如今的主流论述中，这张伪造相片，成了压垮岑春煊的最后一根稻草。康有为、梁启超可是当年要围颐和园杀老佛爷的。自己最宠信的大臣，暗地里居然和流亡在外的康梁密会，慈禧自然恼羞成怒。

不过，笔者在此要提出一个与多数人相左的观点。

先说事实本身，伪造照片大概率出现过，这在各种史料中均被提及，且能相互佐证。一些细节上的争议主要在于照片究竟是谁授意制造的，是袁世凯还是两江总督端方，最后又是谁呈交到慈禧面前的，是奕劻还是其他人？这些细节上的争议，还不至于推翻整个事实。

但是，看到这张伪造相片后的慈禧，究竟是何反应？她是否真被袁世凯等人诓骗，冤枉了岑春煊？

在谈这张伪造相片前，不妨先谈另一张同样有名的伪造相片。戊戌变法失败，康梁流亡海外，建立保皇党。为了扩大影响尤其便于在海外募集资金，康有为伪造了两样东西：一是密诏，二就是照片。康有为声称自己奉光绪的衣带诏，出走海外求救，“无徐敬业之力，只能效申包胥之哭”。同时，康有为伪造了一张与光绪的合影，到处广而告之。对于伪造密诏与照片之事，清廷恼怒不已，多次辟谣，身为最高统治者的慈禧，不可能不知道。

那么，问题来了。慈禧既然知道康有为伪造相片，自然会对所谓相片造假技术有所了解，在看见岑春煊与康梁合影后，真会无条件相信？

往深处再想一想，疑点就更多。岑春煊若与康梁密会，是在什么场合？要知道，康有为可是流亡海外多年。对于康有为等人的行踪，清廷从没忘记“做功课”，不敢说了如指掌，但康梁真要潜回国内密会封疆大吏，绝无可能。在当时交通条件下，像岑春煊这种级别的官员，可以耗时多日，避开所有人耳目，悄悄跑去国外与“逆首”会面？这些问题，难道慈禧不会想一想吗？

其实，关于慈禧是否会上伪造相片的当的争议，本质就在于：应该怎样看待慈禧，她究竟是对新技术浑然不知的土包子，还是一位并不太落伍，甚至懂得时髦的老太太？

可以肯定，对于西方工业文明的先进成果，慈禧从不排斥。1879年，爱迪生点燃了世界上第一盏具有实用价值的电灯。十年之后，电灯在西方世界尚未完全普及，但电力之光已照亮紫禁城。李鸿章将发电设备和电灯作为贡品献给慈禧，安装在慈禧太后的寝宫仪銮殿的电灯，是京城亮起的第一盏电灯。慈禧还拥有中国第一辆火车专列，有十六节车厢，奢华无比。慈禧外出祭陵，都会乘坐专列。在六十六岁生日过后，笑纳了臣子献上的美国产汽车的慈禧，更成为一名轿车爱好者。她乘坐轿子的次数越来越少，显然是觉得轿车更舒适。

还有一段典故，慈禧喜欢用轿车代步，让一些人颇为紧张，因为太监是不会驾驶轿车的，而正常男性又被认为不适宜近距离服侍太后。慈禧很开明，说让驾驶员穿上太监服饰即可。

从流传后世的诸多相片可知，慈禧喜爱拍照摄影。她经常带着李莲英等人，在宫中进行摆拍，甚至会为摄影活动专门准备服饰、道具。据说，兴致高涨时，慈禧会亲自摆弄摄影器材。

作为京城第一盏电灯、第一辆轿车的享受者，即便慈禧不算睁眼看世界的先驱，最起码不会是土包子。那时的中国，绝大多数人还过着男耕女织的小农生活。在先进的地主与知识分子群体中，不少也只从书本上了解电灯、电话、火车、轿车，而这些，早已是慈禧生活的日常。

其实，不光慈禧，当时整个帝国的精英阶层，对于西方科技都是一种学习、借鉴的态度。袁世凯是众所周知的洋务派，积极从事倒袁活动的瞿鸿禨、岑春煊，同样也是新科技成果的拥趸。岑春煊能够突然进京，得益于京汉铁路的通车，而在此前，岑春煊还派出密使北上，向瞿鸿禨递交了一本密电号码，让瞿、岑之间的电报联络更加通畅。

慈禧乐于享受工业文明成果，对于清王朝的洋务运动，也采取积极支持的态度。长期以来，谈到清朝洋务运动的代表人物，地方上有李鸿章、左宗棠、张之洞、袁世凯等，中央则是恭亲王奕䜣。这种说法显然忽视了慈禧的作用。若没有慈禧，那么多洋务派怎能身居高位、手握权柄。轰轰烈烈搞了几十年的洋务运动，慈禧正是最大的靠山。电视剧《雍正王朝》里有一句经典台词，年幼的弘历称赞康熙："爷爷才是大清第一巴图鲁。"套用这句话，慈禧才是最大的洋务派。

慈禧被伪造相片所欺的说法流传甚广，一来足够惊悚刺激，具有很强故事性，二来凸显出"老顽固"面对新科技时一筹莫展的困境。然而，这并非事实。慈禧绝非通常意义里对新生事物反应迟钝的"老顽固"。

九

如果说伪造相片并非压垮岑春煊的最后一根稻草，那么究竟什么才是？

当时，上任邮传部尚书不到一个月的岑春煊，接获两广总督的任命，不得不出京。对于这项人事任命，岑春煊大为光火，公开吼道："朝廷用人如此！既有今日，则当时何必移我滇与蜀？"岑春煊并未南下广州赴任，而是以养病为名避居上海，这一招算是故技重演。当时朝廷调他出任云贵总督，他就借口身体有恙，躲进了上海。

但这一回，恽毓鼎的弹劾奏章接踵而来。在弹劾瞿鸿禨，让一位军机大臣开缺回籍后，恽毓鼎风头不减，又弹劾岑春煊滞留上海，内结康梁，外“借日本以倾朝局”。

袁世凯所看重的恽毓鼎，果然有两下子，一出手又直取要害。当时的上海租界林立，可谓国中之国。岑春煊稍有不得意，就往上海跑，要干什么，是不是要勾结外国势力？

袁世凯与恽毓鼎还是懂老佛爷的，这位乐于享受西式生活的老太太，对于外国列强更怀有深深恐惧。当初，慈禧有意废掉光绪帝，以为是自家事，不料却遭列强反对。以此发端，酿成庚子国难。对于列强的蛮横与令人生畏的武力，慈禧真是又恨又怕。

何况，恽毓鼎“借日本以倾朝局”的警告，堪称迫在眉睫的威胁。日俄战争后，取胜的日本实力大涨，不仅将东北视为势力范围，还得陇望蜀，狼子野心一目了然。慈禧煞费苦心搞东北改制，不就是想制衡日本。

就在中国的农历丁未年，当清朝大臣发起大参案，杀得刀刀见骨时，唇齿相依的朝鲜半岛也发生了一件大事。此时的大韩帝国虽已沦为日本保护国，但高宗皇帝不甘于做儿皇帝，企图摆脱日本控制。结果，日本逼迫高宗退位。在此过程中，大韩帝国的七位重臣态度亲日，扮演了极不光彩的角色，被后世称为“丁未七贼”。

长期以来，韩国高宗退位事件，对于慈禧心理的冲击以及对大清高层政治的影响，恐怕被低估了。朝鲜半岛局势的变幻，无疑会加深慈禧的恐惧：我会是高宗吗？身边有没有“丁未七贼”这样的人物？

恽毓鼎的弹劾奏章与慈禧内心的焦虑形成一种恐怖共鸣。奏章递交后不久，慈禧挥泪斩马谡，将多年来的宠臣岑春煊罢官，并从此驱逐出大清王朝的政治舞台。

由此看来，所谓最后一根稻草，就是慈禧的一念之间。也正是这一念之间，才越发令人唏嘘。

尽管时过境迁，丁未大参案的多次戏剧性转折，依旧令人疑窦重重；但是，如果换一种角度，用慈禧的一念之间来解释，诸多疑惑反倒迎刃而解。为什么政争初起时，瞿岑联盟攻势凌厉？除了瞿鸿禨与岑春煊出其不意，更在于慈禧想借他们的手修理奕劻与北洋。为什么眼看形势大好，“杨翠喜案”却峰回路转，倒庆活动戛然而止？那是因为慈禧只想敲打，并不想置其于死地。为何恽毓鼎两封奏章，就能劾倒两位重臣？根本原因是慈禧想让他们倒台。所谓天子之怒，伏尸百万，流血千里。慈禧无天子之名，却有天子之实，她的一念之间足令山河变色。

至于慈禧为何忽而敲打庆、袁，忽而罢黜瞿、岑，看似变化无常，就不能不提这位中华封建帝国最后一位女主多年来屡试不爽的制衡权术了。

作家唐浩明曾在历史小说《张之洞》中，借张之洞幕僚之口，点出了慈禧掌国多年的权力秘籍——

“咸丰十年，文宗爷命左宗棠自立一军，协助曾国藩办理江南军务。第二年文宗爷去世，太后秉政。这年底，太后简授左宗棠为浙江巡抚，以一四品京堂越级升为从二品疆吏，本已属破格隆遇。不料仅隔两年，又擢升左为闽浙总督……左宗棠为什么能得到太后的这般重用，迁升得如此之快？仅仅是因为他的才高会打仗吗？

“江南军事大势已定，朝廷的第一要务并不是对付长毛，而是对付在与长毛作战中迅速膨胀的曾国藩和他的湘军势力。但又不能采取削弱实力的做法，而只能采用帝王学中的另一招——制衡术。左宗棠有本事有实力，又一向不服曾国藩，尤其这‘不服’二字使得左成了最好的人选。于是将左迅速提拔起来，与曾国藩相当，分庭抗礼……后来她用醇王来制约恭王，用清流党来制约当权派，都可见她已深知其中三昧。”

确实，慈禧是一位善于操弄制衡权术的统治者。无论是对付曾国藩、左宗棠这样战功赫赫的勋臣宿将，还是恭亲王、醇亲王这样的近支皇族，都用了这一招。后来，见淮军坐大，她又重用翁同龢、张之洞来牵制李鸿章。翁同龢与李鸿章不和，在官场缠斗几十年，是天下皆知的事。慈禧当然清楚这一切，她要的就是这种局面。

再往后，慈禧用一帮守旧大臣来牵制风头强劲的洋务派。不料庚子国难，那些鼓吹与洋人开战的守旧大臣，全部作为战犯被处死或流放，中央权力出现巨大真空。慈禧火速提拔瞿鸿禨与岑春煊，用来制衡权势日隆的奕劻、袁世凯。

必须指出，慈禧虽将制衡权术运用到炉火纯青，却只是迫不得已的选择。遥想当年，列祖列宗乾纲独断，定于一尊，即便年羹尧、讷亲这样麾下几十万虎狼之师的军事统帅，只要一纸上谕，说免就免，说杀就杀，用不着跟谁玩制衡。

到了慈禧手里，国破山河在，老本被折腾得没剩几个。从宗室权贵到地方督抚，早已羽翼渐丰，尾大不掉。自己还想要祖宗的威风，无异于找死。没办法，只能小心翼翼地搞制衡，发动大臣斗大臣，统治者才能稳坐龙椅。

这么说吧，真要中国够强大，李鸿章也犯不着去弄什么以夷制夷。还有唐朝的藩镇割据，天宝年间全国只有九大节度使，到元和年间却冒出四十八个藩镇。说到底，中央已无力约束那些手握兵权的节度使，索性多封一些，让他们彼此牵制。

丁未大参案发生，自然是慈禧又一次搬出了制衡权术，但从结局来看，远算不上圆满。

一开始，慈禧敲打庆、袁的意图明显。“杨翠喜案”刚爆出，尚无调查结果，朝廷就免了段芝贵的黑龙江巡抚，改由派系色彩并不浓厚的程德全接任，一举打破了北洋对东北地区权力垄断的局面。后来，“杨翠喜案”查无实据，载振以避嫌为由请辞，慈禧也大笔一挥准了。

事情发展到这一步，按说慈禧应当满意了。没想到，底下人杀红了眼，谁都不肯收手，瞧那意思，非整个你死我活才行。

杨国忠与安禄山彼此看不顺眼，使劲儿告黑状，那叫互为制衡。等到渔阳鼙鼓动地来，安禄山打着清君侧的旗号，要来长安砍杨国忠的头，就不是制衡，而是掀桌子造反了。

制衡权术的要旨，是臣子斗而不破，彼此仰仗君上。当臣子非要杀个你死我活，就表示连君王的面子都不给了。过去几十年，慈禧操弄制衡权术，大臣虽嫌隙颇深，甚至牢骚满腹，但还没彻底撕破脸，将权力斗争完全公开化。正是基于此，朝局才维持大体平稳。

丁未大参案，虽未到安禄山造反的地步，却是慈禧掌国以来所未见。朝堂上两股政治势力彻底决裂，逼着慈禧二选一。要知道，当统治者开始做二选一的选择题时，就意味着政治平衡被打破，制衡权术穿帮了。

这当然不能仅解释为慈禧黔驴技穷，一招玩太久，被别人看穿。毕竟她身为一介女流，已靠着缝缝补补、左右制衡，勉力支撑了几十年。可惜一个王朝气数已尽，已到下世光景，纵然努尔哈赤再世，又能奈何！

因此，如果从最高统治者制衡权术的终结与破产来解读，丁未大参案就更值得玩味。多年以来，慈禧施展权术，保持着各派政治势力的大体均衡，即便遭遇强大外力，将这种平衡暂时打破，也能迅速完成修复。然而当丁未大参案爆发，这种艰难的平衡被击穿，且再也无法修复。

丁未以前，朝堂上有四股大的政治势力：以瞿鸿禨为首的清流派，以袁世凯为首的北洋派，以张之洞、鹿传霖为代表的老臣集团，还有快速蹿升的宗社势力。大参案后，瞿岑联盟土崩瓦解，清流派不复存在。袁世凯取得惨胜，实力大损，很快他入直军机处，兼任外务部尚书，被外界视为明升暗降，不得已离开了自己亲手创建的北洋新军。就在慈禧驾崩后，袁世凯因“足疾”回乡养病的同一年，一代名臣张之洞病逝，老臣集团式微。

四大势力已损其三，一群年纪轻轻、志大才疏的爱新觉罗宗社党，居然鬼使神差地执掌起帝国权柄，慈禧生前所苦心维系的各派势力间的平衡荡然无存。于是，中外之间、满汉之间、维新与守旧之间、改良与革命之间，所有矛盾再难调和，数年之后终于如火山般喷发，彻底摧毁了大清王朝。

十

最后，聊一聊丁未大参案中几位主角的结局。

奕劻是大清帝国最后一位首席军机大臣。宣统三年（1911年），军机处被裁撤，改设内阁，他又成为清王朝第一位内阁总理大臣。同年十月，武昌起义爆发，奕劻认为清王朝大势已去，主张清帝逊位，以换取清室优待条例。

从奕劻主张清室退位来看，此人还算大事不糊涂。正因此，宗社势力恨透了奕劻，多人前往庆王府，甚至出手围殴。数年之后，当末代皇帝溥仪渐渐懂事，也对奕劻咬牙切齿。奕劻病逝于天津租界，内务府大臣初拟谥“哲”，按谥号解，知人曰哲。溥仪不同意，亲选四字，为“谬、丑、幽、厉”，让内务府选择，实为羞辱奕劻。后在生父载沣的说情之下，才给了奕劻最后一点薄面，赐谥“密”字。密者，“追悔前过”之意。

不过，因为大清王朝曲终人散，奕劻坐稳了大清朝最后一位铁帽子王的位置。在他之后，不会再有铁帽子王。

袁世凯的经历更加跌宕起伏。先是临危受命回到北京，成为大清王朝最后一任内阁总理大臣，接着南北议和，摇身一变为中华民国第一任正式大总统。

袁世凯复辟失败，在一片唾骂声中死去。然而在他掌权时，倒展现出对当年政敌的一种宽容。或许这只是一种政治表演，但人家确实演得卖力。

袁世凯专门礼聘瞿鸿禨为参政员，希望他北上议政。瞿鸿禨坚拒不就，但也未旗帜鲜明反袁。这位军机重臣的心思后来只在诗书山水上，对政治提不起兴趣。

袁世凯还请岑春煊出山，并给他封了个贵州宣慰使。岑春煊毫不客气地回复，说如今局势“何义可宣，何德足慰”，拒绝了袁世凯的岑春煊，一度与国民党人走近。当岑春煊与孙中山一同南下护法时，还陪着孙中山走进了当年自己任两广总督时筹划兴建的士敏土厂办公楼。孙中山将此楼选为办公场所，再后来，这栋建筑成为赫赫有名的广州大元帅府。不过，出于各种原因，岑春煊最终与国民党分道扬镳，双方在两广地区兵戎相见、大打出手。

从清廷到民国，一代风云人物的兴衰沉浮，无疑是时代最好的注脚。历史的车轮滚滚向前，三千年未有之变局，并未到局终人散之时……